ANN BAIANO
Sizilianisches Verderben

ANN BAIANO

Sizilianisches Verderben

Luca Santangelo
ermittelt

GOLDMANN

Originalausgabe

Sollte diese Publikation Links auf Webseiten Dritter enthalten, so übernehmen wir für deren Inhalte keine Haftung, da wir uns diese nicht zu eigen machen, sondern lediglich auf deren Stand zum Zeitpunkt der Erstveröffentlichung verweisen.

Dieses Buch ist auch als E-Book erhältlich.

Verlagsgruppe Random House FSC® N001967

1. Auflage
Copyright © der Originalausgabe 2018
by Wilhelm Goldmann Verlag, München,
in der Verlagsgruppe Random House GmbH,
Neumarkter Str. 28, 81673 München
Umschlaggestaltung: UNO Werbeagentur, München
Umschlagmotiv: FinePic®, München
Motiv Innenseiten: Karte: FinePic®, München;
Sizilien Stadt und Etna: 123RF / equilibrium
TH · Herstellung: kw
Satz: omnisatz GmbH, Berlin
Druck und Bindung: CPI books GmbH, Leck
Printed in the Czech Republic
ISBN: 978-3-442-20541-7

Besuchen Sie den Goldmann Verlag im Netz

1

A̲ve Maria, gratia plena, Dominus tecum ...«

Das hohe Kirchenschiff lag im Halbdunkel, obwohl die Strahlen der Nachmittagssonne die Piazza Bellini draußen in gleißendes Licht tauchten.

Drei alte Nonnen saßen hinter dem Altar im Chorraum auf unbequemen Holzstühlen und murmelten ihr Gebet, wie sie es seit Jahr und Tag um diese Uhrzeit taten. Die abgegriffenen Holzkugeln der Rosenkränze glitten durch ihre steifen Finger. Eine der drei, deren Rücken gebeugt war, wippte im Takt der Worte vor und zurück, die zweite trug eine dicke Brille, deren Gläser im Schein der Kerzen funkelten. Die dritte saß sehr aufrecht, ihr standen Schweißtropfen auf der wächsernen Stirn. Die drei Frauen schauten sich nicht an, jede war versunken in ihr Gebet.

Ein Sonnenstrahl, der sich durch die schmalen Glasfenster hoch oben in der Kuppel verirrt hatte, erleuchtete einen der nackten Engel auf dem Fresko, der hinablächelte in das dunkle Kirchenschiff.

Fasziniert schaute Luca Santangelo auf die drei Frauen, die verloren in der großen Kirche saßen und deren brüchige Stimmen zwischen den Schatten verhallten. Die alten Nonnen in ihren schlichten hellen Gewändern wollten nicht in die prächtige Kirche passen: verschlungene Marmorintarsien in Rosa und Grün auf dem Boden und an den Wänden; gedrechselte, aprikosenfarbene Säulen, die auf den Schultern schelmisch lächelnder Putten zu ruhen schienen; überlebensgroße Heiligenfiguren aus strahlend weißem Marmor; die farbenfrohen Fresken an der Decke des mächtigen Kirchenschiffes und in der Kuppel mit Heerscharen von Engeln und Heiligen, alle lächelnd, entweder nackt oder in fließende Stoffe gehüllt: sizilianischer Barock, überbordend und verschwenderisch.

Immer wieder sank Lucas linker Arm mit der schweren Lampe herab, die er auf Anweisung seines Freundes Matteo Aiello hochhalten sollte, damit der genügend Licht hatte, um die drei Schwestern beim Ave-Maria zu filmen. Ungeduldig räusperte sich Matteo und gab ihm Zeichen, ein wenig nach rechts zu rücken. Das Murmeln der Nonnen schwoll an, und Luca sah, dass die wippende Nonne eine Grimasse zog, als hätte sie Schmerzen. Ihr Gesicht war faltendurchzogen, der Haaransatz unter der Haube grau und die Augen zusammengekniffen. Sie sah wie die Hexe aus einem Märchenbuch aus, und Luca erinnerte sich, dass sie im Gegensatz zu den beiden anderen ihnen zur Begrüßung nicht die Hand gegeben hatte, sondern geschäftig hin- und hergelaufen war und dabei unverständliche Worte gemurmelt hatte. Madre Benedetta hatte ihnen zugeflüstert, dass Suor Agata geistig schon in einer anderen Welt weile.

Madre Benedetta war die Tante seines Freundes Matteo und Äbtissin des Klosters. Obwohl sie weit über achtzig war, hielt sie sich sehr aufrecht, ihr Händedruck war entschlossen, und das freundliche Gesicht hatte beinahe mädchenhafte Züge, die sie Luca sofort sympathisch gemacht hatten.

Jetzt sah sie sehr blass aus, und Luca überlegte, ob sie nicht lieber unterbrechen sollten, um der Äbtissin ein Glas Wasser zu holen. Er wollte Matteo schon ein Zeichen geben, ließ es dann aber bleiben: Er ging schon seit langer Zeit nicht mehr in die Kirche. Wer wusste schon, wie heilig dieses Rosenkranzgebet war und ob man es überhaupt unterbrechen durfte.

Zu seiner Rechten sah Luca zwei mächtige Engelsfiguren mit silbernen Flügeln, die in dem Dämmerlicht, das die Kerzen auf dem Altar verbreiteten, geheimnisvoll schimmerten. Luca versuchte, die Lampe so hoch wie möglich zu halten. Er kannte Matteo – der würde immer wieder filmen, bis er alles genau so im Kasten hatte, wie er es haben wollte. Das konnte Stunden dauern, und das würden die drei Alten nicht aushalten.

Matteo hatte ihn wie so oft überrumpelt, als er am Vormittag angerufen und Luca gesagt hatte, dass er heute Nachmittag die letzten drei Nonnen des Klosters der Santa Caterina von Alessandria, über die er einen Dokumentarfilm für seinen Fernsehsender drehte, beim Rosenkranz-Gebet filmen durfte, dass aber einer seiner Kameramänner ausgefallen sei. Luca müsse einspringen, er wisse sonst nicht, was er tun solle – endlich habe seine Tante nachgegeben und es ihm erlaubt. Wenn er heute nicht drehe, sei die Chance verpasst. Diese Szene sei die wichtigste seines Films über das einstmals größte Kloster im Herzen Palermos, und viel Zeit bleibe nicht, die Nonnen seien alt, wenn ihnen etwas zustoße, ginge wieder ein Teil des sizilianischen Erbes unwiederbringlich verloren.

An dieser Stelle hatte Luca nachgegeben – nicht, weil er sich sonderlich um das sizilianische Erbe sorgte, sondern weil er Matteos Redefluss stoppen wollte, nein musste: Bereits zwei Minuten zuvor hatte die tägliche Sitzung in der Nachrichtenagentur, in der er seit einiger Zeit arbeitete, begonnen, und sein Chef hatte schon zweimal den Kopf in sein Büro gesteckt und ungeduldig mit den Armen gewedelt.

Von seinem Film sprach Matteo seit Monaten, er hatte unermüdlich um die Finanzierung gekämpft, hatte alles gelesen, was er zu dem Kloster finden konnte, und zahlreiche Nachmittage bei seiner Tante verbracht, die bereitwillig verschlossene Türen öffnete und erzählte – der aber das Gebet heilig war und die lange gezögert hatte, sich dabei filmen zu lassen. Atmosphäre, hatte Matteo immer wieder gesagt, er brauche doch Atmosphäre, damit sein Film diese heute so fremde Welt lebendig mache.

»Ja, ist gut, ich bin um vier Uhr auf der Piazza Bellini!«, hatte Luca schließlich gerufen, aufgelegt, war seinem Chef hinterhergelaufen und hatte sich da schon über sich selbst geärgert.

Denn eigentlich hatte er nach Dienstschluss am frühen Nachmittag mit seiner Freundin Ada nach Mondello, dem Villenvorort von Palermo, fahren und am um diese Jahreszeit menschenleeren Strand die warme Maisonne genießen wollen. Ada tagsüber von ihrem Schreibtisch und ihrer Übersetzung französischer Kriminalromane wegzulocken, war nicht einfach. Am Abend wollten sie dann in ein Fischrestaurant essen gehen, und Luca dachte seit Tagen darüber nach, ob das nicht die richtige Gelegenheit für einen Heiratsantrag wäre: nach einem sonnigen Tag am Strand bei einem kühlen Glas Weißwein im schönsten Restaurant von Mondello.

Ada und er waren seit über zwei Jahren zusammen, und Luca hatte schon länger das Gefühl, dass es nicht weiterging, dass sie sich ihm immer ein Stück weit entzog. Er kam ihr einfach nicht näher, sosehr er es auch versuchte. Vielleicht musste er die Initiative ergreifen und ihr zeigen, wie ernst er es meinte. Endlich hatte er sich dazu durchgerungen, hatte alles von langer Hand geplant – und stand nun in dieser Kirche und hielt eine heiße, schwere Lampe hoch, statt mit Ada am Strand zu flanieren. Ada ... sie hatte sich nicht beklagt, im Gegenteil: Hocherfreut hatte sie Matteos Angebot, sich bei der Gelegenheit die Klosterbibliothek anzuschauen, angenommen. Die war sonst – wie das Kloster auch – nicht zugänglich. Sie würde den ganzen Abend von ihren Funden erzählen, von alten Büchern, von diesem und jenem Autor, und er würde niemals überleiten können zu der Frage, die er eigentlich stellen wollte.

Das Gemurmel der drei Frauen wurde schwächer. Luca ließ den Arm mit der Lampe einen Moment lang sinken, er musste die Position wechseln. Der Lichtkegel ruhte nun auf dem Boden, die Nonnen waren kaum noch zu erkennen, sie waren nur mehr dunkle Umrisse. Auch die Nachmittagssonne draußen stand inzwischen so tief, dass kein Strahl mehr durch die Kuppel hineinfiel. Plötzlich fröstelte ihn, die hohen, dünnen Stimmen klangen unheimlich in dem dunklen Raum.

Matteo stieß ihn in die Seite, Luca riss den Arm hoch, dann quietschte irgendwo eine Tür, und ein Luftzug ging durch das Kirchenschiff. Aus dem Augenwinkel meinte Luca, einen dunklen Schatten durch das linke Seitenschiff huschen zu sehen, aber gerade als er sich umschauen wollte, stöhnte die Äbtissin auf. Ihre Haut war weiß wie der Marmor der Heiligenstatuen, ihr Gesicht verzog sich wie unter Schmerzen, dann sank sie auf dem Stuhl zusammen, und der Rosenkranz fiel zu Boden.

2

Meine Geliebte,
wenn Du das liest, bin ich nicht mehr auf dieser Welt. Mein letzter Wunsch ist, dass Dich meine Zeilen erreichen, nachdem ich kein Zeichen von Dir erhalten habe, in all den Monaten nicht, seit Du Palermo verlassen hast und in die schwarze Stadt am Ätna gezogen bist.

Du warst und bist alles, was ich habe. Dein Schweigen schmerzt mich mehr als alles andere. Du hast die Abkehr von der Welt gewählt, und es war Sünde, Deine Ruhe zu stören. Das weiß ich jetzt.

Ein Unglück hat meine Familie ereilt, das vielleicht eine Strafe Gottes ist für unsere Liebe, die nicht sein durfte.

Ein Leben ohne Dich ist für mich nicht länger vorstellbar. Ich habe versucht, meine Pflicht zu erfüllen, und es ist mir nicht gelungen. Mir bleibt nur der Weg in eine andere, bessere Welt.

Mein Erbe geht an das Kloster in Catania, in dem ich Dich weiß. Es gibt niemanden mehr, dem ich es zusprechen kann. Land und Besitz, das Erbe: Es hat uns auseinandergetrieben.

Gedenke meiner, wann immer Du kannst.
  Corrado
  Palermo, Februar 1840

Ada ließ das vergilbte Blatt mit der zittrigen Schrift sinken. Sie sah so aus, als hätte der Schreiber mit letzter Kraft geschrieben. Wer war er? Und wer war die Geliebte? Was machte der Brief hier in diesem Kloster, wo jahrhundertelang Nonnen in vollkommener Abgeschiedenheit gelebt hatten? Sie hatte ihn in einem hölzernen Buch gefunden, einer Attrappe zwischen zwei in Leder gebundenen Büchern.

Unter dem Brief war eine Art lederner Tasche, abgegriffen und abgeschabt. Als Ada sie öffnete, fiel ihr ein ebenfalls in braunes Leder gebundenes Heft in die Hände. Sie schlug es auf – ein Tagebuch. Diese Schrift war verschnörkelt und sehr klein, aber gestochen scharf, sie erkannte Daten und den Ort, Catania. Es würde Mühe kosten, aber die Schrift ließ sich entziffern. Ob sie die Äbtissin bitten konnte, wiederzukommen und das Tagebuch lesen zu dürfen? Aber wusste die überhaupt von seiner Existenz? Sie kämpfte einen Augenblick mit sich, schaute sich nach allen Seiten um, dann steckte sie das Tagebuch mit schlechtem Gewissen in ihre Tasche. Wer weiß, ob man sie es lesen ließ, wenn sie von ihrem Fund berichtete. Sie würde es zurückbringen, aber ihre Neugier war einfach zu groß – schon immer hatten sie alte Schriftstücke fasziniert, Boten aus einer fernen Welt.

Der Brief war ein Abschiedsbrief. Hatte jener Corrado im Sterben gelegen? Hatte er vor, sich das Leben zu nehmen? Die Geliebte – das konnte eine Nonne sein. Eine Novizin? Eine Laienschwester? Oder eine Frau, die man ins Kloster verbannt hatte, nachdem ruchbar wurde, dass sie ein Verhältnis gehabt hatte? Offensichtlich jemand, der in Catania gelebt hatte – den man nach Catania verbannt hatte. Was machte ihr Tagebuch hier in Palermo?

»Dein Schweigen schmerzt mich mehr als alles andere …« Der Satz ging ihr nicht aus dem Kopf, als sie das hölzerne Buch zuklappte und zurück an seinen Platz im Regal stellte. Wieso verschwindet einer im Schweigen? Die Frage, die sich Männer und Frauen schon immer gestellt hatten. Und die wir uns bis heute stellen, dachte sie. Trotz Mails und SMS. Ada schüttelte gedankenverloren den Kopf.

Noch einmal schaute sie sich in der Klosterbibliothek um: Luca und Matteo hatten recht – einen solchen Schatz durfte man nicht einfach wegschließen, all das Wissen in den alten, wertvollen Büchern, die der Staub unter sich begrub. Hohe Bücherregale aus dunklem Holz bis unter die Decke, in Leder gebundene, schwere Bände, Stehpulte und Tische, auf denen Folianten lagen. Eine dünne Staubschicht hatte sich über alles gelegt, so als würde hier nur alle paar Monate einmal notdürftig saubergemacht. Nur dort, wo das hölzerne Buch stand, lag kein Staub, das war ihr aufgefallen. Es unterschied sich zwar kaum von seinen ledernen Nachbarn, aber Ada hatte ein gutes Auge für Materialien. Ihr Blick schweifte über die Regalreihe, in der sie das hölzerne Buch gefunden hatte. Dort oben waren noch mehr, sie erkannte mindestens zwei Bücher, die ebenfalls aus Holz sein mussten. Gerade wollte sie wieder auf die Leiter steigen, als Luca in die Bibliothek stürmte.

»Ada, hier bist du! Komm schnell, es ist etwas Furchtbares passiert!«

3

»Wieso habt ihr nicht den Notarzt gerufen?«

»Das ging nicht … in der Kirche hatten wir keinen Empfang, und Suor Carmela – das ist die Nonne mit der Brille – hatte dann schon vom Kloster aus den Arzt gerufen, der die Äbtissin seit Jahren behandelt. Der war sofort da, es hat keine fünf Minuten gedauert …«

»Und er ist mit Madre Benedetta nicht ins Krankenhaus gefahren? Das ist doch unverantwortlich!«

Ada war sichtlich empört. Sie war Luca aus der Bibliothek gefolgt, der jetzt verloren in dem langen Gang zur Kirche stand. Es war still im Kloster.

»Sie war plötzlich sehr blass in der Kirche beim Gebet. Ihr muss schlecht geworden sein oder schwindelig«, sagte er. »Wir wussten gar nicht, was wir tun sollten, haben sie auf eine der Kirchenbänke gelegt.«

»Was hat der Arzt gesagt?«

»Nicht viel, das Herz, es ging alles sehr schnell. Er hat sie hinüber ins Kloster getragen, in ihre Zelle. Dorthin sind Matteo und ich nicht mitgekommen. Die strengen Klosterregeln von früher gelten zwar nicht mehr, aber in die Zellen der Nonnen kommen keine Besucher. Selbst Matteo hat die seiner Tante noch nie von innen gesehen, obwohl er das Kloster recht gut kennt.«

»Und wie geht es ihr jetzt?« Ada ließ nicht locker. »Sollten wir nicht nach ihr schauen?«

Luca stand unschlüssig da. »Matteo ist zu seiner Mutter gefahren und wollte mit ihr zurückkommen. Sie hängt sehr an ihrer großen Schwester und besucht sie mindestens einmal pro Woche. Suor Carmela hat mich weggeschickt. Sie vertrauen diesem Arzt blind, er behandelt sie seit über zwanzig Jahren. Ins Krankenhaus gehen sie sowieso nicht. Was sollen wir machen?«

Ada sah sich um, sie schien nachzudenken. »Du hast recht, wir sind ja auch Fremde für sie. Gut, dass Matteo noch einmal herkommt.«

Sie verließen das Kloster und traten in den warmen Frühsommerabend. Die Geräuschkulisse der Stadt – Verkehr, Stimmen, Musik – überfiel sie, und schweigend liefen sie zum Auto.

»Komm, lass uns etwas essen fahren«, sagte Luca und schlug, als er Ada nicken sah, die Richtung Mondello ein. Nein, das war sicher nicht der richtige Abend für einen Heiratsantrag. Aber dort war es ruhiger als hier in der Stadt, und das Meer würde sie auf andere Gedanken bringen.

Der Verkehr war unerbittlich, und sie brauchten eine halbe Stunde, bevor sie auf der Terrasse eines Restaurants saßen und über die erleuchtete Bucht und den Monte Pellegrino schauten, hinter dem Palermo lag. Nur wenige Tische waren besetzt, es wehte ein leichter Wind, und die Luft roch nach Jasminblüten und dem nahen Meer. Luca sah, dass der Vorfall Ada keine Ruhe ließ. Sie war von Madre Benedetta, die sie so herzlich begrüßt und bereitwillig in die Bibliothek geführt hatte, tief beeindruckt gewesen.

»Sie war so freundlich, hatte etwas … etwas Warmes und Herzliches. Eine Frau, die in sich ruht, die mit sich und ihrem Leben im Reinen ist – so seltsam dieses Leben uns auch vorkommen mag. Und der man genau das ansieht, dieser offene, warme Blick, diese Züge – ein immer noch schönes Gesicht nach einem, ja, schönen Leben. Luca, ich weiß nicht, vielleicht hättet ihr sie doch ins Krankenhaus fahren sollen!«

»Ada, diese Nonnen sind weit über achtzig, sie sind seit den fünfziger oder sechziger Jahren des vorigen Jahrhunderts im Kloster. Damals wurden die Klausurregeln noch streng eingehalten, das hat mir Matteos Mutter mal erzählt. Die hat selbst ihre Schwester lange Zeit nur sehr selten besuchen können. Auch wenn das Kloster mitten in der Stadt liegt, haben die Nonnen damals das Leben draußen hauptsächlich durch vergitterte Fenster wahrgenommen. Sie verlassen auch jetzt das Kloster nur, wenn sie müssen.«

»Ich mache mir einfach Sorgen. Ich weiß auch nicht, warum, aber Madre Benedetta habe ich sofort ins Herz geschlossen. Sie ist eine besondere Frau, eine der Frauen, die man zur Freundin haben will. Auch wenn sie eine Nonne ist, eine Äbtissin, wie seltsam, dazu ist sie mehr als doppelt so alt wie ich ...« Nachdenklich schaute Ada aufs Wasser, dann kam der Kellner und servierte das Essen, gegrillte Dorade mit ein wenig Olivenöl, so wie Ada es am liebsten mochte. Der Fisch war noch nicht filetiert, und die silbernen Schuppen schimmerten im Licht der Kerzen.

Luca überlegte, wie er das Thema wechseln konnte. Ob das überhaupt sinnvoll war. Ada schaute jetzt konzentriert auf den Fisch, das schwarze, glatte Haar fiel ihr in das schmale Gesicht mit den großen dunklen Augen und dem fein gezeichneten Mund, der wie immer tiefrot geschminkt war. Sie war schön, von einer zeitlosen Schönheit, an der er sich nicht sattsehen konnte. Wenn sie lachte, schien ihr Gesicht zu leuchten. Er hatte sich sofort in sie verliebt, als er in das Haus an der Piazza Olivella mitten in der Altstadt Palermos gezogen war – in den vierten Stock. Ada wohnte im zweiten. So war es geblieben, obwohl er immer wieder einmal vorgeschlagen hatte, sich gemeinsam eine Wohnung zu suchen, aber sie hatte ... ja, was eigentlich? Nicht abgelehnt, aber immer eine Ausrede gefunden. Meistens hatte er den Vorschlag gemacht, wenn sie bei einem Glas Wein auf seiner Dachterrasse saßen. Dann hatte sie gesagt, dass es keine schönere Terrasse in der Stadt gebe und dass man so eine Wohnung nicht aufgeben dürfe – selbst wenn das Dach etwas undicht sei und das Wasser nur tröpfelnd aus der Dusche käme. Manchmal hatte er dann die Wohnungsanzeigen studiert und ihr recht geben müssen. Aber war das wirklich der Grund? Die Terrasse? Oder passte es ihr einfach besser, eine eigene Wohnung zu haben, einen Rückzugsort? So oft übernachtete sie nicht bei ihm, häufig ging sie nach einem gemeinsam verbrachten Abend zurück in ihre Wohnung. Weil es dort kühler sei. Weil sie am nächsten Morgen sehr früh aufstehen müsse, um zu arbeiten. Weil, weil, weil. Plötzlich kam er sich albern vor – wieso sollte sie ihn heiraten, wenn sie nicht einmal mit ihm zusammenziehen wollte? Über ihre Ehe und deren Scheitern hatte sie kaum je ein Wort verloren. Er wusste eigentlich nicht viel über sie.

»Hat Diego schon etwas aus Mailand gehört?«

Adas Frage riss Luca aus seinen Gedanken. Sein Sohn Diego hatte sich um einen Studienplatz in Mailand beworben. Luca hatte das einerseits gefreut: Endlich zeigte Diego Ehrgeiz, war unzufrieden mit der juristischen Fakultät in Palermo, wollte eine andere Stadt kennenlernen. Und er hatte sich die juristische Fakultät ausgesucht, die als die beste in Italien galt – nicht eine in Rom, wo seine Freundin Giulia studierte. Giulia, die Luca nicht besonders mochte. Die mit seinem Sohn spielte und ihn im vergangenen Jahr in eine schwierige Situation gebracht hatte, als einer ihrer Kommilitonen ermordet worden war und es einen Moment lang so aussah, als hätte Diego der Mörder sein können. Luca hatte Giulia nie verziehen, dass auch sie Diego eine Weile für den Täter gehalten hatte. Diego schon, sie hatten sich nach der Aufklärung des Mordes versöhnt, und inzwischen stritten und vertrugen sie sich wie eh und je. Beide waren ungeheuer eifersüchtig und hingen ständig an ihren Handys, wenn sie nicht beieinander waren. Luca fand das lächerlich, musste sich aber manchmal eingestehen, dass er auch nicht viel besser war, was die Eifersucht anging, es sich Ada gegenüber jedoch niemals anmerken lassen würde ...

Nun also Mailand, weit weg von Rom. Diego würde noch mehr chatten, skypen oder was immer sie mit ihren Handys machten. Der Haken an der Sache war, dass Mailand auch weit weg von Palermo war. Würde sein Sohn nach Sizilien zurückkommen? Wenn er einmal in einer Stadt gelebt hatte, die so anders funktionierte als der Süden? Er glaubte nicht daran. Gestern hatte Diego die Zusage bekommen.

»Ja, er hat den Platz, Ende September geht er.«

»Aber das ist ja fantastisch – wieso hast du mir das nicht erzählt?«

Da war es wieder, dieses Strahlen, das Luca so liebte.

»Wollte ich noch. Ach so – ich werde eine Woche nach Mailand fahren, Wohnung suchen und so. Würdest du ... willst du nicht mitkommen? Mailand ist wunderschön, gerade jetzt im Mai, wir könnten ...«

Er sah, wie das Strahlen erlosch. Jetzt runzelte Ada die dunklen Brauen. »Luca, ich habe noch sechs Wochen, dann muss ich meine Übersetzung abgeben. Ich kann einfach nicht, nicht jetzt.«

»Aber wann dann? In sechs Wochen gibst du ab, dann kommt der nächste Auftrag. Und danach wieder einer. So geht das immer weiter. Wie viele Bücher hat dieser Simenon eigentlich geschrieben? Hört das niemals auf?« Er merkte, wie ärgerlich er klang, konnte sich aber nicht bremsen. Er war enttäuscht über die verpasste Chance, die wahrscheinlich eh keine gewesen war, was ihn noch mehr enttäuschte. Sie kam nicht einmal ein paar Tage nach Mailand mit. Seit zwei Jahren bemühte er sich um eine Frau, die wie eine Sphinx war, schön und unerreichbar.

Sein Telefon klingelte.

»Das ist Matteo ... entschuldige, aber da gehe ich besser ran.« Ihn überkam eine böse Vorahnung.

»Pronto?«

»Luca ...« Matteos Stimme klang atemlos. »Madre Benedetta ist tot.«

4

In dem großen Raum brannten zwei hohe, weiße Kerzen. Auf einem alten Flügel standen weiße Lilien – Luca erkannte eins der Gestecke, das er am Nachmittag in der Kirche gesehen hatte und das hier einen betäubenden Duft verströmte.

In der Mitte des Zimmers war Madre Benedetta aufgebahrt. Ihre Züge waren wächsern wie in der Kirche, aber entspannt und friedlich. Beinahe lächelte sie, und ihre Wangen und Stirn sahen noch glatter aus, als Luca sie in Erinnerung hatte. Das Gesicht eines jungen Mädchens, umrahmt von einem weißen Haaransatz, der unter der Haube hervorschaute.

Jetzt trug sie auch nicht mehr ihre schlichte helle Kutte, sondern ein weißes, aufwendig besticktes Gewand. An der Liege kniete Matteos Mutter und schluchzte. Am Kopfende saß Suor Carmela, eine der beiden anderen Schwestern, und betete, ein leises Murmeln, ein Singsang, der manchmal anschwoll und dann wieder leiser wurde.

Matteo kam auf Luca und Ada zu. »Danke, dass ihr noch gekommen seid. Es ging alles so schnell ...«

Er sah müde und blass aus. Es war inzwischen beinahe elf Uhr, aber Luca und Ada hatten nach Matteos Anruf sofort gezahlt und waren zurück ins Kloster gefahren. Matteo und seine Mutter hatten Suor Carmela geholfen, Madre Benedetta zu kämmen, umzuziehen und aufzubahren, wie es die Tradition verlangte. Die Tote durfte nicht allein bleiben, sie sollte von den Menschen umgeben sein, die ihr im Leben nahegestanden hatten.

»Der Arzt, er hatte ja erst gesagt, wir sollen uns keine Sorgen machen, und hat sie in ihre Zelle getragen. Als ich mit meiner Mutter wiederkam, war sie schon tot. Herzversagen, hat er gesagt.«

»Wie alt war sie?«

»87 Jahre. Sie wäre im Juli 88 geworden.«

»Das ist ein hohes Alter, Matteo. Vielleicht hat der Arzt recht gehabt, sie nicht mehr ins Krankenhaus zu schleppen. Sie ist in ihrer Umgebung gestorben, schau nur, wie friedlich sie aussieht.« Er legte dem Freund die Hand auf den Arm. Matteos Mutter schluchzte auf, löste sich von der Toten und kam zu ihnen. Sie sah anders aus als ihre Schwester, kleiner, die Haare waren noch nicht weiß, sondern grau meliert. Ihre braun-grünen Augen, die normalerweise fröhlich blitzten, standen voller Tränen.

»Herzversagen! Meine Schwester hat es nie am Herzen gehabt, die hatte das stärkste Herz, das man sich vorstellen kann! Wie konnte das passieren, meine Benedetta, meine Benedetta …« Sie begann wieder zu schluchzen.

»Aber Signora, in dem Alter kann das Herz versagen, auch wenn jemand nie zuvor eine Herzkrankheit hatte«, sagte Luca vorsichtig.

»Sie wollen uns umbringen«, sagte eine brüchige Stimme hinter ihm, »das weiß ich schon lange, und jetzt haben sie Madre Benedetta erwischt.« Er drehte sich um. Die kleine Nonne mit dem faltigen Gesicht stand vor ihm. Ihre braunen Augen hatten den bläulichen Schimmer des Alters. Jetzt lachte sie kurz auf, eine Mischung aus Kichern und Krächzen. Er erinnerte sich – das war die Schwester, von der es hieß, sie sei dement.

»Wer ›sie‹, Suor Agata?«, fragte Matteo. Die beachtete ihn gar nicht, näherte sich Madre Benedetta und begann zu singen.

Luca kam die Situation skurril vor: der große Raum mit dem Flügel und der Bahre in der Mitte, auf der Madre Benedetta wie eine Braut gekleidet lag, der betäubende Geruch der weißen Lilien, die singenden Nonnen mit ihren Verschwörungstheorien, Matteos weinende Mutter und Ada, die stocksteif neben dem Flügel stand.

Er nahm Matteo zur Seite. »Willst du deine Mutter nicht nach Hause bringen? Das ist doch alles viel zu anstrengend für sie. Ada und ich können hierbleiben, bis du zurück bist.«

Matteo nickte erschöpft. »Der Arzt kommt gleich, er hat den Priester geholt, und in spätestens einer Stunde bin ich auch wieder da. Wir halten die Nacht über Wache, und morgen kann dann alles andere in die Wege geleitet werden.«

Er ging zu seiner Mutter, legte ihr den Arm um die Schultern und führte sie weg. Luca sah den beiden nach, wie sie aus dem Zimmer hinaus in den Kreuzgang und über den dunklen Innenhof gingen, in dem nur die Umrisse eines Brunnens erkennbar waren. Dann hatte die Dunkelheit sie verschluckt. Wieder überkam ihn das Gefühl vom Nachmittag in der Kirche: dass hier etwas unheimlich war, nicht stimmte. Er schüttelte den Gedanken ab – er war einfach nicht an ein fast verlassenes Kloster und diese uralten Nonnen gewöhnt. Und nun noch die Tote, die hier aufgebahrt war und mit der er vor ein paar Stunden noch geredet hatte.

Sein Vater war aus der Kirche ausgetreten – ein Skandal in dem kleinen Dorf bei Cefalù, aus dem er stammte. Kirchen waren Luca deshalb fremd, er besichtigte sie aus kunsthistorischem Interesse, aber Gebete und Liturgien waren für ihn Hokuspokus.

Auch die Tradition auf Sizilien, die Toten im besten Gewand aufzubahren und bei ihnen zu wachen, war ihm unheimlich. Schon als Junge hatte er sich gefürchtet, wenn seine Mutter ihn mitgenommen hatte ans Totenbett eines der unzähligen Geschwister oder Cousins und Cousinen seiner Großeltern.

Ada hatte sich inzwischen einen Stuhl genommen und etwas abseits der Bahre hingesetzt. Sie schien in ihre Gedanken versunken. Ob sie betete? Glaubte *sie* eigentlich an Gott? Religion war ein weiterer Punkt, über den sie nie gesprochen hatten.

Zögernd sah Luca sich um. Er wollte sich nicht setzen. Vielleicht kamen ja gleich der Arzt und der Priester. Würden sie die Glocke überhaupt hören? Oder gab es eine Klingel? Als etwas seine Beine berührte, zuckte er zusammen. Er entdeckte eine grau getigerte Katze, die in Richtung des Totenbetts lief. Wo die wohl herkam? Jetzt stieß sie klagende Laute aus, die wie das wimmernde Schreien eines Babys klangen.

Suor Agata unterbrach ihren Gesang und lief auf die Katze zu.

»Pino, komm her! Du hast hier nichts zu suchen, du dummer Kater!« Ihre Stimme klang scharf, und sie packte das Tier so schnell und sicher, dass Luca staunte. Suor Agata trug ihn aus dem Raum, setzte ihn unsanft vor die Türschwelle und schlug die Tür hinter ihm zu. Die Schreie des Katers mischten sich mit Suor Carmelas brüchiger Stimme, und Luca lief ein Schauer den Rücken hinunter.

Als er sich umsah, glaubte er, durch das Fenster einen Schatten im Innenhof zu sehen, aber vielleicht war das eine Täuschung. Ein leichter Wind war aufgekommen, und die Äste des Baums bewegten sich. Der Mond stand als schmale Sichel hoch am Himmel, sein spärliches Licht war fahl. Als Luca zwei dunkle Umrisse hinter dem Brunnen auftauchen sah, musste er an die wirren Reden der Nonne denken, dass man sie umbringen wollte. Dann erkannte er das Priestergewand des einen und schalt sich innerlich – diese Ängstlichkeit war wirklich lächerlich. Aber dieses riesige, leere Kloster – immerhin einst das größte der Stadt, das sich von der Piazza Bellini in Richtung Meer bis zum Cassaro, einer der Hauptachsen der Stadt, hingezogen hatte und auch jetzt, nachdem die Kirche im neunzehnten Jahrhundert einen Großteil ihres Besitzes verloren hatte, immer noch beeindruckend groß war – war nachts einfach unheimlich. Die langen, hohen Gänge mit all den Figuren und Statuen, die den Betrachter aus blinden Augen anstarrten, viel zu große Räume mit schweren Holztüren, die kaum aufzuschieben waren und knarrten … Wie hatten die drei alten Frauen hier gelebt? Hatten sie sich nachts in ihre Zellen eingeschlossen?

Der Priester war alt und gebeugt, er sah müde aus und stand beinahe hilflos an Madre Benedettas Bahre. Die beiden Nonnen hatte er nur mit einem Kopfnicken begrüßt, schweigend schaute er auf die Tote.

Der Arzt – ein großer, schlanker und attraktiver Mann um die fünfzig mit grau meliertem, exakt geschnittenem Haar – war währenddessen zu Luca getreten und hatte ihm die Hand gegeben.

»Tragisch. Und so schnell, sie konnte sich nicht einmal verabschieden. Dabei schien sie die Gesündeste von den dreien zu sein. Aber in dem Alter heißt das nichts, da kann es sehr schnell gehen. Sie wird uns fehlen.« Er sprach schnell, leise und entschieden.

An seinem Handgelenk sah Luca eine große, goldene Uhr aufblitzen. In den schweren Lilienduft mischte sich der eines teuren Rasierwassers.

»Spataro. Anselmo Spataro. Und Sie sind …«

Luca stellte sich und Ada vor, der Arzt nickte flüchtig.

»Ich habe sie seit meiner Kindheit gekannt. Schon mein Vater war hier Arzt, damals durfte eigentlich niemand das Kloster betreten. Außer dem Priester. Und ein, zwei Adelsfamilien, die das Kloster früher unterstützt haben. Alte Bräuche, an denen man festgehalten hat, obwohl die strenge Klausur längst aufgehoben war. Ich durfte manchmal mitkommen, wenn mein Vater hier eine der Schwestern behandelt hat. Dann bin ich in die Dolceria gelaufen und habe zugeschaut, wie sie gebacken haben. Ich erinnere mich an Madre Benedetta als junge Frau. Ich fand sie wunderschön ...«

Anselmo Spataro fuhr sich durch das Haar, auch seine Finger waren gepflegt und sahen nach regelmäßiger Maniküre aus.

»Woran ist sie gestorben?«, fragte Luca.

»Herzversagen.« Die Antwort kam schnell, und Luca hatte den Eindruck, dass der Arzt seinem Blick auswich. Aber vielleicht war das Unsinn. Es war spät, er hatte Kopfschmerzen von dem Geruch der Lilien und stand am Totenbett einer alten Frau, die er kaum kannte. Der alte Priester hatte inzwischen zu beten begonnen, und Luca schaute zu Ada: Sie saß immer noch auf ihrem Stuhl, und er konnte an ihrem Gesichtsausdruck nicht ablesen, was sie dachte.

Als Matteo kurz darauf kam, war Luca froh, dass sie nach Hause fahren konnten. Schweigend gingen sie über die verlassene Piazza Bellini zum Auto, und schweigend fuhren sie das kurze Stück über die Via Vittorio Emanuele und die Via Roma nach Hause.

»Glaubst du, dass sie freiwillig ins Kloster gegangen ist?«, fragte Ada unvermittelt, als sie ausstiegen.

»Wieso ... wieso denn nicht?«

»Jahrhundertelang sind unzählige Frauen gegen ihren Willen hinter Klostermauern verschwunden. Zweit- und drittgeborene Töchter adliger Familien, um das Erbe nicht durch eine weitere teure Mitgift zu verkleinern. Halbwaisen und Waisen aus weniger wohlhabenden Verhältnissen, die keine Familie mehr hatten oder deren verwitweter Elternteil neu heiratete. Ich habe darüber mal was gelesen ...«

»Ja, aber das war früher. Madre Benedetta ist irgendwann Mitte des zwanzigsten Jahrhunderts ins Kloster gegangen. Und Matteo erzählt immer, wie liberal seine Großeltern waren. Nein, sie war eben schon immer sehr gläubig – ganz im Gegensatz zu ihren Eltern und ihrer Schwester.«

»Vielleicht war sie von einer großen Liebe enttäuscht«, sagte Ada träumerisch. »Wer weiß das schon.«

Inzwischen standen sie vor ihrer Wohnungstür, und Ada gab ihm einen Kuss, bevor sie verschwand. Allein stieg er die zwei Treppen zu seiner Wohnung unter dem Dach hinauf, schloss die Tür auf und ließ sich auf das kleine, abgewetzte Sofa sinken. Als er sich ein Glas Weißwein einschenkte, fiel ihm ein, dass sie noch nicht einmal die Rosenkranz-Szene für Matteos Film zu Ende gedreht hatten: Sein Freund würde sich mit ein paar kurzen Schnipseln begnügen müssen ...

5

Mord. Das war Mord. Sie hatte nichts am Herzen.«

Matteo trommelte ungeduldig mit dem rechten Daumen auf das Lenkrad. In der Linken hielt er sein Zigarillo, und obwohl das Fenster heruntergekurbelt war, bekam Luca kaum Luft. Es war der erste heiße Tag des Jahres, der Scirocco wehte, und sie standen im dichten Vormittagsverkehr mitten in der Altstadt.

»Matteo, das ist Unsinn. Und statt ihn deiner Mutter auszureden, machst du mit bei diesen Verschwörungstheorien. Deine Tante war fast neunzig Jahre alt. Sie war in ärztlicher Behandlung.« Er musste husten. So gern er selbst geraucht hatte – seit einigen Wochen hatte er zum x-ten Mal aufgehört und versuchte nun, Adas verführerische Zigaretten zu ignorieren –, so unangenehm war ihm gerade bei Hitze der Geruch von Matteos Zigarillos. Er bildete sich ein, allergisch dagegen zu sein, aber Ada lachte dann immer und schob das auf sein hypochondrisches Wesen.

Hinter ihnen wurde wild gehupt, als Matteo unvermittelt zwei Spuren wechselte, um rechts abzubiegen.

»Weißt du eigentlich, wo wir hinmüssen?«

»Ja, aber die Via Vergine ist gesperrt und die Via Camposanto Einbahnstraße. Und falls wir irgendwann ankommen, finde ich eh keinen Parkplatz.« Matteo begann wieder zu trommeln, fuhr über eine rote Ampel und nahm einem riesigen weißen SUV die Vorfahrt, der eine Vollbremsung hinlegte. Sie waren spät dran, beide hatten noch Redaktionssitzungen gehabt und mussten sich beeilen, wenn sie pünktlich zur Beerdigung kommen wollten.

Zehn Minuten später parkte Matteo vor dem Haupteingang des alten Friedhofs an der Piazza Sant'Orsola im absoluten Halteverbot, und Luca glaubte, ein deutliches Kratzen im Hals zu verspüren.

»Das ist keine Verschwörungstheorie, glaub mir«, sagte Matteo. Nachdem er die Autotür schwungvoll zugeworfen und dem Friedhofswärter, der ganz offensichtlich ansetzte, ihm zu sagen, dass er hier auf keinen Fall stehen bleiben könne, fröhlich gewunken hatte, zog er Luca nun am Ärmel in Richtung der Friedhofskapelle.

»Meine Tante hatte keine Herzprobleme. Niemals. Und was genau dieser Arzt behandelt hat, konnte meine Mutter nicht herausfinden. Benedetta hat ihr seit Monaten erzählt, er gebe ihr Spritzen, die sie dringend brauche. Meine Mutter hat sich erst keine Sorgen gemacht, aber seit zwei Wochen ging es meiner Tante nicht mehr gut. Schwindel, Übelkeit, Schweißausbrüche.«

»Wieso sollte er sie mit Spritzen langsam umbringen? Ich dachte, dieser Spataro hält dem Kloster seit Jahrzehnten die Treue?« Luca war stehen geblieben und schüttelte den Kopf.

»Luca!« Matteo hob dramatisch die Arme. »Du glaubst, alte Menschen werden nicht ermordet. Alle glauben das. Aber das ist ein Irrtum! Meine Mutter hat mir viel erzählt. Immer mal wieder hat sie Andeutungen gemacht, die ich natürlich nicht ernst genommen habe. Dass man ihrer Schwester das Leben schwermacht. Dass das Kloster geräumt werden soll. Dass Dinge aus der Sakristei verschwinden, wertvolle Dinge. Wie gesagt, ich habe nicht zugehört, aber inzwischen glaube ich auch, dass da etwas nicht stimmt.« Er schaute hektisch auf die Uhr. »*Minchia*, wir haben keine Zeit mehr, ich erzähle es dir hinterher. Komm jetzt.«

Luca starrte den Freund ungläubig an und folgte ihm dann. Mord an einer fast Neunzigjährigen im Kloster. Nicht sehr wahrscheinlich.

Als sie die kleine Kapelle betraten, begann gerade die Feier. Luca und Matteo drängelten sich durch die vollbesetzten Reihen bis zu Matteos Mutter und Isabella, seiner Frau, neben der Ada stand. Luca sah viele Geistliche und Nonnen und an der Seite, beinahe versteckt, Suor Carmela und Suor Agata. Suor Carmela wischte sich mit einem weißen Stofftaschentuch Tränen aus dem runden Gesicht. Suor Agata kniete in der Kirchenbank, den Kopf in die Hände vergraben. Als er an ihr vorbeiging, hörte Luca sie murmeln. Recht weit vorn entdeckte Luca Anselmo Spataro, den Arzt – im schwarzen Maßanzug –, und neben ihm einen etwas älteren und kräftigeren Mann, der den Zügen nach zu urteilen sein Bruder sein musste.

Luca staunte über die Vielzahl der Trauernden. Man hatte das Portal der Kapelle geöffnet, weil nicht alle hineinpassten, und mindestens zwanzig Leute mussten draußen in der glühenden Mittagshitze ausharren. Sein Bild von den einsamen drei Nonnen in dem alten, verlassenen Kloster stimmte offenbar nicht. Alte und junge Menschen waren gekommen, Luca entdeckte ein paar wichtige Lokalpolitiker, den stellvertretenden Bürgermeister, der neben dem Arzt und seinem Bruder stand, eine Schulklasse mit ihrer Lehrerin und eine kleine Gruppe jüngerer Nonnen, die fremd aussahen und sicher keine Sizilianerinnen waren.

Lucas Hemd war inzwischen durchgeschwitzt, und er bewunderte Ada, die selbst bei größter Hitze so aussah, als hätte sie eben geduscht. Sie trug ein schlichtes schwarzes Kleid, dessen dünner Stoff ihre schmale Silhouette zeigte. Als sie von der Kapelle zum Grab gingen, legte sie die Hand auf seinen Unterarm.

Die vier Träger schwankten unter dem schweren, mit weißen Blumen über und über bedeckten Sarg, und nur langsam bewegte sich der Zug in Richtung Grab.

Matteos Mutter schluchzte, und Luca sah, dass Suor Carmela sich die Nase putzte. Dann stützte sie sich auf den Arm einer Frau um die vierzig, die ein tief ausgeschnittenes, enges schwarzes Kleid und viel zu roten Lippenstift trug und sich theatralisch mit einem schwarzen Spitzentaschentuch die Augen abtupfte. Auf ihren hohen Absätzen stolperte sie mehrmals auf dem Kiesweg, und Luca fürchtete, dass sie gemeinsam mit Suor Carmela stürzen würde, die sich wie eine Ertrinkende an den Arm der seltsamen Frau klammerte. Neben ihr lief mit versteinerter Miene ein kleinerer Mann mit deutlichem Bauchansatz, dem der Schweiß über das fahle Gesicht rann. Auch er rieb sich mit dem Ärmel seines dunklen, nicht sorgfältig gebügelten Hemds die Augen.

Die Hitze setzte allen zu, und der Priester hatte ein Einsehen, sodass sie den Friedhof bald verlassen konnten. Man hatte nach der Beerdigung in den Empfangsraum des Klosters gebeten, und Luca war eigentlich eher unwohl bei dem Gedanken gewesen, noch einmal dorthin zurückkehren zu müssen, wo die Tote gerade noch aufgebahrt gelegen hatte.

Doch bei Tageslicht sah alles anders aus, und obwohl die Lilien immer noch auf dem Flügel standen, wirkte der große Raum nun freundlich und einladend. Luca warf einen Blick in den Innenhof, auf die wunderschönen blauweißen Majoliken, die sich sternförmig um den Brunnen in der Mitte zogen. Der Kreuzgang, der mit gedrechselten Säulen geschmückt war, strahlte Ruhe und Frieden aus.

Jetzt standen sie an dem Tisch, der in der Mitte des Raums aufgebaut war und sich unter den traditionellen Süßwaren, den berühmten Dolci bog, die hier im Kloster seit Jahrhunderten hergestellt wurden: kleine, halbrunde Kuchen mit schneeweißem Zuckerguss überzogen, die *minni di virgini*, Jungfrauenbrüste, mit einer roten kandierten Kirsche verziert; die berühmte Torte *trionfo di gola*, Triumph des Gaumens, mit Ricotta gefüllt und über und über mit Pistazien und kandierten Orangenscheiben bedeckt; dazu muschelförmiges Marzipan und kleine, goldbraune *crespelle*, süße Teigtaschen, die ebenfalls mit süßer Ricotta gefüllt waren, einer leichteren, cremigeren Variante, die auf der Zunge schmolz.

»Sie haben die ganze Nacht gebacken«, sagte jetzt Matteos Mutter mit leiser Stimme. »Suor Carmela, Suor Agata und der Pasticciere – Signor Gaetano. Sonst reden sie wenig miteinander, aber heute ...«

»Ein Pasticciere?« Ada klang überrascht. »Wird die Dolceria nicht mehr von den Nonnen betrieben? Das war eine Institution. Ich weiß noch, dass mein Vater vor besonderen Feiertagen hierherkam und Gebäck und Kuchen kaufte. In den siebziger Jahren haben sie ihre Dolci noch durch das hölzerne Rad verkauft. Man durfte die Nonnen ja nicht sehen. Sie legten die Ware in das Rad, drehten es, man nahm alle entgegen und legte das Geld hinein.«

»Ach Kindchen, das ist so lange her. Damals lebten noch viele Nonnen hier. Laienschwestern ebenfalls, in der Dolceria buken bis zu dreißig oder manchmal auch vierzig Personen. Zu allen Festen wurde ständig geklingelt und das Rad drehte und drehte sich. Aber dann starben die Nonnen eine nach der anderen. Junge kamen nicht nach. Wer will heute noch ins Kloster gehen? Meine Schwester hat immer wieder Aushilfen engagiert, das ging eine Zeitlang gut. Aber jetzt? Die letzten Jahre? Drei alte Frauen, wie sollen die die schwere Arbeit allein schaffen? Kiloweise Mandeln zerstoßen, die Ricotta mit dem Zucker cremig schlagen, das ist Knochenarbeit. Du müsstest dir ihre Küchengerätschaften anschauen – wie aus dem Mittelalter. Sie bestehen darauf, alles so zu machen wie immer. Nur dann schmeckt es auch so wie immer. Der *trionfo di gola* aus dem Kloster hier wird auf ganz Sizilien gerühmt. Und die *minni di virgini* – so gute bekommst du sonst nur in Catania, wo sie herstammen. Seht ihr die Marzipanmuscheln? Innen ist eine Füllung aus Pistazien und Feigen, die auf der Zunge zergeht … Und die *cannoli*, die mir meine Schwester aus der Dolceria mitgebracht hat, waren die besten, die ich jemals gegessen habe. Diese Ricottacreme, so leicht und süß zugleich. Himmlisch …

Aber sie haben es eben nicht mehr geschafft. Meine Schwester hat das eingesehen, die anderen beiden nicht. Benedetta hat entschieden, dass es so nicht weitergehen kann. Und hat einen Pasticciere gefunden, dem sie die Dolceria verpachtet hat. Sie haben nur noch zu seltenen Anlässen selbst gebacken.«

»Und der Pasticciere führt die Tradition fort? Er hat alle Rezepte?«

Matteos Mutter lachte. Einen Moment lang blitzten ihre vom Weinen geröteten Augen fröhlich. »Ihr stellt euch das sicher alles friedlich und freundlich vor hier im Kloster. Drei alte Nonnen, die stillen Räume, der schöne Innenhof – eine Oase der Ruhe mitten in dieser verrückten Stadt.« Ihr Lachen klang hell wie das eines jungen Mädchens. Dann wurde sie ernst und beugte sich etwas vor. Sie flüsterte, und auch Luca und Ada mussten sich zu ihr beugen, um etwas zu verstehen.

»Meine Schwester war in einer furchtbaren Situation: Das Gebäude sollte verkauft werden, aber sie wollte es als Kloster retten. Also hat sie gedacht, sie kann mit der Verpachtung der Dolceria Geld verdienen, um die notwendigen Sanierungsarbeiten durchzuführen. Aber die beiden …«, sie wurde noch leiser und sah sich um, »… die beiden anderen wollten keinen Fremden in der Dolceria. Und die Rezepte durfte der Pasticciere auf keinen Fall bekommen.« Jetzt richtete sie sich auf und sprach etwas lauter: »Der kleine Dicke da drüben ist der Pasticciere – ein hilfloser Versager. Das kam noch dazu. Wahrscheinlich hätte es gar nichts genützt, ihm die Rezepte zu geben. Meine Schwester hatte ein großes Herz, sie wollte ihm helfen. Und die dort« – sie zeigte auf die auffällig gekleidete Frau, die jetzt Suor Carmela ein Glas Wasser reichte – »ist seine Frau. Vanda. Benedetta hat sie immer in Schutz genommen, aber schaut sie euch an – was hat so eine hier im Kloster zu suchen? Meine liebe Schwester wollte es nicht wahrhaben – Gott hab sie selig – aber ich bin sicher, dass Vanda diejenige ist, die all die schönen Sachen gestohlen hat!«

Luca schaute Ada an und wusste nicht, was er sagen sollte. Es wurde gestohlen? Was denn? Signora Aiello hatte sich in Rage geredet, sie war aufgebracht, und wieder standen ihr Tränen in den Augen. Und sprachen nicht alle alten Leute davon, dass sie bestohlen würden? Eigentlich ein Klassiker. Er verzichtete darauf nachzuhaken.

»Meine Schwester glaubte an das Klosterleben, daran, dass es gerade in unserer Zeit wichtig ist, solche Orte der Zuflucht und des Friedens zu erhalten. Um Gutes zu tun, auch für die, die in der Welt leben, für die Armen und Vergessenen. Sie wollte diese Tradition bewahren und einen Zufluchtsort schaffen. Das hat eben einigen Leuten nicht gepasst …« Ihr brach die Stimme, und Luca war froh, dass in dem Moment Matteo und Isabella zu ihnen traten und Matteo seine Mutter in den Arm nahm.

»Mamma, beruhige dich, komm, setz dich, da drüben ist ein Stuhl. Es ist heiß heute, du darfst dich nicht so aufregen.« Isabella hatte ein Glas Wasser geholt und reichte es ihrer Schwiegermutter, die sich mit einem Taschentuch die Stirn abwischte.

Als Luca sich umschaute, zuckte er einen Moment zusammen: Der Mann, den er für den Bruder des Arztes hielt, war ins

Gespräch vertieft mit dem Erzbischof und dem stellvertretenden Bürgermeister von Palermo. Was machte Vincenzo Arcuro hier? Luca hatte nur unangenehme Erinnerungen an den kleinen Mann mit den leuchtend blauen Augen und den schlohweißen Haaren. Der hatte ihm einen Prozess angehängt, als Luca über einen Korruptionsskandal berichtet hatte, in den Arcuro, damals noch im Stadtrat zuständig für die Denkmalspflege, verwickelt gewesen war. Luca hatte für den *Giornale di Sicilia* geschrieben und eine Abmahnung bekommen. Ein Zeuge, der ausgepackt hatte, hatte nach Erscheinen von nichts wissen wollen; plötzlich war seine mühsam recherchierte Geschichte wie aus der Luft gegriffen gewesen.

»Was will Arcuro hier?«, fragte Luca Matteo.

»Der war Lieblingsschüler meiner Tante auf dem Gymnasium. Sie hat dort unterrichtet, höchst ungewöhnlich für die damalige Zeit, aber es fand sich gerade kein anderer Griechischlehrer. Alte Sprachen waren neben der Dolceria ihre Leidenschaft. Die Klosterbibliothek ...«

»Und wer ist der andere neben dem Erzbischof?«, unterbrach Luca den Freund.

»Das ist Spataro.«

»Spataro wie der Arzt?«

»Sein älterer Bruder. Der hat Immobilien in der ganzen Stadt – unter anderem das neue Einkaufszentrum auf dem Weg zum Flughafen. Wo nie klar war, ob eigentlich eine Baugenehmigung erteilt wurde oder nicht ...«

Luca erinnerte sich daran. Sein Chefredakteur hatte ihn nicht darüber schreiben lassen wollen, sondern selbst einen langweiligen Artikel verfasst, der nur referierte, was bekannt war und keinem wehtat: fast nichts.

»Arcuro war mit dem älteren Spataro in einer Klasse im Gymnasium. Die Spataros kannten meine Tante schon lange, weil ihr Vater hier im Kloster Krankenbesuche gemacht hat, als sonst noch keiner reindurfte. Der alte Spataro genoss Benedettas volles Vertrauen, er war einer der ganz wenigen, der seit Jahrzehnten im Kloster ein und aus ging. Ein stattlicher Mann mit silbergrauem Haar und Hut – zu jeder Jahreszeit, das hat mich als Junge fasziniert. Er ist vor gar nicht langer Zeit gestorben, und ich weiß noch, dass meine Tante sehr traurig darüber war. Seine Söhne waren für Benedetta wie ihre eigenen Söhne«, erzählte Matteo. »Verstehst du jetzt, worauf ich hinauswill? Die Immobilie hier ist eine der wertvollsten der Stadt … wer die ergattern will, muss gute Beziehungen in Kirchenkreisen haben.«

Bevor Matteo weiterreden konnte, trat Isabella zu ihnen und nahm ihn beim Arm.

»Matteo, lass uns fahren. Deine Mutter ist erschöpft.«

»Ich rufe dich an, Luca, und erzähl dir alles in Ruhe.«

Luca war froh, dass er vorerst von Matteos Mordtheorien verschont blieb. Suchend sah er sich nach Ada um. Sie stand an dem großen Tisch mit den Dolci und sprach mit der auffällig gekleideten Frau, die Suor Carmela gestützt hatte. Ada hatte eine Schwäche, die Luca sehr sympathisch fand: Sie liebte alles Süße. Kein Morgen ohne ein oder zwei *cornetti*, und wenn es irgendwo *cannoli* gab, ließ sie alles stehen und liegen.

»Diese *cannoli* sind wirklich die besten, die ich je gegessen habe, Luca. Die Ricottacreme ist so leicht und geschmeidig … und die *crespelle* musst du probieren!«

Sie schaute sich erschrocken um, ob jemand ihre Begeisterung mitbekommen hatte, und Luca musste lachen.

»Madre Benedetta hätte sich gefreut, dass es dir schmeckt«, sagte er. »Wenn Matteo und seine Mutter recht haben, dann hat sie ihr Leben hier im Kloster und ihre Arbeit in der Dolceria über alles geliebt.«

Er schaute sich nach den Spataro-Brüdern um, die jetzt allein beieinanderstanden und leise miteinander redeten. Arcuro, der stellvertretende Bürgermeister, verabschiedete sich gerade von Suor Carmela, deren Augen hinter den dicken Brillengläsern heute noch verschwommener wirkten als beim letzten Mal. Vanda, die Frau, auf deren Arm sie sich am Grab gestützt hatte und über die Matteos Mutter geschimpft hatte, stand jetzt bei dem Pasticciere und redete auf ihn ein. Ihre Stimme wurde plötzlich schrill, und er zog sie weg.

Suor Carmela trat nun zu ihnen. »Danke, dass Sie gekommen sind. So viele liebe Menschen, die uns verbunden sind!«

»Wo ist denn Suor Agata?«, fragte Ada. Es stimmte, sie war zwar auf dem Friedhof gewesen, hatte sich aber im Kloster nicht mehr gezeigt.

»Antonio hat sie in ihre Zelle begleitet, sie fühlte sich unwohl, die Arme.«

»Antonio?«

»Der Gärtner, unser Gärtner und Hausmeister. Groß mit dunklen Locken. Er spricht nicht viel, ist sehr verschlossen. Aber ohne ihn ginge hier schon lange nichts mehr. Er ist seit ungefähr sieben Jahren bei uns. Natürlich lebt er nicht hier im Kloster, aber er ist ständig da, kommt und geht, wie es ihm passt, und erledigt alles, was anfällt. Irgendwann war klar, dass wir alten Frauen die Gartenarbeit nicht mehr schaffen und dass hier immer wieder etwas zu tun ist. Antonio war ein Glücksfall, er war Hausmeister in einem der Waisenhäuser, die Madre Benedetta unterstützt hat. Und er ist sehr zuverlässig.«

Jetzt erinnerte Luca sich: ein großer, dunkelhaariger Mann, der lange mit gesenktem Kopf und vor der Brust verschränkten Armen am Grab gestanden hatte.

Suor Carmela fuhr fort: »Aber jetzt, nachdem sie tot ist ... Wie soll es mit uns weitergehen? Was soll aus uns werden? Sie haben ja gesehen, wie verwirrt Suor Agata ist – sie glaubt, man wolle uns umbringen ...«

Ihre Worte gingen Luca lange nicht aus dem Kopf, auch als Ada und er das Kloster verlassen hatten und schweigend im Auto saßen. Was sollte aus den beiden alten Frauen werden?

»Was hat Matteo erzählt?«, unterbrach Ada seine Gedanken. »Er denkt, seine Tante ist ermordet worden? Oder habe ich das falsch verstanden?«

»Nein, leider nicht, Ada. Er glaubt, jemand wollte Madre Benedetta aus dem Weg räumen. Das Kloster soll verkauft werden, sie aber wollte es als Kloster bewahren. Eine wilde Geschichte. Du kennst ihn doch.«

»Hat Suor Agata nicht dasselbe gesagt? Vielleicht ist sie gar nicht verwirrt und sieht klarer als Suor Carmela. Es könnte ja sein, dass sie sich nach all den Jahren das Reden einfach abgewöhnt hat. Deshalb wirkt sie wunderlich.«

Luca sah Ada von der Seite an. Das meinte sie aber hoffentlich nicht ernst. Er schüttelte den Kopf und gab Gas.

6

Adas Atem ging regelmäßig, ihre Schritte waren im perfekten Rhythmus. Sie schaute auf das Meer, das hellblau und glatt wie Öl in der warmen Morgensonne lag. Es war halb sieben, noch war die Temperatur erträglich, und sie war froh, aufgestanden und losgelaufen zu sein. Das Foro Italico war bis auf ein paar andere Jogger menschenleer, der breite Rasenstreifen verlassen, der sich stellenweise bereits gelb verfärbte und über den sie sich jedes Mal ärgerte: wieso Rasen auf Sizilien? Bei der Hitze musste er im Sommer ständig bewässert werden, was für eine Verschwendung.

Sie dachte an die Beerdigung am vorhergehenden Tag, an die Trauergäste, über die sich nicht nur Luca gewundert hatte. Sie hatte mit der Frau des Pasticciere gesprochen, die sich um die beiden alten Schwestern gekümmert hatte, aber ständig selbst in Tränen ausbrach und deklamierte, dass ihr Leben ohne Madre Benedetta ein anderes sei und sie nicht wisse, wie es weitergehen solle. Ihr Mann hatte keinen Ton gesagt, ab und zu war er zum Rauchen in den Innenhof getreten. Sie hatte ihn auf die Dolci angesprochen, aber er hatte das Gespräch abgebrochen. »Suor Carmela und Suor Agata haben gebacken, ich habe nur geholfen.«

Ganz deutlich war ihm anzumerken, dass er nicht mit ihr sprechen wollte.

Als sie und Luca gegangen waren, war ihr eine Gruppe von jüngeren Ordensschwestern aufgefallen, die etwas abseits standen und mit keinem der anderen Gäste sprachen. Eine hatte bitterlich geweint, aber Ada hatte nicht verstanden, was sie gesagt hatte. Es hatte wie Rumänisch geklungen, sicher war sie sich nicht.

Während sie versuchte, das Tempo zu halten und ruhig zu atmen, kam ihr der Gedanke, dass die ganze Atmosphäre seltsam gewesen war. Die Verstorbene hatte ein hohes Alter erreicht, ihr Tod war zwar unerwartet gekommen, aber konnte in diesem Alter nicht überraschen. Trotzdem schienen all diese Menschen von Madre Benedettas Tod verstört gewesen zu sein, alle hatten etwas von ihr erwartet oder waren von ihr abhängig gewesen. Weil das Kloster von ihr abhing. Sie sah Suor Carmelas müdes, rundes Gesicht vor sich, dann das faltige von Suor Agata, ihre kleine Gestalt, die in ihrer Tracht vollkommen verschwand.

Eine merkwürdige Atmosphäre, eine Anspannung, die in dem Raum gehangen hatte. Vielleicht bildete sie sich das aber nur ein, kein Wunder nach den Mordtheorien von Matteo und seiner Mutter.

Inzwischen war sie am Ende der Uferpromenade angekommen und drehte um. Jetzt war die Hitze des Tages bereits deutlich spürbar. Wenn sie den Yachthafen erreicht haben würde und in die Stadt abbog, wäre die Sonne unerträglich.

Manchmal versucht sie, Luca dazu zu bewegen, mit ihr zu laufen. Die Bewegung würde ihm guttun, er saß zu viel vor dem Computer. Aber heute war sie froh, dass sie allein ihren Gedanken nachhängen konnte. Der Rückweg war deutlich angenehmer, weil ihr jetzt die Sonne im Rücken stand und sie nicht mehr blendete. Siedend heiß fiel ihr das Tagebuch ein, das sie aus der Klosterbibliothek mitgenommen hatte. Wie sollte sie es nun zurückgeben? Sie musste einen Vorwand finden und Matteo bitten, sie noch einmal mit in das Kloster zu nehmen.

Oder sie musste Luca alles erzählen und ihn fragen, ob er das Buch unbemerkt zurückbringen konnte. Das war vielleicht das Einfachste. Sie ärgerte sich über sich selbst und ihre Neugier.

Als Ada verschwitzt in ihrer Wohnung ankam, suchte sie als Erstes nach dem in Leder gebundenen Heft. Sie hatte es unter einen Stapel Bücher auf ihrem Schreibtisch gelegt und dann über die Totenwache und die Beerdigung von Madre Benedetta vergessen. Schuldbewusst drehte sie das Buch hin und her, legte es wieder auf den Schreibtisch und ging unter die Dusche.

Als sie sich mit einem Kaffee an den Schreibtisch setzte und den Computer anmachte, konnte sie der Versuchung nicht widerstehen und öffnete das Tagebuch. Die Schrift war verschnörkelt, aber leserlich. Wer war die Schreiberin? Sie blätterte vorsichtig die vergilbten Seiten um, und nur langsam gewöhnten sich ihre Augen an die fremden Schnörkel. Da, ein Name: Lili. Das ließ sich entziffern, half ihr aber nicht weiter. Eine Lili aus Catania, die einen verzweifelten Liebesbrief von einem Corrado erhalten hatte – wo sollte man da anfangen.

Zwei Stunden später hatte Ada noch immer keinen Satz von Simenon übersetzt. Langsam hatte sie sich eingelesen, konnte Wörter und bald ganze Sätze entziffern. Sie suchte die Seiten nach Namen und Orten ab, irgendwelche Hinweise auf die Identität der Schreiberin. Als sie sich eine Zigarette anzündete und von dem Tagebuch aufschaute, sah sie vier Kippen im Aschenbecher. Sie drückte die eben angezündete Zigarette wieder aus. Der Aschenbecher war sauber gewesen, als sie sich an den Schreibtisch gesetzt hatte … Da, da stand ein Name. »Lucia wird Principessa di Pandolfina, meine große Schwester heiratet«, stand da. Eine halbe Stunde und einen starken Espresso später hatte sie die kleine Schwester von jener Lucia gefunden, die 1838 geheiratet hatte: Carolina Annunziata Crocefissa Beatrice Filangeri di Cutò, die einzige Schwester der Principessa di

Pandolfina. Sie hatte nur einen kurzen Eintrag auf einer genealogischen Seite des sizilianischen Adels gefunden: 1818 geboren, mit 22 Jahren in Catania in einem Kloster verstorben. Eine jüngere Schwester, die ins Kloster geschickt worden war, um das Familienvermögen möglichst wenig anzutasten. Eine Mitgift nur für Lucia, dann gab es einen Bruder, der den Titel und das restliche Vermögen geerbt hatte. Eine kleinere Summe für das Kloster, in das das Mädchen geschickt worden war. Wieso Catania? Die Filangeri di Cutò waren aus Palermo. Zu der Zeit trennten die beiden sizilianischen Städte Welten und bestimmt mehrere Tagesreisen über unbefestigte Straßen und Wege, die sich schnell im Nichts verloren, wenn man sich nicht sehr gut auskannte. Das Inselinnere hatte von Banditen gewimmelt, und Ada erinnerte sich an alte Romane und Berichte, in denen Reisende lieber mit dem Schiff von Palermo nach Messina fuhren und von dort aus weiter die Küste entlang nach Catania reisten.

Sie schaute auf die Uhr – bereits nach elf. Schnell machte sie das Heft zu, schob es unter ihren Bücherstapel und schlug Simenon auf. Aber sie konnte sich nicht konzentrieren, ihre Gedanken schweiften ab zu der jungen Frau, die irgendwie nach Catania gelangt war und ein Tagebuch geschrieben hatte. Die einsam gewesen war und Heimweh gehabt hatte. Die im Kloster war und an einen Mann dachte, der unerreichbar war. Und der ihr geschrieben hatte, als es zu spät war.

Carolina Annunziata Crocefissa Beatrice. Was für ein Name. Lili.

7

Bagheria, Villa Valguernera, Sommer 1830

»Crocefissa!«

Die Stimme des Kindermädchens kam näher.

Lili drückte sich tiefer zwischen die mächtigen Luftwurzeln des riesigen Ficus Benjamin und hielt Piero, der unruhig wurde, den Mund zu. Seine Lippen waren warm und klebrig, sie hatten überreife Aprikosen gegessen, deren Saft ihnen Gesicht und Hände verschmiert hatte.

»Crocefissa, wo bist du? Komm sofort her, deine Mutter wartet auf dich! Die Großmama ist angekommen!«

Sie hielt die Luft an, als sie zwischen den graubraunen Wurzeln das Kleid des Kindermädchens hellblau schimmern sah. Die junge Frau blieb einen Moment stehen, dann lief sie weiter, und ihre Stimme wurde leiser.

Lili nahm die Hand von Pieros Mund, lehnte die Stirn an die warmen Baumwurzeln und atmete auf.

»Du musst gehen, Lili!«, flüsterte Piero. Seine großen, dunklen Augen schauten besorgt, er versuchte, sie aus ihrem Versteck zu schieben. »Die Principessa sucht dich, sie wird außer sich sein, wenn das Kindermädchen dich nicht findet!« Er strich sich ein paar störrische Strähnen seines schwarzen lockigen Haars aus dem Gesicht und wischte sich die Hände an der braunen Hose ab, die staub- und dreckverklebt war. Es war ein heißer Tag im Juli, die Sonne brannte vom Himmel, und in der kleinen Höhle, die die Luftwurzeln des Ficus Benjamin bildeten, war es schwül-warm.

Lili spürte, dass ihr Nacken feucht war, dort, wo der schwere Zopf die Haut berührte, bevor er über die graue Kutte fiel, die sie wie jeden Tag trug.

»Ich muss gar nichts«, sagte sie bockig. »Hast du gehört – sie sucht Crocefissa, nicht Lili. Geht mich nichts an! Komm, lass uns nachsehen, wie es der kleinen weißen Ziege geht! Hat dein Vater ihr heute schon das Bein verbunden?«

»Lili, es muss gleich Mittag sein. Die Mutter der Principessa ist aus Palermo angekommen. Bitte …«

Ein flehender Ton lag in seiner Stimme, der sie wütend machte.

»Die Mutter der Principessa interessiert sich ebenso wenig für mich wie die Principessa, Piero. Ich muss mich nicht einmal umziehen, die graue Kutte reicht.« Sie schaute an sich herunter und sah, dass auch ihr Kleid voller Dreck war – ein Vormittag im Garten und in den Ställen hatte gereicht, um den grauen Stoff mit Flecken zu überziehen, und am Saum war er sogar eingerissen. »Ninni muss mir vielleicht noch eine saubere anziehen, aber ich habe ja genug davon. Geht ganz schnell.« Sie grinste. »Lucia wird sicher seit Stunden frisiert und herausstaffiert, sie schreit inzwischen schon, wenn das Mädchen mit der Brennschere kommt.« Lili trat aus der Wurzelhöhle in die blendende Mittagssonne und schaute auf die imposante Fassade der Villa, die im hellen Sonnenlicht beinahe dieselbe Farbe hatte wie die Aprikosen, die sie vom Baum gepflückt und gegessen hatten. Dann drehte sie sich um – der weite Blick auf das Meer heiterte sie immer auf, wenn sie traurig war. Trotz der Hitze wehte ein leichter Wind. »Bagheria heißt Bab el Gherib«, murmelte sie. Tor des Windes. Sie liebte die Sommerresidenz ihrer Familie, die riesige Villa mit der großen Terrasse, dem weitläufigen Garten und den Obsthainen, den Stallungen, Vogelvolieren, Gartenpavillons, Brunnen und kleinen Teichen. Ein

Paradies ... für sie im Sommer, in den Stunden, in denen sich niemand um sie kümmerte. Ab März zählte sie die Tage, bis sie im Juni die dreizehn Kilometer lange Reise nach Bagheria antraten, wo ihre Familie – die Principessa, wie sie ihre Mutter selbst bei sich nannte, ihr Papà, der kleine Bruder Ottavio, ihre ältere Schwester Lucia – die Sommermonate verbrachten. Eine Zeit der relativen Freiheit ohne allzu viele Rosenkränze, Messen und Beichten. Der uralte Pater, der für die kleine Kapelle in der Villa zuständig war, schlief spätestens nach dem ersten Rosenkranz ein, und Lili konnte unbemerkt verschwinden. Er verriet sie nie, sonst hätte er ja zugeben müssen, dass er eingeschlafen war.

Bagheria bedeutete viel Zeit mit Papà, der hier sein Observatorium hatte, jede Nacht die Sterne beobachtete und sie manchmal durch das mächtige Fernrohr schauen ließ, wenn alle anderen im Haus schliefen und die Principessa es nicht merkte. Dann erzählte der Vater ihr von den Sternen über ihnen, von den Figuren, die sie bildeten ...

Bagheria hieß aber auch Piero, der Sohn des Landaufsehers, der zudem für die Stallungen zuständig war. Piero, der so alt war wie sie und der so wie sie die Tage zählte, bis die vier Kutschen Ende Mai aus Palermo eintrafen, in denen sie mit ihrer Familie, den beiden Köchen, drei Kindermädchen, zwei Hauslehrern und dem Mädchen der Principessa sowie unüberschaubaren Mengen von Gepäck in Bagheria eintrafen.

Es war ihr dreizehnter Sommer. Sie war im April 1818 geboren, also zählte 1818 schon, weil die Familie mit ihr, kaum war sie vier Wochen alt, die beschwerliche Reise nach Bagheria angetreten hatte. Die Principessa hatte Angst vor der faulen Sommerluft in Palermo gehabt und hatte daher auch so kurz nach der Geburt die Strapazen der Reise auf sich genommen. Piero war im Januar geboren, also schon da gewesen, als sie das allererste Mal angekommen war.

Langsam ging sie die sorgsam geharkten Kieswege entlang in Richtung der breiten Terrasse mit ihren kobaltblau und weiß gestreiften Kacheln, die in der Sonne glänzten. Piero war schon in die andere Richtung gelaufen, auch seine Mutter erwartete ihn zum Essen. Lili blieb stehen, sie zögerte, dann drehte sie sich um und lief in die entgegengesetzte Richtung zurück über die Kieswege, an dem riesigen Ficus Benjamin vorbei, dann an den Aprikosenbäumen in Richtung der Ställe, neben denen ein kleines, weißes Haus stand: Pieros Zuhause. Sie lief schneller und biss die Zähne zusammen. Ihr linker Fuß gehorchte ihr einfach nicht, sosehr sie sich auch anstrengte, sie zog ihn nach. Verbissen hatte sie geübt und probiert, hatte versucht, das Gelenk mit Holzstöcken gerade zu binden, aber es war alles umsonst. »Klumpfuß« oder »die Lahme« tuschelten die Dienstmädchen hinter ihrem Rücken. Und sie hatte sehr früh die Abscheu in den Augen ihrer Mutter gesehen, die schmalen Lippen, die noch schmaler wurden, wenn sie den Gang der Tochter sah.

Sie war vier Jahre alt gewesen, als die weißen Musselinekleidchen gegen graue Kutten vertauscht wurden und die Mutter sie nicht länger Carolina, sondern Crocefissa nannte.

Carolina Annunziata Crocefissa Beatrice Filangeri di Cutò – Piero wiederholte all diese Namen ab und zu, und es klang wie ein Zauberspruch. Carolina, Lili, wie Papà, Piero und Maria, Pieros Mutter, sie nannten, gefiel ihr. Sie hasste Crocefissa so sehr, wie sie die graue Kutte hasste und die schwere Bürste, mit der das Kindermädchen ihre blonden Locken nun bändigen und zu einem strengen Zopf flechten musste, während Lucias dunkle Haare mit der Brennschere zu kunstvollen Wellen gedreht wurden.

Vor dem Haus fiel ihr Blick auf Marias Kräutergarten im Schatten einer steinernen Mauer, die den Hof umsäumte: Jeden Sommer erklärte ihr Maria geduldig die Namen der Kräuter, ihre Wirkung und wie man sie zu gießen hatte. Manchmal hatte sie Samen oder kleine Pflänzchen mit nach Palermo genommen, aber der Garten zwischen den hohen Mauern hinter ihrem Palazzo war zu feucht und schattig, nur selten gedieh dort etwas.

Die schwere dunkelbraune Holztür zu Pieros Haus war nur angelehnt, aus dem Inneren drang Stimmengewirr, und Lili erkannte die tiefe Stimme von Pieros Vater und das Geschnatter seiner drei kleineren Schwestern. Als sie eintrat, verstummten alle. Pieros Mutter stand auf, kam zu ihr und umarmte sie.

»Meine Principessina, was machst du denn hier? Ist deine Nonna nicht gerade angekommen? Bestimmt warten alle auf dich, es ist Essenszeit!« Sie strich ihr zärtlich über das Haar. Sie war eine kleine Frau, deren glänzendes, schwarzes Haar von einzelnen, ganz feinen silbernen Fäden durchzogen war. Ihre Haut war dunkel und die Augen braun mit gelblichen Einsprengseln. Lili schmiegte sich einen Moment an sie und sog Marias Duft ein, eine Mischung aus Seifenlauge und Küchenaromen.

»Maria, die Kleine muss schnell zurück in die Villa!« Die Stimme von Pieros Vater klang besorgt, und auch Piero war aufgesprungen und lief jetzt zu ihr. »Lili, das Kindermädchen sucht dich schon – was machst du denn hier?«

Maria drückte sie noch einmal fest an sich. »Komm, meine Kleine, ich bringe dich rüber. Obwohl ich dich zu gern hierbehalten würde …« Lili sah auf dem Tisch eine große Schüssel mit Maccaroni dampfen, über denen sich duftende, dunkelrote Tomatensauce und weiße Ricotta ausbreiteten.

Aber jetzt nahm Maria sie an der Hand und zog sie schnell aus dem Haus, zurück durch den Garten, bis sie die Stimme von Ninni, dem Kindermädchen, deutlich hören konnten, die atemlos und verschwitzt vor ihnen stand.

»Crocefissa! Da bist du ja! Was ist bloß in dich gefahren? Wie siehst du aus? Man wartet auf dich, komm schnell! Die Großmutter ist angekommen, das Dejeuner steht auf dem Tisch, die Principessa ist außer sich!«

Maria drückte ihr einen Kuss auf die Stirn und schob sie in Richtung des Kindermädchens, die sie an der Hand packte und hinter sich herzog.

In der Villa war es angenehm kühl, und der Dämmer hinter den zugeklappten Fensterläden war wohltuend für die Augen nach dem unerbittlich hellen Mittagslicht.

»Ich muss dir eine andere Kutte anziehen, es hilft nichts, diese ist schmutzig ... und zerrissen – was hast du gemacht? Wo warst du den ganzen Vormittag?«

Lili presste die Lippen zusammen. Sie würde nichts sagen, sich nicht rechtfertigen. Sie mochte Ninni nicht besonders, die einfach nicht wusste, wie sie mit ihrem Schützling umgehen sollte, der sich nicht für Puppen interessierte und am liebsten draußen herumtobte, den man nicht frisieren und schön anziehen konnte und der häufig bei dem Vater unter dem Schreibtisch oder in der Bibliothek saß, wenn man ihn nicht nach draußen ließ. Ein seltsames Kind, dazu hinkte es, hatte einen steifen Fuß. Manche in der Dienerschaft redeten darüber, der linke Fuß, das war ein Zeichen, ein böses Kind war das, vielleicht ein Teufelskind. Die Principessa hatte der böse Blick getroffen, ein *Jettatore* war ihr begegnet ... Ninni seufzte. Das war das Geschwätz der einfältigen Leute hier auf dem Lande, die abergläubisch waren und ängstlich. Crocefissa war kein Teufelskind, sie war einfach nur anders als andere kleine Mädchen. Und die Entscheidung ihrer Mutter und Großmutter, sie ins Kloster zu schicken in ein paar Jahren, ließ sie noch bockiger und sturer werden, als sie eh schon war.

Ninni hatte eine neue graue Kutte aus dem Schrank genommen und sie dem verschwitzten Mädchen angezogen. Sie würde es am Abend baden müssen, aber jetzt konnte sie ihr nur noch Gesicht und Hände waschen und die Haare irgendwie zu einem Zopf zusammenbinden. Crocefissa sträubte sich nicht länger, resigniert ließ sie sich das lange Haar kämmen, und Ninni bedauerte wieder einmal, dass sie es nicht offen oder kunstvoll frisiert tragen durfte. Noch schnell den Staub aus dem Gesicht gewischt – mit einem feuchten Tuch strich Ninni ihr über das schmale Gesicht und die kurze, gerade Nase. Das Mädchen hielt die Augen geschlossen, und die langen schwarzen Wimpern warfen Schatten auf die helle Haut, auf der hier und da ein paar Sommersprossen aufgetaucht waren. Auch wegen der sehr hellen Augen und des goldenen Haars hielten die einfachen Leute sie für ein Teufelskind: Ja, sie war schön, aber der lahme Fuß zeigte ihren wahren Charakter, sagten sie. Den Teufel kann man nicht verbergen.

Dann waren sie endlich fertig, stiegen schnell die breite, geschwungene Treppe hinunter und gingen in den großen Saal, in dem das Mittagessen serviert wurde. Als sie die Tür öffneten, richteten sich alle Blicke auf sie, und Lili wurde rot.

Die Consommé war bereits serviert, und Mutter und Großmutter starrten sie streng an.

»Crocefissa, du kannst mir später erklären, wo du dich herumgetrieben hast. Jetzt begrüße bitte deine Großmutter und setz dich. Deine Suppe ist beinahe kalt!«

Mit gesenktem Kopf ging sie um den Tisch und küsste der Großmutter die Hand, die in einem weißen Seidenhandschuh steckte. Die alte Dame strich ihr kurz über das Haar, hob ihr Kinn und schaute sie prüfend an.

»Du sollst nicht immer im Garten herumlaufen, schau nur, die vielen Sommersprossen! Die rote Nase! Passt denn niemand auf, was du den ganzen Tag treibst?«

Die Großmutter hatte ein Gesicht voller Falten, es sah aus wie das alte Pergament in Papàs Bibliothek. Die Lippen waren sehr schmal und wurden noch schmaler, wenn sie ungehalten war, wie jetzt. Sie hatte helle Augen so wie Lili, ein immer noch leuchtendes Blau. Lili wünschte sich dunkle Augen wie Papà, Piero und Maria. Oder auch wie Lucia. Sie wollte nicht so aussehen wie Mutter und Großmutter. Letztere schob sie jetzt in Richtung ihres Stuhls, und artig setzte Lili sich hin und begann die lauwarme Suppe zu löffeln, die nach nichts schmeckte. Sehnsüchtig dachte sie an die Pasta bei Piero. Über den Tisch warf ihr der Vater aufmunternde Blicke zu, während die Principessa und Großmutter auf Französisch ihre Reisepläne besprachen.

»Sie sind gerade erst angekommen, Maman, ein paar Tage müssen Sie sich ausruhen, bevor wir die weite Reise nach Sciacca antreten.«

»Zwei Tage reichen. Wenn du bis dahin alles vorbereitet hast und der Tag nicht zu heiß ist, fahren wir am Samstag.« Großmutters Stimme duldete keinen Widerspruch.

»Je eher Ottavio die Dämpfe inhalieren kann, umso besser. Und auch dir tun die Thermalquellen gut.«

Papà zwinkerte ihr zu, und Lili versuchte, ein Grinsen zu unterdrücken. Mindestens einen Monat würden Mutter und Großmutter mit dem kleinen Bruder und Lucia in Sciacca verbringen, um in den Thermalquellen zu baden. Ottavio hustete viel, im Winter litt er oft unter Atemnot, und das Heilwasser sollte ihm helfen, die Beschwerden zu lindern. Mutter und Großmutter nahmen endlose Bäder, sie ließen sich das Wasser in die Villa etwas außerhalb Sciaccas bringen, die der Großmutter gehörte. Einmal hatte Lili mitfahren müssen, und noch jetzt wurde ihr schlecht bei dem Gedanken an den Schwefelgestank. Aber da sie sowieso nur gestört hatte und zu weinen begann, wenn sie in dem Thermalwasser baden sollte, hatten Mutter und Großmutter nach dem ersten Versuch entschieden, dass sie in Bagheria beim Vater bleiben konnte.

Nach dem Mittagessen zogen sich die Erwachsenen in ihre Zimmer zurück, und auch die Kinder mussten in der Villa bleiben. Die Mutter hatte panische Angst vor der Nachmittagssonne, sie sprach davon, dass man einen »Stich« bekam, sich die Haut verbrannte oder einem schwindelig wurde. Lucia und Lili mussten sticken oder mit der Lehrerin französische Konversation betreiben. Lili war sich nicht sicher, was sie mehr hasste. Die von ihr bestickten Taschentücher sahen furchtbar aus, Blumen oder Buchstaben waren kaum zu erkennen, und nur der Vater nahm sie dankbar an und benutzte sie mit einer stoischen Ruhe. Lucia stickte für ihre Aussteuer, und das brauchte Lili nicht, worüber sie froh war. Gegen fünf kam der alte Priester zum Rosenkranz, und wenn sie Glück hatte, konnte sie nach dem ersten Ave-Maria verschwinden.

Sie hatte Glück. Ein Taschentuch, das sie unter Ninnis resigniertem Blick völlig verdarb, ein halber Rosenkranz, und Lili stahl sich aus der großen Villa, um im Pferdestall nach Piero zu suchen. Sie fand ihn bei Bella, der schwarzen Stute, auf der sie beide ritten, wenn Pieros Vater es erlaubte. Piero rieb sie mit Stroh ab, bis ihr Fell glänzte, und als sie Lili bemerkte, schnaubte sie. Aus der Tasche ihrer Kutte holte Lili zwei Möhren, die sie aus der Küche geholt hatte. Die weichen, warmen Pferdelippen fühlten sich samtig auf ihrer Haut an. Sie umarmte die Stute und vergrub das Gesicht in ihrer schwarzen Mähne.

Als Pieros Vater mit dem Sattel in den Stall kam, strahlte sie.

In der großen Villa stand die Principessa am Fenster und sah hinaus.

»Sie ist Padre Cosimo schon wieder weggelaufen«, sagte sie, ohne sich umzudrehen.

»Lass sie doch. Bald ist es mit der Freiheit sowieso vorbei. Sie wird es nicht leicht haben im Kloster ...«

Abrupt drehte die Principessa sich um und schaute ihre Mutter an. »Wie meinen Sie das, Maman? Crocefissa ist dem Klosterleben geweiht, sie muss Buße tun, sie trägt das Zeichen des Bösen. Auch ich tue Buße, wo ich kann. Wäre ich nicht an dieses weltliche Leben gefesselt, an diesen Mann, an die Familie, ich ginge ins Kloster. Lieber heute als morgen.« Sie seufzte. »Er hat mein Kind verhext, ich weiß es. Der Jesuitenpater, nie werde ich seinen Blick vergessen, als ich aus der Kirche kam und er mich anschaute. Und ich bin nicht die Einzige, der danach etwas zugestoßen ist – nur war ich schwanger!«

Sie ging zum Sofa, auf dem ihre Mutter saß, und setzte sich zu ihr. Die nahm ihre Hand, die schmal und leicht in ihrer lag – zu schmal und leicht. Prüfend sah sie ihre Tochter an. Schon wieder dieser alte Aberglauben, diese Angst vor dem bösen Blick, vor irgendeinem Fluch. Ängstlich war Beatrice schon immer gewesen und vielleicht gar nicht für eine Ehe gemacht. Ihr einziges Kind, das in der Nacht vor der Hochzeit geweint hatte, stundenlang. Aber wie hätte sie Beatrice ins Kloster geben sollen? Natürlich hatte es viele Bewerber gegeben, das Erbe des Grafen Gravina zog sie an wie die Motten das Licht. Sie hatten den Principe di Filangeri e Cutò ausgewählt, ein bedeutender Name, viel Land, große Palazzi in Palermo. Und ein eleganter junger Mann, weltgewandt, mit Interesse an der Astronomie, der Literatur, der Musik. An feinen englischen Tabakwaren und Stoffen aus London. Sie hatte gedacht, dass er viel mit anderen Dingen beschäftigt sein würde und ihre Tochter die vielen Gebete, die Rosenkränze und Gespräche mit ihrem Beichtvater nicht übelnehmen würde. Außerdem sah er gut aus. Ihre Tochter war eine Schönheit, und sie war froh, dass dieser junge Mann mit dem großen Namen, der dem eigenen würdig war, äußerlich zu ihr passte. Inzwischen war ihr klar, dass das gleichgültig und die Ehe für beide längst ein Gefängnis war. Woher hätte sie wissen sollen, dass Beatrices Ängstlichkeit in Hysterie, ihre Gläubigkeit in panische Frömmigkeit umschlagen würde?

»Mein Kind, du darfst dich nicht aufregen. Ich habe nur gesagt, dass es Crocefissa nicht leichtfallen wird. Zumal sie von Tag zu Tag schöner wird, so schön, wie du es einmal warst – die hellen, klaren Augen, das goldene Haar ...«

Das schmale Gesicht der Principessa verzog sich zu einer Grimasse. »Was nützt diese Schönheit? Sie vergeht – und die Ehe bleibt, sie ist ein Sakrament.« Sie lachte bitter. »Ich bin froh, dass der Principe mich nicht mehr stört, dass ich mich Ottavio und meinen Gebeten widmen kann. Aber für Crocefissa wird es besser sein, all diese Enttäuschungen nicht zu erleben. Die Mühen der Ehe, das Kindbett, all das wird ihr erspart bleiben. Und das Kloster schützt sie vor dem Fluch, der in dem bösen Blick lag. Nach ihrer Geburt habe ich ununterbrochen gebetet. Gebetet und gebetet und wurde nicht mehr schwanger, wissen Sie noch, Maman? Nur das Gebet und die Hilfe der Dominikanerinnen, der Äbtissin die mir beigestanden hat, haben den Fluch abgewendet. Fünf Jahre hat es gedauert, bis Ottavio kam. Gesund ist er, unversehrt, ein Segen!«

Die Principessa lächelte. Wie blass sie ist, dachte ihre Mutter. Das volle blonde Haar ist dünn und glanzlos geworden, das Gesicht abgehärmt. Sie isst ja auch kaum etwas – in Sciacca muss das anders werden. Und ihre Gedanken sind wirr. Sie ertappte sich dabei, dass sie ihren Schwiegersohn bedauerte.

»Was schützt uns sonst vor dem bösen Blick? Ich habe mich nicht mehr aus dem Haus getraut, bis die Nachricht kam, der Jesuit habe Palermo verlassen. Erst danach kam Ottavio ...«

Ihre Mutter nahm ihre Hände und schaute sie fest an. Ottavio war ein gesunder kleiner Junge mit Pausbacken und runden Schenkeln, dunklen Haaren und großen braunen Augen. Das Gegenteil von Crocefissa. Sie verdrängte das aufkommende Gefühl von Mitleid mit dem Mädchen, deren Lebhaftigkeit und Starrsinn sie an sich selbst erinnerten – vor vielen Jahren. So oder so musste der Wildfang gezähmt werden. Im Kloster oder in einer Ehe. Vielleicht war das Kloster der sanftere Weg.

Lili stand hinter der Gardine und sah den drei Kutschen nach, die in einer Staubwolke verschwanden.

Sie atmete auf, als diese Wolke immer kleiner wurde und schließlich verschwand. Es war früh, sehr früh, vielleicht sieben Uhr, noch waren die Farben klar, das Grün der Bäume, das Weiß der Kieselsteine auf dem Weg, das Blau des Meeres und das des Himmels. Die Hitze würde im Lauf des Tages die Farben auflösen, bis alles in der gleißenden Sonne zu einem unerträglichen Hell verschwamm. Noch war die Luft frisch, und der Steinboden war angenehm kühl unter den nackten Zehen. Sie huschte die Treppe hinunter in die Küche, in der es nach süßem Teig roch. Ein großes Blech mit *cassatelle* stand auf dem schweren, ausgeblichenen Holztisch inmitten der Küche, die kleinen Halbmonde aus Teig hatten eine herrlich goldbraune Farbe und dampften ein wenig. Giuseppina, die Köchin, holte gerade mit einem Schieber ein weiteres Blech aus dem riesigen Ofen in der Ecke der Küche. Lili konnte die Augen nicht von dem Blech mit den *cassatelle* wenden.

»Wie machst du das, Giuseppina? Die sehen alle gleich aus, eins wie das andere, ein perfektes Halbrund, alle gleichmäßig goldbraun, alle genauso gewölbt …«

Giuseppina brach in schallendes Gelächter aus. »Du musst mir nicht schmeicheln, Kleine. Nimm dir eine, darum bist du doch hier! Ich habe schon auf dich gewartet.«

Schnell griff Lili nach einem der Halbmonde und biss hinein.

Der feine Teig und die süße, warme und herrlich cremige Ricotta schmeckten himmlisch.

»Mmmmmm ...«

»Hier, ich pack dir ein paar ein als Proviant für Piero und dich. Mein lieber Neffe ist genauso ein Leckermaul wie du!« Giuseppina wischte die Hände an der weißen Schürze ab und packte vorsichtig fünf der *cassatelle* in ein Tuch, das sie verknotete. Die Köchin war Marias große Schwester und arbeitete in der Küche, so lange Lili denken konnte. Wie Maria liebte sie die kleine Principessa und betrachtete sie eher als eine der Ihren. Umso mehr, seit sie gemerkt hatte, wie sehr die Kleine ihr süßes Gebäck liebte: *cassatelle, bucatini, cannoli,* Torten und Kuchen ...

Mit ihrem Schatz lief Lili davon, in Richtung des Stalls, wo Piero auf sie wartete.

Es war der erste von einer langen Reihe von Tagen, die unendlich lang und gleichzeitig viel zu kurz erschienen. Ihr Vater hatte, sobald die Kutsche in einer Staubwolke verschwunden war, alle Regeln und Rhythmen aufgehoben. Der alte Priester kam nicht mehr, das Kindermädchen musste Lili nur noch morgens anziehen und abends baden und zu Bett bringen. Lili durfte bei Giuseppina in der Küche essen, und der Vater kam abends dazu, wenn es *cassatelle* gab oder einen Berg dampfender *maccheroni*. Immer mehr Sommersprossen übersäten Lilis Gesicht, und das Blond der langen Haare war so hell geworden, dass es in der Sonne weiß glänzte. Abends sank sie müde ins Bett, glücklich über den Tag und voller Vorfreude auf den nächsten. Sie schlief fest und traumlos und wachte am nächsten Morgen auf, wenn die ersten Sonnenstrahlen in ihr Zimmer schienen.

Doch an diesem Abend war es anders. Den ganzen Tag hatte ein heißer Scirocco geweht, die Pferde waren unruhig gewesen, und Pieros Vater hatte sie nicht reiten lassen – zu gefährlich bei dem Wetter, das Tiere und Menschen nur schwer ertrugen.

Auch jetzt war es nicht kühler, immer noch lag die Hitze drückend auf allem, und Lili hatte das Gefühl, keine Luft zu bekommen. Sie wälzte sich im Bett hin und her, die schweren leinenen Betttücher klebten wie nass an ihren Beinen. Schließlich stand sie auf, um Wasser zu holen, denn die kleine Karaffe auf ihrem Nachttisch war bereits leer. Auf nackten Füßen lief sie über den Steinfußboden. Auf der Treppe zögerte sie, und statt hinunter in die Küche stieg sie hinauf: Dort oben, in Vaters Reich, brannte noch Licht, ein schwacher Schein unter der Tür, die zu seiner Bibliothek und dem Arbeitszimmer mit dem großen Fernrohr führte.

Die Tür war nur angelehnt, und vorsichtig drückte sie sie auf. In der Bibliothek brannte eine Lampe, aber ihr Vater war nicht da. Sie schlich weiter in sein Arbeitszimmer, und dort saß er am Schreibtisch, vertieft in ein riesiges Buch. Trotz der Hitze trug er sein Jackett. Die schwarzen Haare fielen ihm ins Gesicht, er schien vollkommen vertieft, und sie starrte ihn an, bis er den Kopf hob und sie zu sich winkte.

»Kannst du nicht schlafen, Lili?« Er hob sie auf den Schoß und strich ihr über das Haar.

»Es ist so heiß, Papà«, murmelte sie und schaute auf das gelbliche Papier, auf dem Sterne gezeichnet waren.

»Was ist das?«

»Ein Sternenatlas. Hier sind alle Sterne verzeichnet, die du über dir am Himmel siehst. Alle, die man heute kennt.«

Sie staunte. »Gibt es vielleicht noch mehr?«

»Viel mehr. Wahrscheinlich mehr, die wir nicht kennen als die, die wir kennen.«

»Und kannst du sie durch dein Fernrohr sehen? Alle?«

»Das ist schwierig. Manche ja, andere sicher nicht. Gestern habe ich einen gesehen, der auf noch keiner Karte verzeichnet ist.«

Lili sah das Leuchten in den Augen ihres Vaters.

»Ehrlich? Bist du der einzige Mensch, der diesen Stern je gesehen hat? Der weiß, dass es ihn gibt?«

»Vielleicht, meine Kleine. Vielleicht ist das so. Weißt du was? Ich nenne ihn nach dir, Carolina.«

»Wirklich? Habe ich dann meinen eigenen Stern?«

»Ja, dann hast du deinen eigenen Stern. Der leuchtet für dich am Himmel, wenn du traurig bist, und erinnert dich daran, dass dein Papà immer an dich denkt.« Er umarmte sie fest. »Komm, ich bringe dich ins Bett, du musst schlafen, es ist schon spät.«

»Gib ihr noch zwei Jahre, Beatrice! Sie ist erst zwölf!«

Kaum war seine Frau zurück in Bagheria, begannen die Diskussionen um Lili erneut. Wie hatte er die Wochen der Ruhe genossen, und wie gut hatte es seiner Kleinen getan, unbeschwert Zeit verbringen zu können. Ohne Priester, ohne Kindermädchen, ohne Gebete und einen starren Tagesablauf. Aber der Sommer neigte sich dem Ende zu, und er wollte alles dafür tun, Lili noch zwei solche Sommer zu bescheren …

»Andere Mädchen treten bereits mit zehn ein, manche mit sieben, je früher, umso besser!« Er sah, dass seine Frau aufgeregt war, sah die roten Flecken an ihrem Hals. »Die Äbtissin hat mich schon mehrmals gefragt, auch sie hält es für besser, wenn Crocefissa gleich diesen Herbst ins Kloster geht.«

»Aber natürlich, meine Liebe, die ehrwürdige Madre Angelica möchte unser Geld und hat Sorge, dass wir es uns anders überlegen.«

»Wie kannst du so etwas sagen – du solltest dich schämen!« Beatrice bekreuzigte sich dreimal. Sie atmete schneller, und er sah, dass ihr Tränen in die Augen traten. So begannen sie immer, diese Anfälle, mit denen sie alles durchsetzte, was ihr wichtig war. Die Atmung würde heftiger werden, die Flecken röter, sie würde sich an den Hals fassen, aufs nächste Sofa sinken, schließlich keuchen, dass man meinen könnte, sie ersticke. Zu dem Zeitpunkt wäre ihr Mädchen bereits mit dem Riechsalz herbeigeeilt, würde ihn wegschieben und Beatrice in ihr Schlafzimmer führen, wo sie sich stunden-, manchmal sogar tagelang verbarrikadierte. Nach einem dieser Anfälle hatte er auch getrennten Schlafzimmern zugestimmt. Inzwischen war er froh darüber. Er sah seine Frau an wie eine Fremde und spürte die Wut in sich hochsteigen. Dann packte er sie am Handgelenk.

»Hör auf! Hör auf damit!«

Er sah, wie sie erstarrte, ließ aber trotzdem nicht los.

»Lili geht mit vierzehn ins Kloster. Ich bin ihr Vater, und ich lege das fest. Sie wird übernächsten April vierzehn, und im Herbst dieses Jahres tritt sie dann ins Kloster ein. Früher nicht. Hast du mich verstanden?«

Seine Frau starrte ihn immer noch an. Er hatte noch nie so zu ihr gesprochen und war über sich selbst erstaunt. Endlose Minuten schienen zu vergehen, aber er lockerte seinen Griff nicht. Dann sah er, wie sich ihr Mund öffnete.

»Ja. Ja. Wie du meinst.« Ihre Stimme klang tonlos.

Endlich ließ er sie los und sah einen roten Abdruck an ihrem schmalen Handgelenk. Sie rührte sich immer noch nicht, aber die roten Flecken an ihrem Hals waren verschwunden. Kurz hatte er die junge Frau vor Augen, die er geheiratet hatte, ihre Schönheit, die blauen Augen, die schimmernden Haare. Seine Lili ähnelte ihr äußerlich sehr. Aber nur äußerlich – von ihrem Wesen her war sie furchtlos, unerschrocken, so ganz anders als ihre Mutter. Er drehte sich um und ging aus dem Zimmer in die Bibliothek.

Er setzte sich an seinen Schreibtisch, schlug den Sternenatlas auf und strich sich müde über die Augen. Noch zwei Jahre. Mehr konnte er für seine Lili nicht tun.

Was sollte das Mädchen überhaupt im Kloster? Die Nonnen lebten in Klausur, sie würde das dunkle Gebäude an der Piazza Santa Caterina nicht mehr verlassen. Und er würde sie – wie oft? – ein oder zweimal im Jahr sehen. Was für ein Irrsinn.

Er würde mit der Äbtissin sprechen. Ja, das Erbe sollte möglichst intakt an Ottavio gehen. Aber er hatte gehört, dass Madre Angelica eine pragmatische Frau war. Die zwar abgeschieden von der Welt lebte und das Kloster selten verließ, dafür aber großen Einfluss nahm und viel Besuch empfing. Sie dirigierte aus der Klausur heraus. Das Kloster war nicht ohne Grund das reichste Nonnenkloster der Stadt.

8

Palermo, Januar 1831

In diesem Jahr war der Winter ungewöhnlich hart.

Am zweiten Januar hatte es zu schneien begonnen, weiße, wässrige Flocken, die schnell alles bedeckten – den grauen Stein der Straßen und Palazzi, Bäume und die Kuppeln der vielen Kirchen. Lili staunte, als sie morgens aus dem Fenster schaute: Sie hatte noch nie Schnee gesehen.

Schnell zog sie Schuhe an, nahm einen dicken Wollumhang aus dem Schrank und lief die Treppe hinunter. Unten stritten der Kutscher, eine Küchenmagd und der Portier, wer bei dem Wetter aus dem Haus gehen sollte, um einige notwendige Dinge zu besorgen – alle hielten es für unzumutbar, den Schnee als Zeichen des Teufels. Unbemerkt schlüpfte Lili aus der Tür in den Innenhof. Dicke Schneeflocken landeten auf ihrem Kopf und ihrer Nase, es fühlte sich eiskalt und nass an, aber leicht, viel leichter als ein Regentropfen. Sie breitete die Arme aus und stellte sich vor, der Schnee würde sie bedecken wie die Palme in der Mitte des Hofes, die nicht mehr grün war, sondern weiß. Sie begann, sich im Kreis zu drehen, schneller und schneller, und vergaß alles um sich herum. Den Kopf hatte sie in den Nacken gelegt, und über sich sah sie ein weißes Wirbeln, das den grauen Himmel über ihr auslöschte.

Erst der feste Griff ihres Vaters holte sie zurück. Er bemühte sich, sie streng anzuschauen, aber sie sah, dass er es nicht ernst meinte, als er sagte, sie solle sich beeilen, sie kämen zu spät zur Messe.

»Du bist ja noch nicht mal richtig angezogen, Lili, schnell! Ninni sucht dich überall!«

Sie betraten die Kirche an der Piazza Santa Caterina in letzter Minute, schon trat der Priester vor den Altar und schlug das Kreuzzeichen. Lili sah ihn kaum, wie immer starrte sie gebannt auf die beiden mächtigen Engel mit den silbernen Flügeln neben dem Altar. Sie schimmerten ganz besonders im Kerzenlicht an diesem grauen Vormittag, an dem nur ein paar vereinzelte Sonnenstrahlen durch die schmalen Glasfenster in das Halbdunkel des Kirchenschiffs drangen. Ihre Gesichter waren schön und ernst. Von der Sonntagsmesse bekam Lili selten etwas mit, denn jedes Mal verlor sie sich in der Betrachtung der Figuren, der Statuen, Gemälde und Reliefs, mit denen die Kirche geschmückt war. Sie liebte die kleinen pausbäckigen Kinder, die die Pfeiler am Eingang zum Altarraum zu tragen schienen. Und das Reliefbild mit dem Schiff, das im Sturm unterzugehen drohte. Daneben hatte ein riesiger Fisch sein Maul geöffnet. Ihr Blick streifte auch diesmal wieder über die Messinggitter oben auf den Emporen, hinter denen verborgen die Nonnen die Messe hörten.

Dann war die Messe vorbei, und schweigend gingen sie durch das Schneetreiben nach Hause.

Lili war in ihre Gedanken versunken. Zum zweiten Mal blutete sie. Das Mädchen hatte ihr Tücher gegeben, die sie in die Unterkleider legen sollte. Dann hatte sie ihr gesagt, sie sei nun erwachsen und könne Kinder bekommen. Was hatte das eine mit dem anderen zu tun? Sie hatte immer noch Angst, sie könnte krank sein, traute sich aber nicht, den Vater zu fragen. Als sie nach dem Mittagessen mit Lucia in einem der kleinen Salons saß und stickte, fasste sie sich ein Herz und fragte nach dem Blut. Die ältere Schwester lachte.

»Das ist vollkommen normal, es kommt jeden Monat.«

»Und die Babys? Wann kommen die?«

»Babys?« Die Schwester ließ den Stickrahmen mit dem Battisttaschentuch sinken und starrte sie an. »Du kriegst kein Baby, Crocefissa, du wirst Nonne.«

»Aber ich blute doch auch.«

»Ja, aber du musst heiraten, um Kinder zu bekommen. Und das darfst du nicht.« Lucias Stimme klang endgültig. »Wie die Jungfrau Maria wirst du dein Leben verbringen, rein und keusch«, sagte sie.

»Die Jungfrau Maria hat das Christuskind gehabt. Jesus war ihr Baby«, sagte Lili trotzig. Ihren Stickrahmen hatte sie auf den niedrigen Tisch vor dem mit grünem Stoff bezogenen Sofa geworfen.

»Die Jungfrau Maria hat ohne Sünde empfangen«, hörte sie die Stimme ihrer Mutter, die in den Raum trat. »Deswegen beten wir zu ihr, weil sie rein geblieben ist, obwohl sie in der Welt gelebt hat. Allein sie war würdig, den Heiland zu gebären. Bete nur viel zu ihr, damit du auch rein bleibst, Crocefissa.«

»Kann ich dann wie sie ein Kind bekommen? Auch wenn ich nicht heirate, sondern im Kloster lebe? Wenn ich oft genug einen Rosenkranz bete?« Lili wurde schwindelig, weil ihr einfiel, dass sie häufig nur die Lippen bewegte und den Rosenkranz gar nicht richtig betete.

Erst jetzt merkte sie, dass die Mutter heftig atmete und rote Flecken im Gesicht hatte. Sie packte Lili am Arm und zog sie vom Sofa hoch.

»Crocefissa, was redest du denn da! Schäm dich! Nonnen haben keine Kinder! Jetzt geh auf dein Zimmer und bete!«

Verwirrt verließ Lili den Raum. Was hatte sie nun schon wieder falsch gemacht?

Später brachte ihr das Mädchen das Abendessen. Die Mutter wolle sie heute nicht mehr sehen, sagte sie ihr und zog die dunklen Samtvorhänge vor. Lili rührte den Teller mit dem Brot und dem Käse kaum an und ging früh zu Bett. Sie fröstelte unter den Bettlaken, als es leise klopfte. Ihr Vater trat ein, in der Hand einen Teller, auf dem ein Stück *cassata* lag. Er setzte sich zu ihr ans Bett, strich ihr über die Haare und gab ihr den Teller.

»Was ist denn passiert? Maman ist außer sich.«

Jetzt stiegen Lili die Tränen in die Augen. »Lucia sagt, ich kann kein Baby bekommen, obwohl ich blute. Im Kloster gibt es keine. Sie sagt, die Jungfrau Maria hat zwar eins bekommen, aber das geht auch nicht, sagt Mamma. Wieso darf ich das nicht? Wieso muss ich ins Kloster, wieso darf ich nicht reden und keine Kinder bekommen?« Jetzt liefen ihr die Tränen über das Gesicht. Ihr Vater nahm sie in den Arm und streichelte ihr über den Rücken.

»Meine Kleine ...«, murmelte er. Dann räusperte er sich. »Pass auf, ich verrate dir ein Geheimnis. Aber du musst mir versprechen, es für dich zu behalten, ja?« Sie nickte unter Schluchzen.

»Im Kloster darfst du alles das machen, was dir Spaß macht: Du bekommst einen eigenen kleinen Garten. Du darfst mit den Nonnen die *cassatelle* und die Caterina-Brötchen backen, die du so magst. Und du bekommst eine eigene kleine Bibliothek mit allen Büchern, die du dir wünschst. Ich komme dich besuchen. Und wenn Mamma und Lucia in Sciacca sind, im Sommer, kommst du für ein paar Tage nach Bagheria.«

Lili hatte aufgehört zu weinen und starrte ihren Vater an.

»Aber ... Lucia sagt, ich werde das Kloster nie mehr verlassen, bis zu dem Tag, an dem ich sterbe. Und auch dann bleibe ich da und werde dort beerdigt ...«

»Lucia hat keine Ahnung, mein Kleines. Woher soll sie auch? Sie ist ja nur drei Jahre älter als du. Es wird dir dort gefallen, mein Herz, wart's ab. Aber Lili ...« Er nahm ihre Hand und schaute sie ernst an. Dann legte er ihr den nach Tabak riechenden Finger auf die Lippen. »Kein Wort zu niemandem. Versprochen?«

Sie nickte stumm, wischte sich die Tränen aus dem Gesicht und lächelte. Als ihr Vater das Zimmer verlassen hatte, begann sie, die süße *cassata* zu essen.

9

Palermo, Kloster der heiligen Caterina, April 1831

Madre Angelica erwartet Euch schon«, sagte die junge Laienschwester schüchtern, die dem Principe das niedrige, schwere Portal zum Kloster der heiligen Caterina geöffnet hatte. Als er eintrat, hörte er ein Rauschen und sah helle Kutten verschwinden. Die Flure des großen Klosters lagen menschenleer vor ihm, als er der Laienschwester in einen hellen, hohen Raum folgte, in dem ein bequemes Sofa, zwei Sessel und ein Tisch standen. An den Wänden hingen farbenfrohe Heiligendarstellungen aus Wachs. Dann betrat Madre Angelica den Raum. Sie war hochgewachsen, hatte dunkle Augen, ein schmales Gesicht und ein ausgeprägtes Kinn, das ihr einen entschiedenen Ausdruck verlieh. Sie konnte sehr freundlich und gewinnend sein, aber auch streng; das hatte der Principe schon mehrmals erlebt, wenn sie die Laienschwestern zurechtwies, die Erfrischungen oder Dolci aus der Kloster-Dolceria brachten. Ihre Figur war unter der Kutte nicht zu erkennen, aber der Principe las an ihren eleganten und sicheren Bewegungen ab, dass sie immer noch schön war, obwohl er sie auf Mitte vierzig schätzte.

Das Klosterleben hält jung und schenkt ein langes Alter, sagte man lachend in der Stadt. Viele der Nonnen wurden sechzig oder siebzig Jahre alt, man sprach davon, dass eine sogar knapp neunzig geworden war.

»Mein lieber Principe – ich freue mich über Euren Besuch!«

Madre Angelicas Gesicht war liebenswürdig und freundlich, die dunklen Augen leuchteten warm.

So sollst du meine Lili immer anlächeln, dachte der Principe. Das ist mir alles Geld der Welt wert.

»Madre Angelica, welch eine Freude, ich danke Euch, dass Ihr Euch Zeit nehmt für mein Anliegen. Eine Herzensangelegenheit.«

Die Äbtissin wies auf das Sofa und setzte sich selbst auf den Sessel. Der Principe sah, wie sie trotz der groben Kutte elegant die Beine übereinanderschlug.

»Madre, Ihr wisst, dass meine Li… meine Crocefissa ihr Leben im Schutz Eures ehrwürdigen Klosters verbringen wird, im Gebet und im Dienst Gottes, der heiligen Jungfrau Maria und der heiligen Caterina von Alessandria, die ich über alles verehre …«

Die Äbtissin winkte ungeduldig nach der Laienschwester und lächelte dann wieder den Principe an. »Es ist uns eine so große Ehre, dass Ihr für Eure Tochter unser Kloster erwählt habt. Ich werde alles in meiner Macht Stehende tun, um sie auf den rechten Weg zu Gott zu führen, einen Weg erleuchtet von den Regeln des heiligen Dominikus, unseres Ordensvaters, der uns führt und seine schützende Hand über uns hält.«

Sie lächelte wieder ihr warmes Lächeln, von dem der Principe wusste, dass es augenblicklich verschwinden konnte, und wartete, bis die Laienschwester die kleinen Gläser mit dem süßen Likör gefüllt hatte und zwei Dolci, die liebevoll auf einem kleinen Tellerchen arrangiert waren, vor dem Principe abgestellt hatte. Als sie allein in dem großen Zimmer waren, beugte die Äbtissin sich vor. »Lieber Principe, Ihr könnt offen mit mir reden: Worum geht es Euch?«

»Madre, meine Crocefissa ist das Liebste, das ich habe. Sie ist schön, klüger als die meisten anderen Mädchen, und sie hat ihren eigenen Kopf. Andere Väter könnte das verärgern, aber ich liebe sie so, wie sie ist.« Er schwieg einen Augenblick. »Sie soll hier ein gutes Leben führen, eines, das ihr entspricht, Madre.«

»Lieber Principe, vierhundert Nonnen leben hier. Sie kommen aus ganz unterschiedlichen Familien und verrichten ganz verschiedene Aufgaben. Alle treffen sich im Gebet und viele im Schweigen ...«

»Das meine ich, liebe Madre«, unterbrach der Principe sie bestimmt und beugte sich vor. »Es gibt viele Möglichkeiten hier. Meine Lili soll die bekommen, die sie sich wünscht.« Er machte eine kunstvolle Pause und biss in eins der Dolci. Mandeln, Feigen, süße Ricotta – es zerschmolz auf der Zunge, und er überlegte einen Augenblick, ob er das andere Lili mitbringen sollte.

»Ich habe in letzter Zeit viel nachgedacht und seit dem Tod meiner lieben Mutter immer wieder das Zwiegespräch mit Gott gesucht. Nun ist in mir die Entscheidung gereift, Eurem Kloster, diesem Hort der Andacht und des Gebets, ein Fünftel meines Erbes zu überschreiben. Zusätzlich zu Crocefissas Mitgift natürlich. Das hätte sich meine Mutter – Gott habe sie selig – so gewünscht.« Er räusperte sich und lehnte sich zurück, um die Reaktion der Äbtissin zu beobachten. Deren Augen weiteten sich für den Bruchteil einer Sekunde, dann hatte sie sich wieder im Griff und breitete die Arme aus.

»Mein lieber Principe, wie freue ich mich über Eure gottgefällige Entscheidung. Ihr wisst, wie vielen armen Familien und Frauen wir helfen und sie beschützen in der Not. Dieses Kloster ist eine Heimstätte auch für Arme und Verlorene.

Und es versteht sich, dass Crocefissa hier alle Möglichkeiten haben wird. Ich werde persönlich dafür sorgen und sie als meinen Schützling unter meine Fittiche nehmen.«

Der Principe atmete erleichtert auf, nahm einen Schluck von dem süßen Likör und schaute die Äbtissin an. »Ich bitte Euch, Madre: kein Wort zu meiner Frau. Ich kann mich doch auf Euch verlassen?«

Wieder lächelte die Äbtissin ihr sphinxhaftes Lächeln. »Aber natürlich, lieber Principe. Das bleibt unter uns.« Sie ließ ihre Hand einen Augenblick zu lang auf seinem Arm liegen und stand dann auf.

Als er später durch die engen Gassen zurück in die Via Alloro ging – den Kutscher, der vor dem Kloster auf ihn gewartet hatte, hatte er nach Hause geschickt, er wollte ein paar Schritte zu Fuß gehen –, verlor er sich in seinen Gedanken. Jahrelang hatte er mit der Entscheidung, Lili ins Kloster zu schicken, gehadert. Aber die Äbtissin hatte ihn verstanden. Lili würde es gut haben. Kein Schweigen für sie, keine Klausur. Sie konnte die Regeln selbst bestimmen. Und war das nicht besser als eine Ehe, die zum Gefängnis wurde? Er schaute die enge, gerade Straße hinunter zum Meer. Das Kloster war nicht der schlechteste Ort, still inmitten der tosenden Stadt. Dort würde sie tun und lassen können, was sie wollte. Er würde sie regelmäßig besuchen und sie im Sommer nach Bagheria holen. Keiner würde ihm sein kleines Mädchen wegnehmen.

10

Bagheria, Villa Valguernera, Sommer 1831

Etwas war anders als sonst. Lili lag in ihrem Bett und wälzte sich schlaflos von einer auf die andere Seite. Etwas war anders als sonst. Dabei war erst alles so gewesen wie jedes Jahr im Mai, wenn sie durch das Tor der Villa Valguernera in Bagheria gefahren waren. Sie hatte den großen, moosbedeckten Stein hinter dem schmiedeeisernen Tor gesehen, der aussah wie ein kauernder alter Mann. Dann die Zitronenbäume, hinter denen rechterhand das weiße Haus von Don Arturo und Donna Maria lag, verschlossen, denn beide erwarteten sie mit den anderen auf dem großen muschelförmigen Platz vor der mächtigen Freitreppe der Villa.

Als Lili den Tritt an der Kutsche hinabstieg, wäre sie beinahe gestolpert, so erstaunt war sie. Denn Piero hatte sich völlig verändert, Lili hatte ihn kaum wiedererkannt: Groß war er geworden, die Hände breit. Und tief war seine Stimme, als er ihre Familie begrüßte. Als er dann sie angeschaut hatte, war ihr heiß geworden, eine Wärme in der Magengrube, die sich schnell ausgebreitet hatte.

Ihre Reaktion war nicht unbemerkt geblieben. Aus den Augenwinkeln sah sie, wie Donna Maria und Don Arturo einen besorgten Blick wechselten. Und wie Donna Maria auch sie selbst, Lili, mit besorgtem Blick musterte.

Und jetzt lag sie im Bett und dachte darüber nach, was das alles bedeutete. Draußen wehte der Scirocco, es war schwül und der Himmel bedeckt. Ihr Vater hatte sich in die Bibliothek zurückgezogen, heute war kein Abend, an dem er die Sterne beobachten konnte. Als sie viel später einschlief, sah sie Pieros dunkle Augen vor sich und seinen fragenden Blick.

Seitdem hatte sie Piero kaum noch gesehen. Vielleicht hatte er keine Lust mehr zu den Spielen der vergangenen Jahre? Sie waren beide dreizehn und fast erwachsen. Und schickte es sich für sie überhaupt noch zu reiten? Aprikosen zu pflücken, sich zu verstecken? Plötzlich kam sie sich albern vor, weil sie gedacht hatte, dieser Sommer könnte so sein wie all die Jahre zuvor. Morgens früh lief sie allein durch den Park und den Obsthain, sie sah Eidechsen, die in der Sonne still auf warmen Steinen saßen, und den alten Kater, der vergeblich versuchte, Mäuse zu fangen. Manchmal ging sie in die Nähe des Stalls, kehrte aber immer schnell wieder um.

An einem frühen Nachmittag, als alle in der Villa schliefen, schlich sie sich aus dem Haus und ging schließlich doch zum Stall. Normalerweise blieb Piero über die Mittagszeit im Haus; sie hatten sich immer erst später am Nachmittag getroffen, wenn sie nicht hatte sticken oder Französisch lernen müssen. Vorsichtig öffnete sie die schwere Stalltür. Der intensive Geruch nach Pferd und Heu schlug ihr entgegen und die Wärme der Tierkörper. Sie hörte den Atem der Pferde und das Geräusch ihrer Schweife, mit denen sie lästige Fliegen vertrieben. Langsam trat sie ein. Piero stand bei dem Fohlen und rieb es ab. Als er sie sah, ließ er die Bürste sinken.

»Was machst du hier?«, fragte er beinahe abweisend.

»Ich ... ich wollte nach dem Fohlen sehen.« Sie trat zu ihm und nahm ihm die Bürste aus der Hand. Als sich ihre Finger trafen, versetzte ihr die Berührung einen Schlag.

»Ihm geht es wieder gut. Aber schau nur, wie alt dein Schimmel geworden ist. Der galoppiert gar nicht mehr gern.«

»Lass uns ausreiten, ja?«, sagte sie schnell. »Er kann ja auch Schritt gehen, er muss nicht mehr galoppieren ...«

Sie wollte die kostbaren Minuten mit Piero ausdehnen, so lange sie konnte. Er zögerte, willigte dann aber ein, und sie führten die Pferde aus dem Stall. Während sie schweigend ritten, spürte sie seine Blicke und wurde rot. Sie wusste nicht, was sie sagen sollte, und verstand nicht, was los war. Wieso war er so anders? Nach kurzer Zeit schon drehte er um. »Du musst zurück«, sagte er in einem Ton, der keine Widerrede duldete. Vor dem Stall half er ihr vom Pferd, und sie stand plötzlich so nah vor ihm, dass sie seinen Atem auf ihrem Gesicht spürte. Er roch nach Stall und etwas anderem – etwas, das sie nicht beschreiben konnte. Ein Arm lag um ihre Taille, eine Hand auf ihrer Schulter. Da trat sie noch einen Schritt auf ihn zu und drückte ihm die Lippen auf den Mund. Der war warm und weich und schmeckte irgendwie süß. Piero atmete schwer, zog sie an sich, und plötzlich spürte sie seine Zunge in ihrem Mund. Dann ließ er sie los und trat einen Schritt zurück.

»Entschuldige ... Entschuldigt, Principessina«, sagte er heiser. Lili sah, dass er rot geworden war. Er hatte sie noch nie so genannt. Principessina.

In den Tagen danach trafen sie sich häufig. Immer um die Mittagszeit, wenn alle schliefen. Im Stall. Im Garten am Brunnen. Bei den Aprikosenbäumen. Immer nur kurz. Und sie redeten kaum miteinander. Er streichelte ihre Haare, ihr Gesicht und ihren Hals. Und dann küsste er sie, lange und stürmisch. Sie spürte die glatte Haut seines Nackens unter ihren Fingern, die widerspenstigen Haare und auf ihren Lippen die seinen, weich und warm. Nach ein paar Minuten machte er sich von ihr los und ging weg. Jeden Tag war es so, und jeden Tag wartete Lili nur auf diesen Moment, den einen Augenblick. Sie war abwesend und hörte kaum, worüber die anderen sprachen. Die

Mutter wies sie häufig zurecht, der Vater sagte dann, es liege an der Hitze – der Scirocco sei in diesem Jahr schlimmer als je zuvor. Lili lächelte betreten, sie schämte sich, dass sie an nichts anderes dachte als an die Begegnungen mit Piero. Was sie taten, musste verboten sein, aber sie wusste nicht, wem sie es hätte erzählen, wen sie hätte fragen können. Lucia hatte ihr von Küssen erzählt, davon, wie sie eines Tages ihren Verlobten heimlich küssen würde. Lili war nicht mit Piero verlobt, sie würde sich niemals mit jemandem verloben. Also durfte sie auch niemanden küssen. Nicht jetzt und später sowieso nicht, wenn sie im Kloster war.

Ein paar Tage später trafen sie sich wie zufällig um die Mittagszeit am Brunnen. Lili saß auf der moosbewachsenen steinernen Umrandung und hatte eine Hand in das grünliche, lauwarme Wasser getaucht. Piero tauchte wie aus dem Nichts auf, er stand auf einmal über ihr, und sie musste blinzeln, als sie zu ihm hochschaute. Den Himmel bedeckten inzwischen schwere, graue Wolken, die Schwalben flogen tief, und ein leichter Wind rauschte durch den Bambus, der den Brunnen umgab. Als die ersten schweren Regentropfen fielen, nahm er ihre Hand und zog sie hoch. Dann küsste er sie, drängend und atemlos. Sie spürte den Regen, der ihre Kutte durchnässte, und dann seine Hände auf ihrer Brust und unter dem groben Stoff, auch diese fordernd. Sie wollte sich losmachen, konnte aber nicht, ihr Herz klopfte, und die Hitze in ihrem Bauch verwandelte sich in ein Kribbeln.

Sie hatten ihn nicht kommen hören, der Wind und der Regen, aber mehr noch ihr schwerer Atem und ihr Herzklopfen hatten alle anderen Geräusche ausgeblendet. Mit einem Satz war Don Arturo bei ihnen und riss seinen Sohn von Lili weg, schleuderte ihn zu Boden und zog die kurze Reitpeitsche, die in seinem Gürtel steckte. Wie besinnungslos hieb er damit auf

Piero ein, der verzweifelt versuchte, sich mit den Armen zu schützen. Die Peitsche zerschliss Pieros Hemd, das ihm schnell in Fetzen am Leib hing. Lili sah das Blut über den Rücken des Jungen laufen, die Haut platzen. Pieros Augen waren schreckgeweitet, der Rotz lief ihm aus der Nase, er duckte und wand sich, aber er entkam den Hieben seines Vaters nicht. Lili begann zu weinen, dann zu schreien, sie hing an Don Arturos Arm und versuchte, ihn von seinem Sohn wegzuziehen. Als sie stolperte und zu Boden stürzte, hielt der große Mann, dessen Gesicht zu einer Fratze verzerrt war, inne und half ihr auf. Er schaute sie nicht an und sagte leise: »Principessina, Ihr müsst zurück in die Villa gehen, Ihr seid vollkommen durchnässt. So holt Ihr Euch den Tod.«

Dann packte er seinen Sohn am Arm, zog ihn hoch und zerrte ihn hinter sich her in Richtung der Ställe. Es war das letzte Mal, dass sie Piero sah.

Mit zitternden Knien war sie zurück in die Villa gegangen und hatte sich in ihr Zimmer geschlichen. Niemand hatte sie bemerkt, sie hatte die nasse Kutte abgestreift, sich das lange, blonde Haar getrocknet und frische Unterkleider angezogen. Zitternd hatte sie so lange auf ihrem Bett gesessen, bis das Mädchen gekommen war, um nach ihr zu schauen. Es wich erschrocken zurück, als es sie dort sitzen sah.

»Geht es Ihnen nicht gut, Principessina?«, fragte es und fasste ihr an die Stirn. »Ihr habt Fieber, legt Euch hin, ich hole Eure Mutter.« Schnell eilte sie aus dem Raum, bevor Lili sie zurückhalten konnte. Ihr blieb nichts anderes übrig, als einen Tag lang krank zu spielen und im Bett zu bleiben – worüber sie dann doch froh war, so konnte sie unangenehmen Fragen aus dem Weg gehen.

Danach war Piero verschwunden. Sie suchte überall nach ihm, an den gemeinsamen Orten, aber er tauchte nicht mehr auf. Wenn sie Don Arturo von weitem sah, verbarg sie sich, weil sie sich schämte. Hatte er Piero etwas angetan?

Nach sieben Tagen hielt sie es nicht mehr aus. An einem Morgen, an dem der Regen den Scirocco endlich vertrieben hatte und die Sonne von einem dunkelblauen Himmel strahlte, ging sie zu Pieros Haus. Sie wusste, dass Don Arturo um diese Uhrzeit auf den Feldern bei den Bauern war und sie ihn nicht antreffen würde. Maria war in ihrem Kräutergarten. Als sie sie sah, lächelte sie traurig.

»Wo ist Piero, Maria?«, brach es aus ihr heraus.

Donna Maria kam auf sie zu, nahm ihre Hand und führte sie ins Haus, in einen der Räume, die Lili noch nie betreten hatte: eine einfache Kammer mit einem schmalen Bett, einem kleinen Tisch, auf dem ein Waschkrug stand, und einem Schemel. Maria setzte sich auf die Bettkante und zog Lili neben sich. Dann legte sie den Arm um ihre Schultern.

»Piero ist bei der Schwester meines Mannes in Agrigent. Sie brauchen Hilfe auf ihrem Hof, er wird den ganzen Sommer über dort bleiben.«

Lili stiegen die Tränen in die Augen. Sie versuchte, ein Schluchzen zu unterdrücken, aber es schüttelte ihren ganzen Körper. Maria drückte sie fester an sich, strich ihr über das Haar und wiegte sie.

»Meine kleine Lili, mein Engel, *sangumiu*«, flüsterte sie und sang das Wiegenlied, das Lili so vertraut war.

»*Ninna nanna ninna o …*«

Als sie die Rückreise nach Palermo antraten und die Kutsche das große, schmiedeeiserne Tor passierte, drehte sich Lili nicht nach der Villa um.

11

Sehnsüchtig schaute Luca aus dem Fenster seines stickigen Büros hinunter aufs Meer. Die Nachrichtenagentur KRONOS, für die er arbeitete, hatte ihre Räume in der obersten Etage eines hässlichen Sechziger-Jahre-Hochhauses direkt gegenüber dem Hafen. Der Vorteil der kleinen, heißen und viel zu hellhörigen Büros war der Blick auf den Golf von Palermo und die Tatsache, dass man diese Bausünde nicht sah, wenn man drinsaß. Im Nebenbüro stritt sein Chef mit einem der Kollegen darüber, wer nach Lampedusa fahren sollte. In den letzten Tagen waren wieder mehrere Boote mit Flüchtlingen angekommen. Eins war nur knapp einer Katastrophe entkommen, die Küstenwache hatte die dreihundert Insassen in letzter Minute vor dem Ertrinken retten können. Wie üblich diskutierte man in Rom und Palermo, wie mit den Flüchtlingen zu verfahren sei, und beschwor Brüssel. Es gab Bilder von erschöpften Schwangeren und schreienden Babys mit viel zu spitzen Gesichtern.

»Ich war zweimal im März, ich hab wirklich keine Lust, und außerdem gibt es doch eh nichts Neues. Sie schaffen's oder sie schaffen's nicht, was sollen wir da berichten? Ein Fotograf ist vor Ort, das reicht.«

Lucas Kollege Giancarlo machte prinzipiell Dienst nach Vorschrift, er hatte den Job über Beziehungen bekommen – sein Cousin war seit den Wahlen im vergangenen Jahr in einer wichtigen Funktion in der Stadtverwaltung und hatte Druck ausüben können, obwohl KRONOS unabhängig war. So unabhängig, wie man sein konnte, das hatte ihm sein Chef immer wieder erläutert, als Luca festgestellt hatte, dass der Neue keine Ahnung von Journalismus und den Medien hatte.

Jetzt hörte Luca, wie sein Chef einknickte – Giancarlo konnte machen, was er wollte, gefährdet war seine Position eh nicht. Offensichtlich gab es Verbindungen bis nach Rom in den Hauptsitz der Agentur, anders war das nicht zu erklären. Die Wahrheit würde ihm Franco nie sagen, und Luca wollte sie auch nicht wirklich herausfinden; er wusste, dass er sich nur endlos darüber aufregen und seinem gesamten Umfeld mit seiner Empörung auf die Nerven gehen würde.

»*Vaffanculo*«, murmelte er. Das war doch wirklich das Allerletzte – die schaffen's oder die schaffen's nicht?

Jetzt ging die Tür auf, und Franco stand mit hochrotem Kopf vor ihm.

»Luca, ich weiß, dass das jetzt ...«

»Lass mich raten – Lampedusa?« Luca schaute aus dem Fenster hinunter auf das Meer, auf dessen dunklem Blau weiße Schaumkronen in der Sonne glitzerten. Es war ein heißer, windiger Tag. Dann grinste er seinen Chef an, der nach Worten suchte.

»Schon gut, Franco, besser ich als dieser Depp.«

»Danke, Luca. Aber ich brauche Fakten und O-Töne, das Hier und Jetzt – keine Aufarbeitung, was in den letzten fünfzehn Jahren schiefgelaufen ist.«

Luca hob mit gespielter Empörung die Hände. »Willst du, dass ich fahre oder nicht?«

»Ja, schon gut ...«

Luca nutzte jede Gelegenheit, um Informationen über die Flüchtlinge aus Afrika in seinen Nachrichtentexten unterzubringen: Wie lange die Lampedusa-Tragödie sich schon abspielte und wie man sie ignoriert hatte, obwohl klar war, dass es schlimmer und nicht besser werden würde und dass Lampedusa kein sizilianisches und nicht einmal ein italienisches Problem war. Jetzt plötzlich, da ganze Flüchtlingsströme Europa überrollten, schaute die Welt nach Lampedusa. Dabei waren die ersten Boote bereits Ende der neunziger Jahre angekommen. Aber er war eben kein Journalist mehr. In einer Nachrichtenagentur schrieb man Nachrichten, keine Meinungen, das wiederholte Franco gebetsmühlenartig, wenn Luca kommentierte oder kritisierte.

Als er kurz darauf seine Sachen zusammenpackte, klingelte das Handy – Matteo. Luca fiel wieder ein, dass er seinem Freund versprochen hatte, mit ihm am nächsten Tag die persönlichen Sachen seiner Tante im Kloster abzuholen. Dabei wusste er genau, dass die Aktion nur ein Vorwand war, um ihn in diesen Wahn hineinzuziehen, der Tod Benedettas könnte Mord gewesen sein.

»Pronto, Matteo?«

»Luca, ich hole dich morgen um zehn Uhr ab, ja?«

»*Scusa* ... es tut mir leid, ich muss nach Lampedusa, nehme morgen den ersten Flug, du wirst allein ...«

Pause.

»Gehst du gerade aus dem Büro? Dann komm doch jetzt zur Piazza Bellini, das passt mir ganz gut, es ist ja erst sechs.«

Verblüfft schaute Luca auf sein Handy – konnte Matteo sehen, dass er soeben den Computer ausgeschaltet hatte?

»Ich ... äh ...« So schnell fiel ihm keine Ausrede ein.

»Bis gleich, ciao, Luca!«

Eigentlich ärgerte er sich, als er mit dem Lift hinunterfuhr, aber als er auf sein Motorrad stieg – eine alte R65, sein ganzer Stolz, von seinem Sohn liebevoll als Schrotthaufen bezeichnet –, musste er lachen. Matteo schaffte es doch immer wieder. Jetzt würde er sich also durch den dichten Verkehr zur Piazza Bellini quälen.

Matteo fing ihn vor dem Klostereingang ab und lotste ihn erst einmal auf die andere Seite der rechteckigen Piazza in die Bar Ambra. Da die beiden anderen Kirchen auf der Piazza – beliebte Touristenattraktionen – bereits geschlossen hatten, war es in dem kleinen Raum ruhig geworden. Die langen Theken sahen aus wie nach einer schweren Schlacht; nur noch ein einsames zerdrücktes Stück Pizza lag auf öligem Papier inmitten von Krümeln. Zwei Fliegen saßen reglos darauf, auch sie träge in der Hitze dieses viel zu heißen Maitages. Der Barista wischte sich den Schweiß von der Stirn und sah sie müde an. Matteo bestellte zwei kleine Bier und steuerte auf einen von drei Tischen vor der Bar zu, auf dem sich Pappbecher und Plastikteller mit Essensresten türmten, die er auf einen noch größeren Stapel auf dem Nachbartisch stellte und dann nach seinen geliebten Zigarillos suchte.

Instinktiv rutschte Luca auf dem unbequemen Metallstuhl ein Stück vom Tisch weg.

»So, jetzt haben wir endlich einen Augenblick Zeit – ich muss dir in Ruhe erzählen, was passiert ist. Und du musst mir ein paar Minuten einfach zuhören. Aber *richtig* zuhören!«

Überraschend ernst schaute ihn Matteo nun durch seine dunkle Hornbrille an. Der kurz gestutzte Vollbart – kürzer, als er ihn früher getragen hatte – war inzwischen fast weiß. Aber sein Haar war noch so voll wie früher, musste Luca neidlos anerkennen, dessen Haaransatz stetig nach hinten wanderte, sosehr er sich auch einzureden versuchte, er hätte schon immer eine hohe Stirn gehabt.

»Hörst du mir wirklich zu? Es ist wichtig, Luca!«

Matteo war ebenso leidenschaftlich ernst, wie er sprühend komisch sein konnte.

»Ja. Ja, ich höre dir zu, und ich nehme das, was du erzählst, auch ernst«, hörte Luca sich jetzt fast wider Willen sagen.

»Gut. Also – es klingt absurd, du hast vollkommen recht. Wieso soll einer eine 87-Jährige umbringen, die nach aller menschlichen Voraussicht sowieso nicht mehr ewig lange gelebt hätte. Eine Ordensfrau dazu, in einem Kloster, das kurz vor der Schließung steht.« Er machte eine rhetorische Pause und zog an seinem Zigarillo.

»Aber so einfach ist es nicht. Nichts ist so, wie es scheint. Meine Tante hat sich mit allen Kräften und Mitteln gegen eine Schließung des Klosters gewehrt. Sie hat Wege gefunden, die eine Weiterführung sogar plausibel hätten erscheinen lassen ...«

»Wie soll das denn gehen?«, unterbrach ihn Luca. »Ich meine, entschuldige, Matteo, aber es ist absurd, ein immer noch riesiges Kloster mit drei uralten Nonnen – von denen eine dement ist und eigentlich auf eine Pflegestation gehört – weiterzuführen.«

»Eben, genau darum ging es meiner Tante: Sie wollte den Klostergedanken weiterleben lassen, sie glaubte fest an diese Form des Lebens: Gebet, Nächstenliebe, eine Arbeit im Dienst der anderen. Sie hat mir immer wieder erzählt, dass die Dominikanerinnen in vergangenen Jahrhunderten eine viel höhere Lebenserwartung hatten als die Frauen außerhalb der Klostermauern. Heute würde man sagen, es ist die Regelmäßigkeit, die Meditation, keine Drogen, kein Alkohol ... Egal, ihr war klar, dass es nur mit neuen Schwestern geht. Und die hatte sie gefunden.« Wieder eine kunstvolle Pause. »In Rumänien. Sie hat Kontakt zur dortigen Kirche aufgenommen, ist sogar noch hingereist und hat junge Schwestern gefunden, die unter erbärmlichen Umständen in heruntergekommenen Klöstern hausen und gern nach Palermo kämen.«

Die ausländischen Nonnen auf der Beerdigung. Jetzt fielen sie Luca wieder ein. Offensichtlich hatte Matteo die Durchsetzungskraft von seiner Tante geerbt ... Unglaublich – mit über achtzig in ein unbekanntes Land zu reisen, ein Kloster zu finden, Kontakte zu knüpfen, Menschen nach Palermo zu holen.

»Meine Tante hatte einen richtigen Masterplan: Sie hat die Dolceria verpachtet, um Geld zu verdienen und eine wirtschaftliche Basis zu schaffen. Und sie hat Nonnen organisiert, die das Kloster füllen. Eigentlich genial. Aber natürlich ist einiges schiefgegangen, und anderes hat manchen Leuten nicht gepasst. Wie es eben ist in Palermo, Luca, wer wüsste das besser als du.«

»Der Pasticciere, den sie eingestellt hat, scheint ein ziemlicher Loser zu sein, oder? Das hat Suor Carmela Ada erzählt – etwas freundlicher ausgedrückt.«

»Ja, er kommt aus einem der Waisenhäuser, das die Dominikanerinnen früher betreut haben. Meine Tante kennt ihn, seit er ein Baby ist, und wollte helfen. Aber das ist nicht das Problem. Spataro ist das Problem.« Matteo schaute Luca an.

»Spataro? Der Arzt? Er war doch ihr Schüler?«

»Ja, war er. Und sein Bruder ist Bauunternehmer. Ihm gehört die halbe Stadt. Es scheint, als versuchte er seit Jahren, die Kurie zum Verkauf des Klosters zu bewegen. An ihn. Das geht nur, wenn die Nonnen weg sind und keine neuen nachkommen. Die Kurie müsste entscheiden, das Kloster unwiederbringlich zu schließen. Das Gebäude als Kloster aufzugeben und es nicht anderweitig im kirchlichen Sinne zu verwenden. Dann könnten sie es verkaufen, und natürlich würde das finanziell Sinn machen, statt es so wie bislang weiterzuführen. Es wäre ein lukratives Geschäft. Für beide Seiten. Win-win nennt man so was.«

»Moment, Matteo – ist das Fantasie oder hast du Beweise?«

»Meine Mutter hat mir erzählt, dass sich meine Tante in den letzten Monaten darüber beklagt hat, wie wenig man in der Kurie auf ihre Pläne eingeht und sie unterstützt. Sie musste alles allein machen. Dabei hatte sie sich immer vorgestellt, dass man ihr dankbar sein würde. Das war offensichtlich nicht der Fall.«

»Gut. Aber das würde heißen, Spataro, der Arzt, bringt im Auftrag seines Bruders Madre Benedetta um, damit der Weg zum Verkauf des Klosters frei ist. Ist das deine Theorie?«

»Ist das so unwahrscheinlich? Er musste ja nicht viel machen, gibt ihr Spritzen, er ist sowieso jede Woche im Kloster, um nach allen drei Schwestern zu sehen. Irgendwann dann Herzversagen. Tatsache ist, dass es meiner Tante seit Wochen zunehmend schlechter ging.«

»Aber Matteo, das ist doch normal – sie war fast neunzig. Ihr ging es schlechter, weil sie kurz darauf gestorben ist.«

»Sie hat in den letzten Wochen über Beschwerden geklagt, die sie noch nie zuvor gehabt hat: Übelkeit. Schwindel. Herzrasen. Wenn meine Mutter gefragt hat, was Spataro dazu sagte, kam keine richtige Antwort. Nur diese Spritzen zur Stärkung hat meine Tante erwähnt.«

Luca trank einen Schluck von dem nicht mehr ganz kalten Bier und dachte nach. »Angenommen deine Theorie stimmt, dann müsste er als Nächstes die beiden anderen umbringen, oder?«

»Nein, muss er nicht. Sie können vielleicht ein paar Monate allein in dem Kloster bleiben, aber dann wird man sie in ein Altenheim bringen. Und alle Pläne meiner Tante sind hinfällig. Sie war diejenige, die die Energie hatte, eine Vision, die noch etwas bewegen konnte. Das wusste sie, darum hatte sie es so eilig. Sie hat genau das befürchtet: dass sie stirbt und alles vorbei ist. Suor Agata ist dement, die bekommt nichts mehr mit. Und Suor Carmela ist ängstlich und schüchtern, sie hat keine Kontakte und hatte niemals eine besondere Funktion im Kloster inne. Meine Tante war die Macherin, sie hatte außerdem als Äbtissin eine gewisse Macht. Dieses Kloster war mal wichtig für das Bistum, wer hier Äbtissin war, hatte etwas zu sagen und konnte etwas ausrichten. Ein paar Wochen noch, und alles wäre in die Wege geleitet gewesen.«

»Die Rumäninnen waren doch schon da. Jedenfalls auf der Beerdigung.«

»Ja, aber ganz so weit war sie noch nicht. Glaube ich. Deshalb, Luca, brauche ich deine Hilfe! Du kannst dich von KRONOS aus erkundigen, was mit dem Kloster geschehen soll. Die kennen dich nicht, und die Frage ist legitim. Über den Tod meiner Tante haben alle Zeitungen berichtet.«

»Aber Matteo, glaubst du, die sagen mir wirklich, was sie vorhaben?« Luca seufzte. Kirchen und Kulturdenkmäler, um die sich keiner kümmerte oder für die einer die Verantwortung dem anderen zuschob, gab es zuhauf in Palermo. War eine Immobilie interessant und sah einer die Möglichkeit, damit Geschäfte zu machen, wurde erst recht nicht drüber geredet. Nicht mit einem Journalisten. Schließlich mussten vielleicht hier oder da ein paar Gesetze umschifft werden, da wollte man keine Berichterstattung.

»Bitte versuche es wenigstens! Vielleicht hast du Glück und kriegst etwas raus. Mich kennen zu viele in der Kurie, das würde auffallen.«

»Na gut, Matteo. Aber selbst wenn der Kaufvertrag mit Spataro unterschrieben auf dem Tisch liegt, heißt das noch lange nicht, dass sein Bruder deine Tante umgebracht hat. Vielleicht wollte man die Immobilie längst zu Geld machen und hat nur aus Respekt deiner Tante gegenüber gewartet. Mit dem Spataro-Bruder könnte längst alles vereinbart sein, und das wäre nicht einmal illegal. Und …« Er wedelte mit den Armen, um Matteo, der tief Luft geholt hatte, zum Schweigen zu bringen. » … und selbst wenn es so sein sollte, wohlgemerkt sein *sollte*, dass der Arzt nachgeholfen hat, wie willst du das je beweisen? Nie und nimmer wäre ein Verkauf des Klosters an seinen Bruder ein ausreichender Verdacht, um eine Obduktion zu veranlassen.«

Matteo winkte ab. »Eins nach dem anderen. Lass uns einfach herausfinden, ob das Kloster schon an Spataro verkauft ist. Das sind zwei Stunden Arbeit – mehr nicht.«

Im Kloster empfing sie der stille, kühle Dämmer, der Luca nach dem Lärm der Stadt jedes Mal überraschte. Als betrete man eine andere Welt voller Frieden, Ruhe und Langsamkeit. Alles Chaos, das draußen in den engen Straßen tobte, zu viele Autos, zu viele Menschen auf engstem Raum, blieb draußen. Ebenso die Hitze, der Scirocco, als herrschte im Kloster ein anderes Klima.

Suor Carmela hieß sie willkommen. Ihr Gesicht sah müde aus, die Haut war fahl, und sie hatte tiefe Ringe unter den Augen. Auf dem Arm trug sie den grau getigerten Kater, der Luca schon bei der Totenwache aufgefallen war. Er schmiegte sich schnurrend an sie und schien genauso trostbedürftig wie die alte Nonne. Luca hatte seinen Freund nach dem Tier gefragt, und anscheinend war es der Kater seiner Tante und als ehemaliger Streuner eines ihrer vielen Findelkinder gewesen.

Matteo versuchte, die alte Nonne in ein Gespräch zu verwickeln. Er fragte nach den Rumäninnen und der Dolceria, aber Suor Carmela antwortete einsilbig und zerstreut, so als wüsste sie nicht genau, worum es ging. Auch als Matteo nach ihrer Zukunft fragte, bekam er keine befriedigende Antwort.

»Ich gehe, wohin Gott mich führt«, sagte Suor Carmela. »Vielleicht bleiben wir hier, vielleicht müssen wir in ein Heim ... hier ist doch keiner mehr. Aber das entscheide nicht ich.« Dann lächelte sie ein wenig und setzte den Kater auf den Boden.

»Jetzt lauf, Pino, Mäuse fangen. Dazu bist du doch eigentlich da, wenn du nicht so faul wärst.« Sie sah dem Kater nach, der buckelte und lautlos davonlief. Suor Carmela holte tief Luft.

»Ich weiß nicht, wann ich zum letzten Mal etwas selbst entschieden habe. Bei solchen Fragen bin ich wirklich nicht die richtige Ansprechpartnerin.«

Luca tat sie leid. Wer waren die Menschen, denen diese alte Frau jetzt ausgeliefert war? Würden sie in ihrem Sinn entscheiden?

Auf dem Weg zu Madre Benedettas Zelle kam ihnen im Hof ein athletischer, schwarzhaariger Mann entgegen, den Luca auf Ende vierzig schätzte und der in einem Eimer Gartenwerkzeug herumtrug. Er nickte ihnen kaum merklich zu und ging schnell weiter. Als Luca sich nach ihm umsah, begegnete er dem Blick des anderen. Das Gesicht kam ihm bekannt vor, er musste ihn auf der Beerdigung gesehen haben.

»Antonio, der Gärtner. Und Hausmeister. Ich hatte euch auf der Beerdigung von ihm erzählt. Ohne ihn und Vanda ginge nichts mehr.«

Ach ja, jetzt erinnerte er sich. Und Vanda war die Frau des Pasticciere. Matteos Mutter hatte sie erwähnt.

»Vanda ist die Frau von Signor Gaetano, dem Pasticciere. Sie ist eine arme Seele, aber immer gut gegen uns gewesen ... Sehen Sie ...«

Jetzt blieb Suor Carmela stehen. »Wir drei waren recht einsam hier. Aber mit Antonio, Gaetano und Vanda war wenigstens etwas Leben hier. Vanda hat ein gutes Herz, Antonio repariert alles. Nur Gaetano ...« Sie seufzte. »Einer von Madre Benedettas Schützlingen, ein Waisenjunge, den sie ins Herz geschlossen hatte. Ein Unglücksrabe, das ist er! Ein Pasticciere, dass ich nicht lache! Nicht mal einen einfachen Teig kann der anrühren. Aber ich will nicht schlecht reden. Mit ihm ist Vanda zu uns gekommen. Der Priester kam immer sonntags und dann Anselmo ... Spataro, der Arzt. Immer öfter. Antonio ist fast jeden Tag da. Und Gaetano in der Dolceria, täglich riecht es nach Verbranntem.« Sie kicherte. »Nein, eine Klausur ist das nicht mehr, nein, nein.« Sie schüttelte den Kopf. »Früher ...« Sie schaute Luca und Matteo an. »Früher war das anders. Die Messe wurde nur für uns Schwestern in der Kirche gelesen, der Priester kam nicht ins Kloster. Dottor Spataro wurde gerufen, wenn es nötig war. Der Vater ... Anselmos Vater. Wenn er ins Kloster kam, gingen wir Schwestern in unsere Zellen, Madre Benedetta führte ihn zu der Kranken ... Dahinten, das ist Madre Benedettas Zelle, kommt mit!«

Madre Benedettas Zelle war klein und nüchtern eingerichtet. Auf dem schmalen Bett lag ein alter Lederkoffer, in den Suor Carmela alle persönlichen Habseligkeiten gepackt hatte. Daneben ein Stuhl und an der gegenüberliegenden Wand ein schmaler Spind, mehr nicht. Luca bekam in dem engen Raum Beklemmungen und ging raus, als es Matteo doch noch gelang, Suor Carmela in ein Gespräch zu verwickeln und ihr die Zusage abzuringen, dass er im Kloster weiterdrehen durfte. Luca stand auf dem schmalen Gang und musste beinahe lachen. Matteo gab nie auf, er setzte sich immer durch. Er würde seinen Film drehen. Und er, Luca, würde für ihn recherchieren, ob das Kloster an diesen Spataro verkauft worden war.

Ein paar Minuten später traten auch Suor Carmela und Matteo aus der engen Zelle.

»Jetzt, wo die Rumäninnen abgereist sind, freue ich mich, wenn ihr noch ein paarmal herkommt. Sie werden uns doch sicher bald wegbringen ...«

Suor Carmela zog ein weißes Taschentuch aus ihrer Kutte und putzte sich die Nase.

»Seit fast 65 Jahren bin ich in diesem Kloster. Ich kann mir nichts anderes vorstellen, obwohl sich alles hier verändert hat, das könnt ihr mir glauben ...« Ihre Stimme wurde leise. »Wir waren so viele damals, fast dreihundert. Nonnen, Novizinnen, Laienschwestern, wir haben gebacken – jeden Tag. Immer sind welche von uns um drei Uhr aufgestanden, haben den Ofen angeheizt. Und die Mandeln, was haben wir uns abgemüht und Mandeln gemahlen, mit der Hand, kiloweise, stundenlang. Die gemahlenen Mandeln mit dem Zucker verknetet, bis Marzipanmasse entstand, genügend Masse für dreihundert Osterlämmer oder Unmengen von Marzipanfrüchten, Feigen, Kastanien, Pfirsiche ... Eier geschlagen, und wehe, wenn eins runterfiel. Die schweren Backbleche in die großen Öfen geschoben. Die Mädchen, die man uns geschickt hat, Waisen und Halbwaisen oder Mädchen aus verarmten Familien, die mussten diese harten Arbeiten machen, wir haben sie beaufsichtigt und geholfen, wenn es schwierig wurde. Aber wir waren immer gut gegen sie, sie bekamen ihre Dolci und sonntags ein Stück Fleisch. Madre Benedetta hat sich besonders um sie gekümmert, schon als junge Schwester. Suor Agata war übrigens auch eine von den armen Mädchen. Benedetta hat sie immer beschützt und ihr geholfen, als sie erkannt hat, wie klug Agata war. Das kann man sich jetzt, wo ihr Geist verdunkelt ist, nicht mehr vorstellen, aber sie war eines der klügsten und schnellsten Mädchen, das aus dem Waisenhaus zu uns gekommen ist. Benedetta hat sie geliebt ... Sie war außergewöhnlich, das war sie. Und sie war meine Vertraute.« Sie nahm die große Brille ab und wischte sich mit dem Taschentuch über die Augen.

»Aber bevor ich jetzt sentimental werde, geht ihr besser. Wir sehen uns ja bald wieder«, sagte sie leise. Schweigend folgten ihr Matteo und Luca in Richtung Ausgang. Suor Carmela ging langsam, man sah ihr an, dass ihr jeder Schritt Mühe bereitete.

Sie waren schon fast am Ausgang, als Luca in seine Jackettasche griff und merkte, dass sein Handy nicht mehr da war.

»Matteo, warte, mein Handy ist weg ...«

»In der Bar hattest du es noch, du hast eine SMS gelesen.«

Luca dachte nach. »Ich muss es in Madre Benedettas Zelle

verloren haben, da habe ich mich gebückt, um mir den Schuh zuzubinden ...«

»Sie kennen den Weg – durch die Sakristei, dann über den Innenhof und die Treppe hoch; die Zelle steht noch offen«, sagte Suor Carmela. »Ich muss zum Gebet, es ist schon spät. Wir müssen unsere Regeln einhalten, jedenfalls, solange wir noch hier im Kloster sind. Das war unser Leben, was bleibt uns anderes?«

»Ich bin gleich zurück«, rief Luca und ging schnell den breiten Flur zurück in Richtung Sakristei. Seine Schritte hallten auf dem Steinboden, dann durchquerte er einen Vorraum und ging auf die Tür der Sakristei zu, die angelehnt war. Plötzlich blieb er wie angewurzelt stehen: Er meinte, Geräusche zu hören, ein Knarren, das aus der Sakristei kam. Langsam ging er auf die Tür zu und schaute durch den Spalt. Im Raum brannte jetzt Licht, und er sah den Gärtner, Antonio, der eine der hohen Türen zu den Wandschränken geöffnet hatte. Wahrscheinlich machte er sauber oder reparierte etwas. Luca räusperte sich und stieß geräuschvoll die Tür auf. Der andere zuckte zusammen und fuhr herum.

»Was ... was wollen Sie hier? Wo kommen Sie her?« Er starrte Luca an. In der Hand hielt er einen großen, silbernen Becher.

»Entschuldigen Sie, ich wollte Sie nicht erschrecken – ich habe nur mein Handy in Madre Benedettas Zelle liegen gelassen«, sagte Luca. »Wir drehen den Film – den Film über das Kloster?« Keine Reaktion. Der andere starrte ihn an und sagte dann abweisend:

»Dann sind Sie hier falsch. Sie müssen den Gang weitergehen, dann über den Innenhof und die Treppe hoch zu Madre Benedettas Zelle. Das hier ist die Sakristei.«

Damit drehte er sich um und stellte den silbernen Becher zurück in einen der Schränke.

Luca schüttelte den Kopf und verließ grußlos den Raum.

Wahrscheinlich wurde man sonderbar, wenn man in einem solchen Kloster arbeitete und seit Jahren nur noch mit drei uralten Nonnen sprach.

Wie erwartet lag das Handy auf dem Boden der Zelle. Schnell steckte Luca es ein und ging zurück zum Ausgang, wo Matteo ihn erwartete.

»Gefunden?«

»Ja, habe ich.«

Inzwischen war es dunkel geworden, und Luca war froh, das schwere Portal des Klosters hinter sich zuziehen zu können. Ja, eine Oase der Ruhe im Chaos der Stadt – aber die hohen, alten Räume, die einstmals voller Leben gewesen und nun verlassen waren, hatten auch etwas seltsam Unwirkliches.

»Du denkst daran, dir bei der Kurie einen Termin geben zu lassen? Am besten bei Monsignor Carnevale, der ist zuständig für die Immobilien. Ich suche dir die Nummer raus und schick sie dir.«

»Jetzt fahre ich erst mal nach Lampedusa, Matteo, es muss also ein paar Tage warten.«

Als Matteo die Stirn runzelte, hatte Luca beinahe ein schlechtes Gewissen.

»Es eilt ja nicht«, hörte er sich sagen, »die Spataro-Brüder entkommen uns nicht, ganz im Gegenteil.«

Matteos Stirn legte sich in noch tiefere Falten. »Du nimmst das immer noch nicht ernst genug, Luca …«

»Doch, das tue ich, Matteo. Wirklich. Ich kümmere mich drum. Sobald ich zurück bin, ja?«

Luca hatte das Kloster und die Nonnen beinahe vergessen, als er auf Lampedusa landete und ein Taxi zu der kleinen Bucht nahm, in der vor einer Stunde ein weiteres Boot mit Flüchtlingen angekommen war. Immer dieselben Bilder – es stimmte natürlich: verzweifelte Menschen, jung mit alten Augen, Babys, die wie Greise aussahen, die Toten, weinende Frauen, Männer mit versteinerten Gesichtern, erschöpfte Helfer und die Küstenwache, die routiniert arbeitete, der man aber ebenfalls die Verzweiflung ansah. Immer dieselben Bilder, und doch war er jedes Mal wieder entsetzt und schockiert. Luca konnte und wollte es nicht glauben, dass sich diese Dramen hier Tag für Tag abspielten, hier im Mittelmeer, dem Epizentrum seiner Welt. Der Gestank nach Diesel und Urin. Polizisten und Helfer, die sich nicht erinnerten, wann sie zuletzt geschlafen hatten. Das Meer war relativ ruhig, es war ungewöhnlich heiß für die Jahreszeit – deshalb hatten in den letzten Wochen noch mehr Menschen als sonst die gefährliche Überfahrt gewagt. Die Schönheit der kleinen Bucht, das klare Wasser, grausam gleichgültig gegenüber dem, was sich da abspielte. Ein Fischer, der sagte, er traue sich nicht mehr aufs Meer hinaus – er habe zu viele schreckliche Dinge in seinen Netzen gehabt. Luca machte sich Notizen, auch er schlief nicht und hatte keinen Appetit. Er hatte nur vierundzwanzig Stunden Zeit, und kurz bevor er wieder zum Flughafen musste, wurde das nächste Boot mit vierhundert Flüchtlingen gemeldet, das die Küstenwache an Land schleppte. Der medizinische Notdienst war sofort da – und Luca traute seinen Augen nicht, als er Anselmo Spataro erkannte, der aus dem Krankenwagen stieg und mit festen Schritten zum Hafenkai ging. Er trug eine verblichene Jeans und ein T-Shirt und dirigierte mit ruhiger Routine eine Gruppe von jungen Sanitätern und Ärzten.

Spataro hier? Luca war überrascht. Er wusste zwar, dass der Notdienst zum Teil aus Freiwilligen bestand, die tageweise aus sizilianischen Krankenhäusern kamen, um die Erstversorgung der Ankommenden sicherzustellen. Aber den werten Herrn Doktor mit seinem gepflegten Äußeren und seinem Stammplatz in der feinen Gesellschaft hatte er hier nicht erwartet. Matteos Mordverdächtigen.

So konnte man sich also täuschen, dachte er auf dem Weg zum Flughafen: Sicher kam Spataro aus einer wohlhabenden Familie, sicher hatten ihm alle Türen offen gestanden. Und sicher lebte er gut und bequem. Aber das war eben nur die eine Seite. Es gab eine andere, die er ihm nicht zugetraut, ja abgesprochen hatte. Matteo auch, der noch weitergegangen war: Einer wie Spataro lebte nicht nur bequem, er wollte immer noch mehr, war immer auf seinen Vorteil bedacht, und nahm es mit dem Gesetz nicht so genau. Mit dem Gesetz nicht und auch nicht mit seinem hippokratischen Eid. Als Luca sah, wie Spataro die ersten Flüchtlinge empfing, schämte er sich. Er dachte daran, dass Ada ihm häufig vorwarf, er sei voreingenommen und stecke Menschen zu schnell in Schubladen – vor allem die reichen Söhne Palermos. War es nicht viel wahrscheinlicher, dass es die Erinnerung an seinen Vater und an seine eigene glückliche Kindheit war, die Spataro fast jeden Tag ins Kloster kommen ließ, um nach den alten Nonnen zu schauen? Und nicht irgendwelche dubiosen Mordabsichten?

Bevor er ins Flugzeug stieg, schrieb Luca eine SMS an Matteo.

12

Der warme Mai, der den Scirocco und Temperaturen um die dreißig Grad brachte, verging wie im Flug, und auch der Juni blieb ungewöhnlich heiß. Die Hitze machte die Stadt fast unbewohnbar, zwischen elf und siebzehn Uhr waren die engen, von zu vielen Autos verstopften Straßen beinahe unpassierbar, und Hitze und Smog mischten sich mit dem Dampf der vielen kleinen Garküchen auf den Straßen der Altstadt, an denen Milzbrötchen oder *stigghiole*, gegrillte Ziegendärme, verkauft wurden.

Luca hatte viel zu tun, dauernd passierte etwas. Die Hitze reizte die Menschen, Unfälle passierten, ein Familienvater drehte durch und erstach seine Schwiegereltern und zwei Cousinen, bei einem Straßenfest in einem der einfachen Viertel nahe der Kathedrale brach eine Massenpanik aus, nachdem ein Geräusch wie ein Schuss ertönt war, und drei Leute wurden niedergetrampelt. Die trockene Macchia auf den Bergen rings um Palermo fing Feuer, und nachts leuchtete ein bösartig orangefarbenes Licht von den Gipfeln, eine unheimliche Lichterkette wie eine Dornenkrone um das leidende Antlitz der Stadt. Das Meer war weiterhin ruhig, und immer mehr Schiffe aus Afrika landeten auf Lampedusa und an den südlichen Küsten Siziliens. Die Bürgermeisterin von Lampedusa rief den Notstand aus, in Agrigent bewaffneten sich wütende Bürger mit Stöcken, und Luca fragte sich, ob die Welt verrückt geworden war.

Sein Kollege Giancarlo hatte sich wegen psychischer Probleme bis August krankschreiben lassen – dann begann sein Sommerurlaub, und Franco, Lucas Chef, ging nicht davon aus, dass man ihn vor Oktober wiedersah.

Abends saß Luca mit Ada auf seiner Terrasse und schimpfte über die Stadt und die Insel – er hatte keine Zeit, mit Diego nach Mailand zu fahren und nach einer Wohnung zu suchen, stattdessen dirigierte er seinen Sohn per Telefon zu Freunden und ehemaligen Kollegen, die ihm weiterhelfen sollten.

Und natürlich hatte er keine Ruhe, um Ada die Frage zu stellen, die ihm auf der Seele brannte – oder war das eine Ausrede? Fürchtete er sich vor der Antwort? Jetzt, Anfang Juni, sagte er sich, dass er gut bis zum Sommerurlaub warten konnte, den er immer in den ersten beiden Juliwochen in Villabianca an der Südküste Siziliens verbrachte, gemeinsam mit Ada. Er hatte dort ein kleines Häuschen direkt am Meer, an einem vergessenen Sandstrand im Nirgendwo. Das kleine Dorf Villabianca war nicht besonders schön, es lag fünf Kilometer von der Küste entfernt im Landesinneren, und nur ein paar Bars und Eiscafés und hier und da ein Campingplatz waren in Strandnähe gelegen und wurden hauptsächlich im August frequentiert. So wenig Ada darauf erpicht war, ihre Wohnung und ihren Schreibtisch zu verlassen, so liebte sie doch Villabianca und das einsame Häuschen am Meer. Dorthin konnte man sie jederzeit locken. Und natürlich hatte sie auch dort inzwischen einen Schreibtisch, an dem sie Simenon übersetzte. Vielleicht war es richtig, diese zwei Wochen abzuwarten, die sie allein miteinander verbrachten. Matteo und Isabella mieteten zwar seit Jahren ein Haus in der Nähe, aber da sie mit ihren zwei erwachsenen Kindern, mit Matteos Mutter und Isabellas Eltern reisten, die sich gegenseitig nicht ausstehen konnten, waren sie eigentlich durchgehend mit ihren familiären Auseinandersetzungen befasst – und Matteo suchte nur vormittags Zuflucht auf ihrer Terrasse, um in

Ruhe einen Kaffee zu trinken, den Ada mit ihrer alten, zerbeulten *napoletana* kochte, einer kleinen Kaffeemaschine, wie man sie in Neapel benutzte. Noch vier Wochen, dann würden sie in einen anderen Rhythmus finden, würden sich ohne die Hitze und Unruhe der Stadt begegnen, und er könnte einen geeigneten Moment abpassen.

Während Luca sich jetzt auf seinem alten Motorrad hupend von der Kathedrale in Richtung Meer durch die Via Vittorio Emanuele drängelte und versuchte, sich nicht über das sinnlose Gespräch mit Monsignor Carnevale zu ärgern, dachte er an sein einsames Haus am Meer und an lange, gemeinsam verbrachte Stunden, in denen sie gelesen und geschwiegen oder ein Glas Wein getrunken und aufs Meer geschaut hatten, und Sehnsucht überkam ihn, während ihm der Schweiß den Rücken herunterlief und sein weißes Leinenhemd am Körper kleben ließ.

Das Haus in Villabianca hatte ihm die Großmutter seiner Exfreundin Laura geschenkt. Laura, die Tänzerin, die ermordet worden war, weil sie sich in Dinge eingemischt hatte, die sie nichts angingen. Luca hatte den Mord aufgeklärt und sich dabei mit mächtigen Leuten angelegt, die viel zu vertuschen hatten. So hatte er auch seinen Job als Journalist beim *Giornale di Sicilia* verloren, und als das Verbrechen aufgeklärt war und die Schuldigen verurteilt waren, hätte er zwar zurückkommen können – hatte sich dann aber für den Job bei KRONOS entschieden. Eine Agentur, keine Zeitung. Das hieß keine Meinung oder Einschätzung, nur Nachrichten, Nachrichten, Nachrichten. Trotzdem konnte er dafür sorgen, dass die wichtigen Dinge überhaupt über den Ticker liefen. Und er war nah dran an allem, was passierte, näher, als ihm manchmal lieb war.

Das erzbischöfliche Generalvikariat neben der Kathedrale hatte er bisher allerdings noch nie aufgesucht gehabt, und es war ihm beinahe albern vorgekommen, mit Monsignor Carnevale, dessen Nummer ihm Matteo herausgesucht hatte, einen Termin zu vereinbaren, nachdem ihm nach zwei Telefonaten klar war, dass er niemals bis zum Bischof oder irgendeinem hohen Würdenträger durchdringen würde. Und dass dieser Monsignore ihn auch in einem persönlichen Gespräch mit genau den Allgemeinplätzen abspeisen würde wie bei den Telefonaten.

Und genauso war es dann auch gewesen, wie er jetzt im Rückblick auf das gerade stattgefundene Gespräch frustriert feststellte. Sinnlose Allgemeinplätze. Der Monsignore hatte ihn freundlich empfangen, er hatte ein glattes, bartloses Jungengesicht, das feist war und in der Hitze ölig glänzte. Und natürlich war nicht herauszukriegen gewesen, was man mit dem Kloster an der Piazza Bellini vorhatte – obwohl der Monsignore eine Stunde lang ununterbrochen geredet hatte. Über die Bedeutung des Klosters – einst das wichtigste Nonnenkloster der Stadt, das größte, das reichste –, über Madre Benedetta – eine Heilige, man wolle alles dafür tun, dass sie seliggesprochen werde, aber Luca könne sich nicht vorstellen, was das für ein bürokratischer Aufwand sei, um überhaupt die Unterlagen zusammenzustellen, die dann erst einmal geprüft würden, bevor sie dem zuständigen Ausschuss überhaupt vorgelegt würden. Es würde Jahre und Jahre dauern, und wenn die handelnden Personen wechselten, müsse man immer wieder von vorn beginnen. Luca konnte sich das in der Tat nicht vorstellen, so wie es ihm unverständlich war, dass man heutzutage noch Menschen selig- oder heiligsprach. Dieser ganze Kirchenzinnober blieb ihm fremd, und er hatte den glänzenden, runden Mann, der ihm zum Abschied eine verschwitzte Hand gereicht hatte, ebenso wenig einschätzen können wie den kleinen Priester im Kloster bei Madre Benedettas Totenwache oder die hohen Würdenträger bei der Beerdigung. Die Stimme seines Vaters, das seien alles Scharlatane, ging ihm nicht aus dem Ohr, und er wusste, dass Matteo wütend werden würde, weil Luca sich so von diesem aalglatten Typen hatte abspeisen lassen. Tatsache war, dass er aus diesen Menschen einfach nicht schlau wurde. Glaubten sie wirklich oder war die Kirche für sie der perfekte Ort, um ihre Ziele zu verfolgen? Ob die Spataros das Kloster kaufen wollten oder konnten, hatte er jedenfalls genauso wenig herausfinden können. Nicht einmal, ob im Generalvikariat entschieden würde, was mit der Immobilie passierte. Der Monsignore hatte sich in langwierigen Erklärungen verloren, wer in den kirchlichen Institutionen für welche Immobilien zuständig war. Luca hatte den Faden beinahe sofort verloren, weil er von den meisten Institutionen, Gremien und Ausschüssen noch nie gehört hatte.

Er bremste scharf, als vor ihm aus einer Seitenstraße ein Mofa mit zwei Jungen ohne Helm schoss, er hupte und schimpfte ihnen hinterher, dann bog er zweimal ab und hielt vor seiner Lieblingstrattoria Lo Bianco in der Via Emerico Amari. Erschöpft nahm er den Helm ab und wischte sich den Schweiß von der Stirn.

Als er den schlichten Gastraum der Trattoria betrat, wartete Matteo schon an einem kleinen Tisch hinten links, an dem sie häufig gemeinsam saßen. Bei ihm stand der Wirt, Amilcare Lo Bianco, ein älterer, weißhaariger Mann, und Luca sah, dass sie ins Gespräch vertieft waren – und zwar mit einer Ernsthaftigkeit, die Luca annehmen ließ, dass sie über das Speisenangebot sprachen. Bei Lo Bianco gab es Speisekarten, aber die waren nur für die wenigen Touristen, die sich in die von außen nicht sehr einladend wirkende Trattoria verirrten. Ansonsten wurde über die Speisenwahl lange und leidenschaftlich diskutiert.

»Luca!«

Matteo sprang auf und kam auf ihn zu. »Gut, dass ich dich heute zum *pranzo* verpflichtet habe – Ettore hat frische Seeigel!«

Spaghetti ai ricci! Angesichts dieser Perspektive vergaß Luca die Mühen des Vormittags, den Verkehr, das ergebnislose Gespräch mit dem schmierigen Kirchenmann und die Hektik in der Agentur.

Als ein Glas eiskalter Grillo – Lucas liebster Weißwein – vor ihm stand, Matteo seinen erkalteten Zigarillostummel in den Mund gesteckt, aber zum Glück nicht angezündet hatte und beide eine Portion Spaghetti mit Seeigeln bestellt hatten, beugte Matteo sich gespannt vor. »Und?«

»Nichts, leider nichts – eine Stunde Geschwafel, aber nichts Genaues, alles wird noch geprüft.«

Matteo sah enttäuscht aus. Dann griff er in seine Tasche, holte eine zerknitterte Zeitungsseite hervor und warf sie Luca hin. Der erkannte den Mann auf dem Foto erst einmal gar nicht.

»Spataro! Anselmo Spataro!«, rief Matteo triumphierend. »Du hast ihn für einen guten Menschen gehalten, aber schau dir das an – er macht daraus einen Auftritt. Das ist der Grund.«

Es war die vierte Seite des Lokalteils des *Giornale di Sicilia*. Luca musste lachen.

»Der Lokalteil berichtet irgendwann über jeden, da kannst du auf dem Bolzplatz beim Fußball mit deinen Freunden ein Tor geschossen haben. Spataro ist sicher eitel, ich halte ihn auch nicht für Mutter Teresa, nur weil er sich für Immigranten engagiert. Aber das hier besagt doch nichts. Es spricht weder für noch gegen ihn. Matteo, du spinnst einfach.«

Amilcare Lo Bianco kam mit zwei Tellern, auf denen jeweils ein Berg Spaghetti, gekrönt von orangefarbenem Seeigelfleisch, lag. Der Duft stieg Luca in die Nase, und er wurde ein wenig milder. »Lass uns lieber über deinen Film reden und Spataro und deinen Verdacht endlich vergessen, Matteo. Ich habe es versucht, mehr kann ich nicht machen. Viel wichtiger ist der Film: Wenn dein Kameramann endgültig abgesprungen ist, dann mache ich natürlich weiter mit. Aber du weißt, dass wir in knapp einem Monat nach Villabianca fahren, oder? Viel Zeit bleibt nicht.«

»Luca. Dieser Monsignore hat dir nichts gesagt. Er hat dich vollgeschwafelt, um dich abzulenken, das war reine Taktik. Aber ich habe festgestellt, dass meine Freundin Maria Angela – vielleicht erinnerst du dich, die große Schlanke mit den rötlichen Locken, die Kunstgeschichte studiert hat, ist lange her – jetzt in der Kanzlei des Anwalts arbeitet, der den anderen Spataro, den Bauunternehmer, berät. Die habe ich zum Aperitivo eingeladen, gestern war das. Und rate mal, woran sie den ganzen Tag gearbeitet hat?«

Matteo lehnte sich genüsslich zurück.

»Ganz vertraulich natürlich, sie darf auf keinen Fall darüber sprechen.« Wieder eine Pause. Da Luca nicht reagierte, wurde Matteo ungeduldig.

»An einem Kaufvertrag fürs Kloster! Siehst du?«

»Und wenn schon!« Luca versuchte, sich an diese Maria Angela zu erinnern. Das vage Bild einer sehr großen, schlanken Studentin mit einer Flut roter Locken tauchte in seinem Kopf auf – eine der Frauen, die ihn gar nicht wahrgenommen hatte, aber mit Matteo von Party zu Party gezogen war. Es war die Zeit, als die Studentinnen keine BHs mehr trugen, und er erinnerte sich an dünne T-Shirts, unter denen sich große, runde Brüste abzeichneten. Matteo war immer einer gewesen, dem die Frauenherzen zuflogen, weil er ungeheuer charmant und charismatisch war. Er hatte zu Studentenzeiten in Bands gesungen und auf jeder Party bis zum Morgengrauen getanzt. Seine Mutter hatte kopfschüttelnd die Frauen beobachtet, die sich in ihren Matteo verliebten und ihm teils regelrecht hinterherliefen. Auch Luca – sehr viel introvertierter – hatte sich immer wieder gewundert und war neidisch gewesen auf die mühelosen Eroberungen seines Freundes. Dann war Isabella gekommen, und alle Freundinnen und Verehrerinnen waren Vergangenheit. Matteo flirtete nach wie vor gern, er stand meistens im Mittelpunkt und hatte nichts von seinem Charisma verloren. Auch bei Maria Angela nicht, die jetzt in einer Anwaltskanzlei am Empfang saß. Er unterdrückte ein Lachen und runzelte stattdessen die Stirn.

»Matteo, hör auf damit. Und selbst wenn es so sein sollte, ist das kein Verbrechen. Und setzt nicht voraus, dass der andere Spataro deine Tante umgebracht hat. Zwei Jahre früher oder später – sie hätte doch keine zwanzig mehr gelebt. Entschuldige bitte, dass ich so direkt rede. Und was sollen sie mit dem Kloster sonst machen, als es zu verkaufen? Die Rumäninnen kommen lassen? Deine Tante war diejenige, die das organisiert hat. Soll sich jetzt Suor Agata darum kümmern? Oder der Typ, der die Sakristei aufräumt?«

»Die Sakristei aufräumt? Wen meinst du?«

»Na, den Hausmeister-Gärtner – als ich nochmal zurück in die Zelle deiner Tante gegangen bin, hat er in der Sakristei die silbernen Kelche sortiert oder poliert oder was immer man damit macht.«

»Hat er das?«

»Ja, das hat er. Und Suor Carmela hat mir erzählt, dass er nicht nur die Gartenarbeit verrichtet, sondern alles, was anfällt.« Er überlegte einen Moment. »Ja, so ungefähr hat sie das ausgedrückt – er erledigt alle anfallenden Arbeiten. Er war nicht besonders freundlich.«

Matteo sah ihn einen Moment lang nachdenklich an. Dann sagte er: »Luca, lass uns morgen Nachmittag ins Kloster gehen und in der Sakristei und der Dolceria drehen. Ich rufe Suor Carmela an und sage ihr, dass wir kommen.«

Abends erzählte Luca Ada von dem Treffen mit Matteo. Sie saßen bei einem Glas Wein auf der Terrasse. Der Scirocco hatte sich gelegt, es war heiß, aber um die Uhrzeit – bereits kurz vor Mitternacht – erträglich. Die Stadt atmete nach der Glut des Tages auf, die Menschen strömten durch die engen Gassen. Von unten tönte Stimmengewirr zu ihnen herauf: Das Viertel, in dem sie wohnten, zog nachts immer mehr junge Leute an, die sich in den vielen kleinen Kneipen und Bars trafen, mit einem Getränk auf der Straße standen und bis zum Morgengrauen redeten und lachten. Viele, die hier wohnten, störten sich daran. Ada und Luca gefiel es so, auch wenn sie, wann immer es ging, die Fenster ihrer Schlafzimmer geschlossen hielten, weil es sonst wirklich zu laut war.

Luca merkte, dass Ada unruhig war. Normalerweise entspannte sie sich bei einem Glas Wein nach den Stunden, die sie mit Simenon am Schreibtisch verbracht hatte. Diesmal nicht. Was war los mit ihr? Wollte sie ihm den Urlaub absagen? Irgendein Auftrag, den sie noch bekommen hatte? Er spürte, wie auch er nervös wurde. Als sie beim dritten Glas Wein mit der Sprache herausrückte, musste er lachen. Sie war rot geworden, als sie ihm von dem Tagebuch erzählte, das sie aus der Klosterbibliothek gestohlen hatte. So hatte sie es formuliert – sie hatte etwas »gestohlen«. Gewundert hatte er sich schon ein wenig. Es passte einfach nicht zu ihr, sie war immer korrekt, überkorrekt, wie er es noch nie bei einem Menschen erlebt hatte. Vor allem hier nicht, in Palermo, der Stadt, die davon lebte, dass alle Regeln ein wenig gebeugt wurden, dass man um sie herum navigierte und elastisch war. Dass man einander Gefallen tat, wo man allein nicht weiterkam, und auf Beziehungen, Freundschaften und die Familie setzte. Ada war das ein Dorn im Auge, stur hielt sie sich an alle Vorschriften und bat nie jemanden um Hilfe. Ihn störte das sizilianische System auch, Luca glaubte fest daran, dass erst diese Veranlagung der Sizilianer die organisierte Kriminalität in Form der Mafia überhaupt ermöglicht hatte.

Aber er war nicht so radikal wie Ada, die lieber sechs Monate auf einen Arzttermin wartete, statt einen befreundeten Arzt anzurufen.

Umso erstaunlicher die Sache mit dem Tagebuch. Aber jeder hatte seine Schwächen – und bei Ada waren es eben Bücher und Manuskripte.

»Was steht denn drin? Hat sich der Diebstahl gelohnt?«

Luca schenkte Ada den letzten Rest Wein ein.

»Ich habe eine Weile gebraucht, um die Schrift überhaupt entziffern zu können. Und habe immer noch Mühe, sie zu lesen. Sehr weit bin ich nicht gekommen. Eine junge Nonne, die man nach Catania geschickt hat, nachdem eine Affäre mit einem Adligen aufgeflogen ist. Das muss dramatisch gewesen sein. Aber wie gesagt, weit bin ich noch nicht – und zurückgeben wollte ich das Tagebuch auf jeden Fall. Jetzt, nach Madre Benedettas Tod, habe ich ein schlechtes Gewissen und würde es lieber heute als morgen zurückbringen. So gern ich auch wüsste, wie die Geschichte ausgeht. Und wenn du morgen eh im Kloster bist, kannst du es vielleicht unauffällig zurückstellen.«

»Wieso fragst du nicht, ob du es ausleihen kannst? Oder regelmäßig in die Bibliothek gehen darfst? Du hast dich doch mit Suor Carmela gut verstanden?«

»Darüber habe ich auch nachgedacht. Aber das mache ich erst, wenn das Tagebuch wieder dort liegt, wo es hingehört. Dass ich es gestohlen habe, kann ich der Schwester nicht sagen – das ist mir zu peinlich. Luca, ich habe keine Ahnung, was in mich gefahren ist ...«

Sie trank den letzten Schluck Wein und stand dann auf.

»Ich hole es hoch, damit du es morgen nicht vergisst, ja?«

»Und dann? Bleibst du heute Nacht hier?« Einen Moment hielt er die Luft an.

»Ja«, sagte sie.

Der Mond stand als schmale Sichel über den dunklen Kuppeln der Stadt, und in der Luft lag der Geruch von Sommer und Meer.

Die Kelche und Becher schimmerten selbst in dem spärlichen Licht, das durch die schmalen Fenster – auch sie vergittert – in den langen Raum fiel. Gold und Silber, einige mit wertvollen Steinen besetzt.

Dann öffnete Suor Carmela einen hohen Schrank, in dem prächtige Gewänder hingen. Luca sah wertvollen Brokat und kunstvolle Seidenstickereien.

»Viele adlige Damen der Stadt haben nach jeder Ballsaison ihr schönstes Kleid dem Kloster geschenkt. Es wurde in ein Messgewand umgearbeitet und hier verwahrt. Schönste Stoffe aus England und Paris, getragen auf rauschenden Bällen. Man konnte keins zweimal tragen, deshalb fiel es leicht, sie wegzugeben.« Ihre Finger glitten über ein weißes Gewand aus brüchiger Seide.

»Das Hochzeitskleid der Principessa Filangeri. Sie war sehr gläubig und hat es wohl immer bedauert, geheiratet zu haben. Aber als einzige Tochter und Erbin ging das nicht anders, sonst wäre der Familienbesitz ans Kloster gefallen. Alles lange her.« Dann drehte sie sich um und zog eine Schublade auf, in der kleine Schmuckkästchen lagen. Sie nahm eines, auf dem der Name eines bekannten Juweliers prangte.

»Aber bis in die jüngste Zeit hat man dem Kloster Geschenke gemacht.«

Sie öffnete das Kästchen, in dem auf schwarzem Samt ein Ring mit einem großen Smaragd und einer Lünette aus kleinen Brillanten lag. Er funkelte im Licht, das in den Raum fiel.

»Das ist der Verlobungsring von Ettore Spataros Mutter.

Nach ihrem Tod hat er dem Kloster den Ring geschenkt.« Sie drehte den Ring hin und her. »Das ist inzwischen auch schon wieder dreißig Jahre her. Wie die Zeit vergeht ...«

»Ettore Spataro?« Matteo ließ kurz die Kamera sinken. Er hatte bislang schweigend gefilmt.

»Der Arzt. Er war unser Arzt. Der Vater des jungen Mannes, der jetzt kommt. Auch nicht mehr unter uns. Wie so viele ...« Suor Carmela schüttelte den Kopf. »Jung ist sein Sohn natürlich auch nicht mehr. Aber gemessen an unserem Alter ...« Sie legte den Ring wieder in das Schmuckkästchen und schob ihn zurück in die Schublade. Dann ging sie zu einer Kommode, zog mit Mühe deren oberste Schublade auf und nahm ein großes, schweres Buch heraus.

»Hier steht alles verzeichnet, was wir in der Sakristei aufbewahren. Becher und Kelche, Gewänder, Rosenkränze aus Alabaster, Ebenholz, Elfenbein, Gold und Silber, Kruzifixe, Ringe, Ketten, Armbänder, so viele Dinge ...«

»Das sind ja unschätzbare Werte«, sagte Matteo.

»Ja, es ist ein wahrer Schatz«, sagte Suor Carmela stolz. »Ein Schatz – und deshalb war Madre Benedetta erst einmal aufgeregt, als sie gemerkt hat, dass etwas fehlt.«

»Es sind Dinge verschwunden?«

»O ja, es fehlen Dinge, Kelche, ein Kruzifix, eine wertvolle Schnalle mit Smaragden.«

Suor Carmela nickte eifrig. Dabei zitterten ihre Wangen, und die Augen blitzten hinter der dicken Brille. Sie musste beinahe blind sein, dachte Luca. Er hatte noch nie eine solche Brille gesehen, aber vielleicht war das eine, die sie schon sehr lange trug. Heute jedenfalls sah man diese Art von Gläsern, die die Augen vergrößerten, kaum noch. Suor Carmelas Gesicht wirkte dadurch irgendwie verzerrt.

»Aber ... aber ... Sie haben gewusst, dass gestohlen wird und haben nichts unternommen? Die Polizei gerufen?« Matteo runzelte die Stirn.

Die Nonne kicherte. Luca war dieses Kichern schon aufgefallen, es klang wie das eines jungen Mädchens, und Suor Carmela wirkte beinahe kokett, wenn sie so lachte. Sie ging zu dem Tisch, auf den sie die Gewänder gelegt hatte, und strich über die Stoffe.

»Nein. Was sollen wir unternehmen? Auf alle hier, die infrage kämen, sind wir angewiesen. Und die Klostermauern sind nicht mehr unüberwindlich, das wissen wir auch. Manchmal hören wir nachts Geräusche. Was sollten wir tun? Aber Madre Benedetta war klug, sie wusste wie immer einen Ausweg: Sie hat alles dem Diözesanmuseum geschenkt. Die holen das, was übrig ist, in der kommenden Woche ab. Aber psst! Hier haben auch die Mauern Ohren!« Sie legte den Finger vor den runzligen Mund und lachte noch einmal.

Matteo hatte also recht gehabt – nach ihrem Mittagessen, an dessen Ende er still geworden war, als Luca den Gärtner in der Sakristei erwähnte, hatte Matteo mit seiner Mutter gesprochen und ihn dann angerufen: Seine Tante hatte seiner Mutter vor ihrem Tod ihr Leid geklagt, dass in der Sakristei gestohlen wurde, sie aber keine Handhabe dagegen habe. Der Gärtner-Hausmeister? Vielleicht, aber vielleicht hatte er auch nur aufgeräumt. Die Kelche poliert. Für Matteo war er natürlich ein zweiter Verdächtiger. Vielleicht hatte seine Tante ihn vor ihrem Tod auf frischer Tat ertappt. Zufällig, ohne es zu wollen. Und der Gärtner – wie hieß er noch? Antonio? – hatte Angst bekommen und die alte Frau getötet. Jetzt hatte er viel mehr Muße, alles beiseitezuschaffen, was er verkaufen konnte – die anderen beiden Nonnen würden ihn kaum daran hindern können.

Irgendwo im Kloster ertönte eine Glocke, und Suor Carmela raffte ihre Gewänder zusammen.

»Entschuldigt mich einen Augenblick – das wird der Elektriker sein, wir hatten gestern einen Kabelbrand in der Küche.«
Langsam verließ sie den Raum, das Gehen schien ihr schwerzufallen. Matteo nahm sich das große, alte Buch vor, in dem mit sauberer Handschrift jeder Kelch, jedes Schmuckstück, jedes Gewand und jede noch so kleine Gabe verzeichnet war, die dem Kloster geschenkt worden war im Laufe der Jahrhunderte. Der älteste Eintrag war von 1621. Ein elfenbeinerner Kamm.

»Matteo, ich bin sofort wieder da – ich bringe nur schnell Adas Diebesgut zurück in die Bibliothek.«

Matteo hatte sich über das gestohlene Tagebuch genauso amüsiert wie Luca, der ihm auf dem Weg ins Kloster davon erzählt hatte.

Luca verließ den Raum. Er musste an der Dolceria vorbei und durch den Speisesaal gehen. Als sie gekommen waren, hatte er mit Erleichterung festgestellt, dass in der Backstube schon niemand mehr war. So konnte er unbemerkt in die Bibliothek und das Tagebuch an seinen Ort zurückstellen. Ada hatte ihm das hölzerne Buch und seinen Standort in der Bibliothek genau beschrieben. Im Vorbeigehen warf er einen Blick in die Dolceria, deren Tür offen stand. Eigentlich merkwürdig, dass keiner da war – es sah aus, als wäre der Raum überstürzt verlassen worden. Mehl klebte auf der großen Arbeitsfläche in der Mitte, verschiedene Gerätschaften lagen auf dem Boden und ein riesiges Backblech mit verbrannten Marzipanbiscotti stand neben dem Ofen. Pino, der Kater, leckte an einem der Holzlöffel, die auf dem Boden lagen. Als Luca den Kopf in die Dolceria steckte, miaute er kläglich und strich an ihm vorbei aus dem Raum.

Schnell ging Luca weiter durch den langen Gang und öffnete die hohe Holztür, die in die Bibliothek führte. In dem Raum war es stickig, es roch nach Staub, so, als sei schon lange nicht mehr gelüftet worden. Suchend schaute er sich um – da oben musste die Stelle sein, die Ada ihm beschrieben hatte. Er schob eine der langen, dunkelbraunen Holzleitern, die an Gestängen vor den Regalen befestigt waren, an den richtigen Ort und wollte gerade hochklettern, als er ein Geräusch hörte. Er fuhr herum, sah aber niemanden. Die Tür zur Bibliothek hatte er nur angelehnt. Vorsichtig schlich er hin und schaute durch den Spalt: Der lange Gang lag leer vor ihm. Er ärgerte sich über sich selbst, griff nach seiner Tasche mit dem in Leder gebundenen Heft und ging zurück zu der Leiter. Als er hochschaute, sah er, dass Ada recht hatte, an der Stelle war kein Staub, alles war blitzblank. Und da, ein Regal höher, war da nicht auch ein hölzernes Buch? Vielleicht konnte Ada hier noch mehr entdecken. Er musste ihr sagen, dass sie mit Suor Carmela sprechen sollte. Wahrscheinlich würde sich die alte Frau freuen, wenn Ada häufiger ins Kloster käme. Sie war doch so einsam hier. Als er die Schritte hörte und sich umdrehen wollte, war es zu spät: Er spürte einen brennenden Schmerz im Rücken zwischen den Rippen und schrie auf. Dann traf ihn etwas am Kopf, dumpf und schwer, und er verlor das Bewusstsein.

13

Piep, piep, piep, piep. Seit Stunden lauschte Ada dem monotonen Geräusch des Geräts, an das Luca angeschlossen war. Nachdem ihm jemand in der Klosterbibliothek ein Messer in den Rücken gerammt hatte und ihm einen schweren Gegenstand auf den Kopf geschlagen hatte, hatte man Luca in die Notaufnahme des nächstgelegenen Krankenhauses gefahren. Jetzt lag er in einem kleinen Raum auf der Intensivstation, und Ada hatte sehr insistieren müssen, damit man sie zu Luca ließ. Sie hätte sich sicher nicht durchgesetzt, eigentlich durfte nur ein nächster Angehöriger zu bestimmten Zeiten Patienten auf der Intensivstation besuchen, und Luca und sie waren nicht verheiratet und die Besuchszeit längst vorbei. Aber Matteo kannte einen der Oberärzte, ein Cousin zweiten Grades von Isabella, und der hatte die Erlaubnis erteilt. Ausnahmsweise hatte Ada nicht protestiert. Als sie jetzt aus dem Zimmer schaute, dessen Tür offen stand, sah sie, wie ein Bett mit einem weiteren Patienten durch den engen Gang geschoben wurde. Gefolgt von einer ganzen Familie, Mutter, Großmutter und zwei halbwüchsigen Töchtern.

Sie schaute wieder zu Luca. Mit dem Verband um den Kopf und all den Schläuchen, die ihn mit den Apparaten verbanden, sah er schlimm aus. Er war noch nicht wieder bei Bewusstsein. Es hatte eine Zeit gedauert, bis Matteo ihn gefunden hatte – in dem weitläufigen Kloster hatte er keinen Schrei gehört, sich nur irgendwann gewundert, wo Luca blieb, und hatte ihn gesucht.

Er hatte ohnmächtig und blutüberströmt in der Bibliothek gelegen, und Ada wurde schwindelig, wenn sie sich den Anblick vorstellte. Es hatte eine Weile gedauert, bis sich ein Krankenwagen durch die engen Gässchen bis zu einem der Hintereingänge des Klosters geschoben hatte. Matteo konnte schwer abschätzen, wie viel Zeit vergangen war, aber bestimmt fast eine Stunde, bis Luca medizinisch versorgt wurde. Er hatte viel Blut verloren, und auch wenn die Verletzung nicht lebensbedrohlich war, hatte der Arzt entschieden, ihn auf die Intensivstation zu legen und zu beobachten, bis seine Lage stabil war.

Ada hatte ein furchtbar schlechtes Gewissen. Hätte sie Luca nicht das Tagebuch gegeben, damit er es in die Bibliothek zurückbrachte, wäre das nicht passiert. Wäre er bei Matteo geblieben, dann wären sie zu zweit gewesen und hätten sich wehren können. Gegen wen auch immer, der dort im Kloster mit einem Messer herumlief. Hatte es etwas mit dem Tagebuch zu tun? Kaum vorstellbar. Vielleicht hatte Matteo doch recht mit der Vermutung, seine Tante sei umgebracht worden. Und der Täter hatte mit dem Mord an ihr sein Ziel noch nicht erreicht. Aber wieso sollte ausgerechnet Luca das nächste Opfer sein? Zufall? Oder störte es jemanden, dass die beiden weiter im Kloster drehten? Ada spürte, wie ihre Gedanken zu kreisen begannen. Es ergab alles einfach keinen Sinn.

Luca drehte den Kopf zur Seite und atmete schwer. Das Gerät piepste lauter, und Ada drückte auf den Knopf, mit dem sie die Schwester rufen konnte. Die beruhigte sie.

»Er wird jetzt gleich wach, machen Sie sich keine Sorgen. Es sieht alles gut aus. Ich hole den Arzt.«

Vorsichtig streichelte Ada Lucas Hand. Er musste sich von dem Kloster fernhalten, die Polizei würde übernehmen, und Matteo sollte sich gefälligst raushalten. Sie war entschlossen, Luca notfalls vorzuschlagen, zwei Wochen früher als geplant nach Villabianca zu fahren, damit er die Sache auf sich beruhen ließ.

Sowohl im Krankenhaus als auch zu Hause hatte schon einer von der Polizei gestanden – ein kleiner Kommissar, der unbedingt mit ihr sprechen wollte und sich sehr wichtig nahm. Nur mit Mühe hatten die Schwestern ihn von Luca fernhalten können. Ob der etwas herausfinden würde? Sie hatte ihre Zweifel, aber vielleicht ermittelte er nicht allein. Bildete man in solchen Fällen nicht eine Kommission? Ein Team von Ermittlern? Wie dem auch sei, Luca musste aufhören, den Hobbydetektiv zu spielen. Das hatte er schon zweimal gemacht, und jedes Mal hatte er sich in ernsthafte Schwierigkeiten gebracht. Sie würde mit Matteo sprechen. Oder noch besser – mit Isabella. Matteos Frau war pragmatisch und vernünftig. Und sie war die Einzige, die Einfluss auf ihren Mann hatte. Sie seufzte. Der Commissario hatte sie nach Feinden gefragt, danach, was Luca in dem Kloster gemacht hatte, nach seiner »Verbindung« zu den Nonnen. Er hatte sich viele Notizen gemacht, sie immer wieder prüfend angesehen, als hätte sie selbst mit dem Messer auf Luca eingestochen und abschließend wirklich wissen wollen, wo sie zum Tatzeitpunkt gewesen war. Am Schreibtisch. Zeugen? Simenon. Und nein, Signor Simenon konnte das nicht bestätigen ...

Ihr Blick fiel auf Lucas Tasche, die am Fuß des Bettes lehnte. Matteo hatte sie aus dem Kloster mitgenommen, als sie ins Krankenhaus gefahren waren. Ada öffnete sie. Das in Leder gebundene Tagebuch lag immer noch darin. Vorsichtig nahm sie es heraus und steckte es in ihre eigene Tasche.

14

Palermo, Kloster der heiligen Caterina, Piazza Caterina,
Oktober 1836

Lili öffnete den großen Schrank, in dem in der Dolceria die Backformen aufbewahrt wurden. Vorsichtig nahm sie die heraus, die sie für das Marzipankonfekt verwendeten, das zum Fest der Toten gebacken wurde: Früchte aller Art, Feigen, Kastanien, Aprikosen, Birnen, Kirschen, Trauben, Orangen und Zitronen. Die größeren Formen für die Osterlämmer, für die *panini* der Santa Caterina und das Herz Jesu zu Weihnachten ließ sie im Schrank.

Seit drei Uhr in der Frühe war der große Ofen in der Dolceria in Betrieb. Die Laienschwestern hatten noch vor dem Morgengebet das Feuer entzündet und es geschürt, damit die Glut gleichmäßig schwelte. Dann hatten sie viele Kilo Mandeln mit kochendem Wasser übergossen, um sie zu schälen, und sie dann gemahlen, eine harte und langwierige Arbeit. Währenddessen schmolz in einem riesigen Kessel der Zucker. Als sie um zehn Uhr in die Dolceria gegangen war, um zu sehen, wie weit die fünfzehn Frauen waren, waren die Mandeln noch immer nicht fein genug gemahlen. Ließ man sie zu grob, dann wurde die Marzipanmasse körnig und wenig geschmeidig und die Früchte zerbröckelten bald. Drei der Mädchen hatten Schwielen an den Händen, einer standen Tränen in den Augen. Stumm hatte Lili ihr ein Zeichen gegeben, einen Moment in den Innenhof zu gehen, und löste sie ab.

Im Kloster herrschte das Schweigegebot. Aber wie alle Regeln galt auch diese nicht für jede gleichermaßen. Das hatte

Lili bald nach ihrer Ankunft hier begriffen. Sie stand unter dem direkten Schutz der Äbtissin und hatte mehr Freiheiten als zu Hause, wenn sie es recht betrachtete. Sie durfte jederzeit in den Parlatoio – den Gesprächsraum der Äbtissin – gehen, wo sie täglich zwei ältere Schwestern in Latein, Griechisch und in Astronomie unterrichteten. Suor Maria Consolata hatte ein Teleskop, das mindestens so gut war wie das ihres Vaters. Und mit der Zeit stellte Lili fest, dass die Schwester sich sogar besser mit den Sternen auskannte als ihr Vater, die neusten Publikationen zur Astronomie aus London und Paris bestellte und so viel Zeit, wie sie wollte, mit ihrer Wissenschaft verbringen konnte. Lili hatte man gleich eine eigene Zelle zugewiesen, obwohl viele der *educande* – wie die neu im Kloster aufgenommenen Mädchen im Kloster hießen, bevor sie nach einer kleinen Zeremonie zu Novizinnen wurden – in Schlafsälen schliefen.

Sie musste sich zwar auch an die Gebets- und Messzeiten halten, aber das war schon die einzige Regel, die für sie galt. Ansonsten erhielt sie Unterricht und durfte schon bald in der Dolceria mithelfen. Allerdings war sie von den einfachen, harten Arbeiten befreit, und ihr taten die Mädchen, die dafür vorgesehen waren, leid – meistens Waisenmädchen oder Laienschwestern aus einfachen Verhältnissen, die man aus Barmherzigkeit aufgenommen hatte, die in eigenen Refektorien aßen und für die das Schweige- und Klausurgebot uneingeschränkt galt. Lili selbst hingegen durfte den Nonnen, die die geheimen Rezepte kannten, zuschauen, und man ließ sie sich an den Marzipanfrüchten zum Fest der Toten und am Osterlamm zu Ostern ausprobieren. Lili hatte geschickte Finger – so schlecht sie im Sticken gewesen war, so gut konnte sie auch ohne die hölzerne Form eine Birne oder einen Pfirsich aus Marzipanmasse nachbilden oder dem Osterlamm unendlich viele kleine Locken auf den Leib zeichnen. Mit kandierten Früchten, die sie winzig klein oder in Stern- oder Kreuzform schnitt, und mit Pistazien verzierte sie die berühmte Torte, den *trionfo di gola* schöner und prächtiger, als es die Nonnen bislang kannten. Lili liebte den Duft, der durch die Dolceria zog, wenn das Backwerk in den Ofen geschoben wurde, sie liebte die eleganten, schönen Tabletts, auf denen die besten Stücke angerichtet und dann in Seidenpapier eingeschlagen wurden. Es waren Kunstwerke, und nur Auserwählte kamen in ihren Genuss. Die Äbtissin, Madre Angelica, entschied mit strengem Blick, was für wen bestimmt war. Und die schönsten Tabletts bekam immer Principe Moncada – der einzige Mann, dem es erlaubt war, das Kloster regelmäßig zu besuchen, wenn auch nur den Parlatoio der Äbtissin, gemeinsam mit seinem Erben, dem erstgeborenen Sohn. Einer seiner Vorfahren hatte das Kloster gegründet, und es war sein Privileg, die Nonnen besuchen zu dürfen, auch weil er das Kloster immer noch großzügig unterstützte.

Der einzige andere Mann, der im Kloster ein und aus ging, war ein Priester, um den Schwestern die Beichte abzunehmen. Ursprünglich hatte es einen ganz alten und einen ganz jungen gegeben – aber der junge kam seit einigen Wochen nicht mehr. Es hieß, er sei mit einer der jungen Nonnen aus adligem Haus in ihrer Zelle erwischt worden. Und Lili erinnerte sich, dass er bei der Beichte immer wieder gefragt hatte, ob sie sich der Sünde des Fleisches schuldig gemacht hatte. Sie hatte verneint, obwohl sie immer noch an Piero dachte. Oder nicht mehr an Piero selbst, aber an das Gefühl in ihrem Bauch, die Hitze, die in ihr aufgestiegen war, wenn er sie umarmte, wenn sie spürte, wie er sich an sie drängte. Sie wusste, dass das Sünde war, es war das Schlimmste überhaupt. Das Fleisch, der Körper, man wurde dazu angehalten, sich nicht anzufassen und so zu tun, als existiere er nicht. Man zeigte ihr, wie sie sich das Nachthemd anzog, ohne sich nackt zu sehen. Wie sie sich wusch, ohne sich ganz auszuziehen. Die Waschbecken selbst der schönsten Zellen, so wie sie eine hatte, waren draußen auf dem Gang, damit man sich vor aller Augen und nicht versteckt wusch.

Aber Lili wusste, dass die Körper trotzdem existierten. Es gab sie, und sie hatten Sehnsüchte und Wünsche, sosehr man auch betete und Buße tat. Der junge Priester hatte einen gehabt und hatte sich nach ihren gesehnt. Seine dunklen Augen hatten fiebrig geglänzt. Und mehr als einmal hatte sie Mädchen und junge Frauen gesehen, die sich aneinanderdrängten, so wie sie sich an Piero gedrängt hatte.

Sie ging zu dem großen Kessel, in dem der Zucker geschmolzen worden war, und kratzte mit dem Finger einen Rest ab, der am Rand klebte.

Es war immer ein kritischer Moment, wenn der flüssige Zucker mit den gemahlenen Mandeln vermischt wurde und die Marzipanmasse entstand: Erst dann zeigte sich, ob die Mandeln wirklich fein genug gemahlen waren und der Zucker die richtige Temperatur hatte. Mit großen Holzlöffeln wurde dann gerührt, bis die Masse geschmeidig und alles gleichmäßig vermischt war. Dann wurde sie auf ein riesiges hölzernes Backbrett gegossen, um abzukühlen. Inzwischen war es Nachmittag geworden, bereits gegen vier Uhr. Um sechs wurde die Messe gelesen, bis dahin wollte sie wenigstens die ersten Früchte geformt haben. Die Laienschwestern und die Waisenmädchen waren bereits aus der Dolceria verschwunden, neben ihr standen jetzt Suor Anna und Suor Maria Maddalena, die in der Dolceria das Sagen hatten und diejenigen auswählten, denen die geheimen Rezepte anvertraut wurden. Drei weitere Novizinnen, die so wie Lili zu den Auserwählten gehörten, durften sich an den Marzipanfrüchten versuchen.

Lili begann mit einer Kastanie. Die war einfach, es gab eine hölzerne Form, und man musste, wenn man das Marzipan aus der Form löste, nur die Rillen in den Schalen der Kastanie nachziehen, damit sie echt aussah. Es folgten ein Pfirsich, eine Orange, zwei Zitronen und schließlich eine Rebe von Trauben. Dafür gab es zwar auch eine Form, aber die Marzipanmasse ließ sich nie sauber herauslösen, und man musste nachbessern. Lili liebte das. Mit kleinen Holzstäbchen brachte sie die Trauben der Rebe in Form. Es dauerte, und sie erwachte wie aus einer Trance, als Suor Anna nach ihr rief – es war Zeit für die Messe. Zufrieden betrachtete sie ihre Rebe, wusch sich die Hände und folgte den anderen in die Kirche. Das große Kirchenschiff mit den bunten Marmorplatten betrat sie nur noch selten. Bei einem Gottesdienst so wie jetzt kniete sie mit den anderen Nonnen hinter eng vergitterten Fenstern auf einer Art Empore, von der sie hinunterblicken konnten, aber vor Blicken aus dem Kirchenschiff geschützt waren. Die Gitter waren Teil ihres Lebens geworden – die in der Kirche und dann die Gitter hinaus in die Stadt, auf den Cassaro, die Hauptachse Palermos. Nicht nur zu den großen Prozessionen an Ostern und zum Fest der heiligen Rosalia, der Schutzheiligen der Stadt, drängten sich die Nonnen an die Gitter, um einen Blick auf die Außenwelt zu erhaschen. Auch hier gab es eigentlich Regeln, die aber nicht eingehalten wurden. Lili hatte schon gesehen, dass immer wieder einmal eine Nonne, wenn sie sich unbemerkt wähnte, einen Zettel durch die Gitter nach draußen schob.

Lili kniete auf der harten Holzbank hinter den Gittern und war in ihre eigenen Gedanken versunken. Auf die Gebete und Gottesdienste achtete sie schon lange nicht mehr, die Liturgie war immer gleich. Es war eine Zeit, in der sie ungestört nachdenken konnte, und das nutzte sie. In wenigen Wochen, zum Fest der heiligen Caterina, würde sie als Nonne ins Kloster aufgenommen werden. Ihre Eltern bereiteten eine große Feier vor, sie würde ein weißes Kleid tragen, das dem Hochzeitskleid ihrer Schwester Lucia kaum nachstand. Man würde im Parlatoio von Madre Angelica empfangen und draußen auf der Straße für die Armen ein Buffet aufbauen. Dieses Fest war als Abschied von der Welt gedacht und der endgültige Weg in die Klausur. Aber Lili wusste schon, dass auch das für sie nicht galt. Das Kloster lebte zwar nach den Klausurregeln der Dominikanerinnen, aber vor Hunderten von Jahren war ihm ein päpstliches Privileg gewährt worden, dass die Nonnen viermal pro Jahr das Kloster verlassen und aufs Land fahren durften. Der Orden besaß Ländereien und Häuser im Süden Siziliens, bei Palma di Montechiaro, im Landesinneren nahe Palermo im Bosco della Ficuzza und sogar eine Villa nahe Messina. Natürlich durften nicht alle Nonnen mitreisen, aber Madre Angelica machte von den vier Terminen ausgiebig Gebrauch. Und ihr Vater hatte Lili versprochen, dass er sie nach Bagheria holen würde während der Sommermonate.

Es gab Regeln, ja. Aber dann gab es die Ausnahmen, die Sonderregelungen, päpstliche Privilegien, Verbindungen zu adligen Häusern und die Tatsache, dass vor Gott doch nicht alle gleich waren. Sie wusste, dass das nicht recht war. Egal, ob man an Gottvater, Jesus und die heilige Caterina glaubte oder nicht.

So aß Lili mit einer kleinen Gruppe von Nonnen – an der Spitze die Äbtissin – in dem großen Refektorium. Die Kost war nicht luxuriös, aber abwechslungsreich. Und man hatte ihr ihr langes, blondes Haar gelassen, sie musste es nur gut unter der Haube verstecken, es sollte nicht hervorschauen. Sie selbst hatte es auf Schulterlänge gekürzt, weil es sonst schwer zu bändigen und zu befestigen war. Den Waisenmädchen wurden hingegen schon als Novizinnen die Haare geschoren, sie bekamen ein einfaches Essen in großen Speisesälen, Fleisch nur einmal pro Woche.

Agnese war ein solches Waisenmädchen – so alt wie sie.

Dunkle Augen, schwarze, dichte Augenbrauen, ein wütender Blick. Sie hatte erst mit Lili nichts zu tun haben wollen. Dann hatte sie sich an dem Backofen das Handgelenk verbrannt, als sie eins der riesigen Bleche mit *biscotti* hineingeschoben hatte. Sie hatte sich auf die Zunge gebissen, aber Lili hatte gesehen, dass der Schmerz stark sein musste. Sie hatte Salben und eine Kräutertinktur besorgt und das Mädchen ausfindig gemacht, das in einem der größten Schlafsäle untergebracht war. Als sie hineingegangen war, hatten die Mädchen zu tuscheln begonnen, aber Lili hatte sich nicht beirren lassen und Agnese schließlich gefunden. Die Wunde an ihrem Handgelenk war rot, eitrig und nässte. Sie hatte sie versorgt, obwohl Agnese versucht hatte, sie abzuwehren. Es hatte gedauert, aber dann hatten sie sich ein wenig angefreundet. Heimlich nur, denn Agnese musste schweigen. Für sie gab es keine Ausnahmen, immer waren ältere Nonnen da, die die Mädchen bewachten und hart bestraften, wenn sie sich nicht an die Ordensregeln hielten.

In der Dolceria, wenn Agnese Mandeln mahlte oder Eier aufschlug und verquirlte, fanden sie Zeit, ein paar Worte miteinander zu wechseln. Lili mochte das wilde, wütende Mädchen, das so alt war wie sie und von ihrer Mutter nach dem Tod des Vaters ins Kloster geschickt worden war. Ohne Geld, als Halbwaise. Agnese sann Tag und Nacht auf Flucht, und als sie irgendwann anfing, Lili zu vertrauen, sprach sie von nichts anderem. Aber wohin? Wohin fliehen? Denn zu ihrer Familie konnte sie nicht mehr zurückkehren, das wusste sie.

Die Messe war zu Ende, Lili schlug das Kreuz wie alle anderen auch und folgte den Nonnen ins Refektorium. Nach dem Essen würde sie noch einmal in die Dolceria gehen und weiterarbeiten. Sie liebte es, stundenlang Marzipanfrüchte zu formen und sie schließlich mit Farbe bunt anzumalen. Zum Schluss wurden sie mit Gummiarabikum zum Leuchten gebracht – wieder eine Arbeit, die den einfachen Helferinnen oblag. Als sie spätabends in ihrem schmalen Bett lag, schlief sie vor Erschöpfung sofort ein.

Am nächsten Tag lobten nicht nur Schwester Anna und Schwester Maria Maddalena ihre Marzipanfrüchte, auch die Äbtissin kam zu ihr und sagte ihr, wie außergewöhnlich ihr Gebäck sei. Sie werde alle ihre Früchte dem Principe Moncada schicken – es seien die schönsten, die sie je gesehen habe. Lili wurde rot vor Freude, wählte selbst die schönsten Früchte aus, arrangierte sie auf einem silbernen Tablett und schlug sie dann in schweres Seidenpapier ein. Dann brachte sie ihr Werk zu Madre Angelica, die in ihrem Parlatoio auf sie wartete. Principe Moncada wurde später erwartet, und Lili sah, dass die Äbtissin aufgeregt war. Sie hatte rote Flecken am Hals, und als sie ihr über die Wange strich, spürte sie, dass die Hände der anderen heiß und feucht waren. Sie lächelte Lili flüchtig an, nahm ihr das Tablett ab, dankte ihr und schickte sie dann weg.

»Der Principe muss jeden Augenblick da sein, geh, mein Kind, dass er dich nicht sieht. Das schickt sich nicht«, sagte sie. Lili roch einen ihr unbekannten Duft. Auf dem Tisch war für zwei eingedeckt, aber bevor sie eine Frage stellen konnte, hatte Madre Angelica sie aus der Tür geschoben.

15

Palermo, Fest der heiligen Caterina, November 1836

Es fehlten nur noch wenige Tage bis zu Lilis Profess, und sie wurde immer unruhiger. Madre Angelica hatte ihre Nervosität bemerkt und die dunklen Augenringe gesehen, nachdem Lili nachts kaum mehr in den Schlaf fand, sich unruhig hin und her wälzte oder von Albträumen geplagt wurde. Nur in der Dolceria fand Lili zu einer vorübergehenden Ruhe; fast jeden Tag verbrachte sie dort so viel Zeit wie möglich und ließ sich von Suor Anna und Suor Maria Maddalena immer wieder etwas Neues zeigen. Aber sie hatte auch viel anderes zu tun – neben der Organisation des Fests, der Vorbereitung ihrer Kleider, Unterkleider und Wäsche, nahmen die Novizenmeisterin und der alte Pater ihre bevorstehende Profess sehr ernst und riefen sie ständig zum Gebet und zur Beichte.

Sooft sie konnte, traf sie sich heimlich mit Agnese. Im Garten oder in einem der weitläufigen Vorratsräume hinter der Küche. Dort schüttete Lili der Freundin ihr Herz aus.

»Wenn du kannst und wenn sie dich lassen, dann hau ab von hier!«, sagte Agnese düster zu ihr.

»Aber meine Mutter will mich zu Hause nicht haben. Sie würde das nie erlauben. Und heiraten kann ich auch nicht. Wo soll ich hin?«

»Wieso kannst du nicht heiraten? Du bist adlig, du bist wunderschön, Lili, schau dich doch an!«

»Ach, Agnese, du hast keine Ahnung...« Lili seufzte.

»Wenn du adlig bist, dann ist eine Heirat wie ein Pferdehandel. Und ich mit meinem Fuß bin auf dem Pferdemarkt nicht viel wert, ein lahmer Gaul. Meine Eltern müssten eine Menge bezahlen, und das wollen sie nicht, denn das Erbe soll möglichst intakt an Ottavio gehen. Lucia bekommt eine gute Mitgift, und mir bezahlen sie das Kloster. Mehr nicht.«

Agnese schaute sie erstaunt an.

»So ist das bei euch?«

»Ja, so ist das bei uns. Mein Papà hat Madre Angelica heimlich so viel bezahlt, dass ich offensichtlich alle Freiheiten habe. Hier hat alles seinen Preis. Und wenn du nicht bezahlst, dann musst du beten und büßen.«

Agnese lachte. Es klang bitter. »So wie ich. Barmherzigkeit für die Waisen der Stadt! Wie Sklaven werden wir gehalten, und meine Mutter durfte mich nicht einmal besuchen, weil sie schwanger war und die Frucht des Teufels trug, wie sie mir gesagt haben.«

»Die Frucht des Teufels?«

»Nach dem Tod meines Vaters wusste Mamma nicht ein noch aus. Sechs Kinder, wie sollte sie die ernähren? Am Anfang waren wir noch zu fünft, da hat sie es noch versucht, hat jede Arbeit angenommen, und mein Bruder hat auch geholfen. Er ist vierzehn wie ich, wir sind Zwillinge. Doch weil sie sich nur um uns gekümmert hat, konnte sie sich nicht nach einem neuen Mann umschauen. Und Lili, in einem kleinen Borgo wie Acqua Santa, wo ich herkomme, haben die Männer das Sagen. Du gehörst zu einer Familie, und wenn einer der Männer stirbt, musst du schnell wieder heiraten, bevor die Brüder, Cousins oder wer auch immer deines Mannes sich nehmen, was sie wollen.

Der älteste Bruder meines Vaters, Alfredo, ist seit dessen Tod immer häufiger abends zu uns gekommen – er wollte uns helfen, hat er gesagt. Aber er hat Mamma komisch angeschaut, und sie wollte ihn nicht sehen. Dann hat er sie in eine Ecke des Zimmers gedrängt und die Hose geöffnet. Dass wir geschrien haben, hat ihn nicht interessiert. Niemand hat sich dafür interessiert, was passiert ist.

Dann ist er nicht mehr gekommen, und es ging nicht mehr daheim, und Mamma musste mich und meine drei jüngeren Schwestern in verschiedene Klöster geben. Am Anfang durfte sie mich noch ab und zu besuchen. Irgendwann sah man den Bauch. Da hat man sie weggeschickt.«

Lili verstand nicht alles und wollte gerade nachfragen, als sie die Stimme einer der älteren Nonnen hörte, die nach ihr rief. Sie legte den Zeigefinger auf die Lippen und gab Agnese dann ein Zeichen zu warten. Schnell lief sie der Schwester entgegen und lenkte sie ab, sodass Agnese sich unbemerkt aus dem Vorratskeller schleichen konnte. Lili wusste, dass man der Freundin ein solches Treffen nicht durchgehen lassen würde.

Nachts lag sie wach und dachte über Agneses Geschichte nach. Der Onkel hatte die Hose geöffnet? Ihr fiel ein, wie sie sich an Piero geschmiegt hatte, und Hitze stieg in ihr auf.

Was immer passiert war, es war nicht recht, dass Agneses Mutter so behandelt wurde. Und es war ebenfalls nicht recht, dass man sie selbst anders behandelte als Mädchen wie Agnese. Wenn die Klosterregeln Gottes Regeln waren, mussten sie von allen eingehalten werden, nicht nur von den Waisen und Armen.

Drei Tage vor ihrer Profess bat Madre Angelica sie in ihr Zimmer. Sie lächelte ihr freundlichstes Lächeln, ihr schmales Gesicht mit den großen Augen sah wirklich wie das eines Engels aus. Oder fast – wenn da nicht das etwas zu kräftige Kinn gewesen wäre und der harte Zug um den Mund, der sich jederzeit zeigen konnte, wie Lili wusste.

»Mein Kind, es sind schwere Tage für dich. Ich weiß, wie ich selbst gerungen und gesucht habe – ist es die richtige Entscheidung? Ein Leben, das Gott geweiht ist, als Braut Christi ...«

Lili war enttäuscht. Fing Madre Angelica auch so an? Sie kam sich betrogen vor, und Tränen traten ihr in die Augen. Unter Schluchzen brach alles aus ihr heraus – die Ungerechtigkeiten im Kloster, dass sie selbst diesen Weg nicht gewählt hatte, sondern dass man für sie entschieden hatte, dass es ihr zwar gut ging, sie sich aber trotzdem eingesperrt fühlte.

Madre Angelica trat zu ihr und legte ihr den Arm um die Schultern. Sie wiegte sie, bis sie sich beruhigt hatte, und gab ihr ein Glas von dem süßen Wein, von dem Lili wusste, dass sie ihn nur zu besonderen Gelegenheiten ausschenkte.

Dann schaute sie Lili an und begann zu sprechen. Nicht von Gottes Regeln und Bräuten Christi. Sie sprach über den Aberglauben und darüber, wie man Frauen behandelte. Sie redete über Agneses Mutter und ihr Schicksal, aber auch darüber, was einer Frau aus adligem Haus passieren konnte, wenn sie mit dem falschen Mann verheiratet wurde. Sie sprach von Schwangerschaften und Geburten, vom Kindbettfieber, von den Krankheiten in den Palazzi und den Stadtvierteln, in denen zu viele Menschen auf zu engem Raum vegetierten.

»Lili, als Frau bist du nichts. Andere entscheiden für dich, Väter, Brüder, Ehemänner. Du bist so viel wert wie deine Aussteuer. Und sieh dich an – du hast eine kleine Unregelmäßigkeit, einen steifen Fuß. Selbst deine Mutter, eine kluge Frau, glaubt an ein Zeichen des Teufels, an den bösen Blick. Du hättest keine Möglichkeiten gehabt, schon gar nicht als zweite Tochter. Und selbst wenn – sie hätten dich wie Vieh auf dem Markt präsentiert, auf einem der großen Bälle wärst du vorgeführt und verkauft worden. Endgültig. Das Leben, das wir hier führen – und ich sage *wir*, denn es gilt nicht für alle gleichermaßen, wie du schon erfahren hast –, ist das bestmögliche, das einer Frau passieren kann. Dein Vater hat vorgesorgt, du wirst hier immer alle Freiheiten haben. Ein Käfig? Du darfst das Kloster regelmäßig verlassen, du kannst lernen und studieren, du kannst backen. Unsere Fenster sind vergittert, aber sie bieten dir die besten Einblicke in das Leben der Stadt. Und in diesem Zimmer gehen die interessantesten Menschen ein und aus.«

Lili starrte Madre Angelica mit offenem Mund an.

»Ja, ich glaube an Gott. Aber ich glaube nicht daran, dass er die Hälfte der Menschheit zu Sklaven der anderen Hälfte machen wollte. Darum gibt es für uns die Klöster.« Sie lachte leise und sah aus wie ein junges Mädchen. Dann wurden ihre Züge hart.

»Lili. Du bist ein kluges Mädchen. Denk über das nach, was ich dir gesagt habe. Mach dir einen Reim darauf. Ich werde nie wieder so mit dir sprechen. Und wenn du dir Freundinnen suchst, dann die richtigen. Agnese ist ein liebes Mädchen, aber sie ist verloren. Du kannst ihr nicht helfen. Hörst du?«

Während drei Tage später die adlige Gesellschaft Palermos Lilis Profess beiwohnte und die prachtvolle Kirche im Glanz von Hunderten von Kerzen erstrahlte, fand Agnese endlich die Fluchtmöglichkeit, auf die sie seit Monaten gewartet hatte: In der Dolceria und der Küche waren Dutzende Schwestern, Laienschwestern und Novizinnen damit beschäftigt, das Buffet sowohl für die Gäste als auch für das Volk vorzubereiten, dem man auf einem großen Tisch vor dem Kloster Caterina-Brötchen und Wein reichte. An einen Hinterausgang des Vorratskellers wurden große Eisblöcke geliefert, um Mandel- und Limonengranita für die adligen Gäste zuzubereiten, die in Madre Angelicas Parlatorio bewirtet werden sollten. Agnese nutzte das Durcheinander aus hin und her laufenden Laienschwestern und den Schreien der Männer, die die schweren Blöcke auf den

Schultern trugen, um zu entwischen. Sie trug ein graues Untergewand und eine Hose, die einer der Gehilfen des Gärtners vor ein paar Monaten im Klostergarten vergessen hatte. Ihr Haar war so weit gewachsen, dass es als Frisur eines Jungen durchgehen konnte. Keiner bemerkte sie.

Im Schutz der Dunkelheit lief sie nach Acqua Santa, gab ihrer Mutter eine Kette mit einem goldenen Kreuz, die Lili ihr geschenkt hatte, verabschiedete sich von ihr und schloss sich einer Gauklertruppe an, die sie seit Tagen durch die vergitterten Fenster des Klosters beobachtet hatte: Mit der grauen Kutte und der Hose blieb sie als Junge verkleidet und zeigte großes Geschick darin, mit einer Vielzahl bunter Bälle zu jonglieren. Manchmal dachte sie mit Wehmut an Lili, so wie sie voller Sehnsucht an ihre Mutter und die kleinen Schwestern dachte. Aber mit den Jahren verblasste die Erinnerung, und es blieben die staubigen Straßen, die kleinen Dörfer im Landesinneren und die übervölkerten Viertel der Städte, wo man ihnen zujubelte. Die Armut roch überall gleich, und Agnese liebte die Freiheit der Straßen, der von der Sonne verbrannten Felder und des Meeres, das ihnen überall begegnete. Sie war glücklich.

Lili erlebte ihre Profess wie in Trance. Seit zwei Jahren hatte sie die Kirche nicht mehr betreten, wenn sie so mit Menschen gefüllt war, hatte nur von oben durch vergitterte Fenster hinabgeschaut. Nun schritt sie durch das mächtige Kirchenschiff, und alle Blicke ruhten auf ihr. Ihr Kleid glich tatsächlich dem einer Braut, es war weiß und aus schwerer Seide, hochgeschlossen und am Hals mit einem Spitzenkragen verziert. Nur auf dem Kopf trug sie eine weiße Haube, die jedoch so fein war, dass sie einem Schleier glich. Das blonde Haar hatte eine der Schwestern, die ihr beim Anziehen geholfen hatte, sorgsam darunter verstaut, aber bald schon lösten sich einzelne Strähnen und schauten darunter hervor. Sie sah ihre Familie in einer der vorderen Reihen sitzen: die Mutter mit zufriedenem Gesichtsausdruck, neben sich den kleinen Ottavio, der ihr zuwinkte, bis die Mutter sich zu ihm beugte und ihm etwas ins Ohr flüsterte, Lucia – hochschwanger und mit einer Miene, die sie nicht zu deuten wusste –, daneben der Principe, den sie vor einem Jahr geheiratet hatte. Dann ihr Vater, der sie sehnsüchtig und glücklich zugleich anschaute. Die anderen Gesichter nahm sie nicht wahr, aber sie wusste, dass alle Onkel und Tanten, Cousins und Cousinen der Familien Gran Torre und Platamone da waren, außerdem der Principe di Partanna und der Marchese di Malvagna, die dem Kloster eng verbunden waren, die ersten Adelsfamilien der Stadt, Priester, kirchliche Würdenträger und die Äbtissin des Klosters Montevergini.

Während der endlosen Zeremonie dachte sie an Madre Angelicas Worte. Das Leben hier war die beste Möglichkeit für sie, und sie würde lernen, ihre Freiheiten zu schätzen – den Unterricht und die Zeit in der Dolceria. Neben Agnese hatte sie sich auch mit einer anderen Schwester angefreundet, die ein paar Jahre älter war als sie und die Kräuter im Garten pflegte. Lili liebte die Tätigkeit draußen, liebte es, die warme Erde zwischen den Fingern zu spüren, junge Triebe zu beobachten, die sich der Sonne entgegenstreckten.

Daran dachte sie, als der Priester ihr die Hostie reichte, als sie auf dem Boden kniete und schließlich lag, um ihre Gelübde abzulegen, und als sie gesegnet wurde. Sie dachte auch daran, als sie durch einen Seitengang die Kirche verließ und eine Treppe hinaufstieg, die sie zu der Empore brachte, auf der die Nonnen – nicht mehr die Novizinnen – hinter Gittern saßen und wo sie gemeinsam mit ihnen den Abschluss der Messe feierte. Ein Symbol ihres Abschieds von der Welt und Beginn eines Lebens in Klausur und Schweigen. Einen Augenblick lang wurde ihr doch das Herz schwer, aber als sie nach Ende des Gottesdienstes Madre Angelicas festlich geschmückten Empfangssaal betrat, waren die Gedanken und Sorgen wie weggeblasen: Alle Kerzen in den hohen Leuchtern waren entzündet, und das Zimmer war so wie die Kirche mit weißen Blumen geschmückt. Auf langen Tafeln waren Dolci dekoriert, ein üppiges Buffet, das sie an das erinnerte, von dem Lucia erzählt hatte, als sie von ihrem ersten Ball zurückgekehrt war: leuchtend bunte Marzipanfrüchte, natürlich Caterinen-Brötchen, große, mit schwerer Ricottacreme gefüllte *cannoli*, Berge glänzend weißer Sahne in großen Schüsseln, zwei mächtige Tortenplatten mit der berühmten Torte des Klosters, dem *trionfo di gola*, über und über mit kandierten Früchten und grünen Pistazien von den Hängen des Ätna belegt.

Es wurde Süßwein serviert, und Lili sah, dass die Gäste von der Pracht der Dolci überwältigt waren. Die ganze Stadt sprach über das, was in der Dolceria des Klosters der heiligen Caterina gebacken wurde. Aber nachdem normalerweise nur wenige Auserwählte in den Genuss der Leckereien kamen, war Lilis Profess für viele eine besondere Gelegenheit, um endlich selbst zu kosten, wovon so viel gesprochen wurde.

Jetzt, wo die trüben Gedanken vergangen waren, musste Lili ein Kichern zurückhalten, dass ihr dramatischer Abschied von der Welt, der soeben in der Kirche stattgefunden hatte, sie nun als Allererstes mitten in die beste Gesellschaft der Stadt führte, wo man ihr gratulierte, sie unter Tränen umarmte (ihre Mutter), ihre Wange tätschelte und ihr sagte, wie hübsch sie aussehe (sämtliche Onkel und Tanten) und sich vor ihr verneigte – Principe Moncada. Der Principe, ein ungewöhnlich großer, stattlicher Mann mit kantigen Zügen, leuchtend blauen Augen und für sein jugendliches Aussehen überraschend schneeweißen Haaren und einem ebenso weißen Schnurrbart, schaute sie nach der Verbeugung durchdringend an und sagte dann, er freue sich über ihre Berufung und Entscheidung und wisse, dass sie unter Madre Angelicas Anleitung ein gottgefälliges Leben an diesem so gesegneten Ort verbringen werde.

Lili wurde rot, um sie herum war es still geworden, und sie wusste nicht, was sie tun sollte – sich auch verneigen? Ewas sagen? Madre Angelica kam ihr zu Hilfe, sie stellte sich neben sie, dankte dem Principe und erwiderte, wie sie sich freue, ihn und seine Familie an diesem besonderen Tag für das Kloster begrüßen zu dürfen. Lili sah, dass ihre Augenlider flatterten, kaum merklich, und glaubte, eine Unruhe an der Äbtissin wahrzunehmen, die sie an ihr nicht kannte.

Der Principe verbeugte sich wieder, und dann trat ein junger Mann neben ihn, der sich ebenfalls tief verneigte und sie anlächelte. Dieselben leuchtend blauen Augen seines Vaters, aber das dichte Haar war noch von einem satten Braun, das Lili an die Erde des Klostergartens erinnerte, in der sie so gern ihre Hände vergrub. Schwester Angelica hatte ihr von der Familie des Principe Moncada erzählt, auch von Corrado, dem Erstgeborenen, der den Titel und das Privileg des Vaters, das Kloster zu besuchen, eines Tages erben würde. Sie spürte, wie sie noch stärker errötete, als Corrado Moncadas Blick sie traf. Sie senkte die Augen und hatte das Gefühl, eine Ewigkeit verginge – eine Ewigkeit, in der es um sie herum totenstill war und die Welt den Atem anzuhalten schien.

Dann klatschte Madre Angelica in die Hände, dankte noch einmal für das Kommen und lud zum Buffet ein.

Während der nächsten Stunde spürte sie, wie der junge Principe immer wieder ihren Blick suchte. Schließlich traf er sie vor dem Buffet.

»An diese Marzipanfrüchte erinnere ich mich«, sagte er. »Sie sind mir schon zum Fest der Toten aufgefallen. Diese Weinrebe sieht täuschend echt aus, sie ist wunderschön. Und die Zitrone ist von einem solch leuchtenden Gelb ...«

»Wie schön, dass Euch meine Arbeit gefällt«, sagte Lili und wurde wieder rot. Es war der Teller, auf dem sie ihre eigenen Marzipanfrüchte arrangiert hatte. Dass ihm das Zitronengelb aufgefallen war, freute sie. Wie lange hatte sie darauf verwandt, die Farbe satt und intensiv leuchtend zu mischen, wieder und wieder hatte sie es versucht, hatte mit dem kostbaren Safran experimentiert, aus dem die gelbe Farbe für die Zitronen hergestellt wurde. Dazu vermischte man den Safran langsam mit einem Vanillesirup, der dickflüssig war und das Gelb strahlen ließ, wenn man genau die richtige Mischung traf.

»Das sind Eure? Sie sind wunder-, wunderschön«, sagte er, und sie sah, dass auch ihm die Hitze ins Gesicht stieg. Sein Blick traf ihre Hände.

»So zarte Finger ...«, murmelte er, dann brach er abrupt ab, drehte sich um und ließ sie stehen. Lili war einen Moment lang gelähmt, sie sah ihm nach, wie er zu seinem Vater trat und sich in ein Gespräch einmischte, das dieser mit irgendeinem Monsignore führte.

Als sie später im Bett lag, gingen ihr die strahlenden blauen Augen nicht aus dem Sinn. Corrado Moncada war ebenso groß wie sein Vater, aber schlanker, fast noch schlaksig. In dem dunklen Gehrock hatte er sehr ernst ausgesehen, und die jugendlichen Züge des fein geschnittenen Gesichts hatten zu dem Aufzug gar nicht passen wollen. »So zarte Finger«, an diese Worte dachte sie immer wieder, während sie wach lag und auf den Schlaf wartete, der nicht kam. Schon schlugen draußen im Innenhof und im Klostergarten die ersten Vögel an, ein wütendes Gezeter, und als die Sonne den Himmelsrand hell färbte, schlief sie endlich ein.

16

Palermo, Kloster der heiligen Caterina, Dezember 1836

Seit Lilis Profess kam Corrado Moncada jeden Tag zur Messe, während der Woche zur Abendmesse, samstags zur kleinen Morgenmesse und am Sonntag mit seiner Familie zur großen Hauptmesse, wie er es schon immer getan hatte. Anfangs tuschelten die Nonnen darüber, aber bald wurde seine schlanke, hohe Gestalt in der zweiten Reihe der Kirchenbänke links vom Altar eine feste Präsenz bei den Messfeiern. Nie blickte er zu den Gittern hinüber, hinter denen er die Nonnen vermuten konnte, nie blieb er nach der Messe in der Kirche, immer ging er schnellen Schrittes davon, ohne sich umzudrehen. Lili begann, sich auf die Messen zu freuen, auf seinen Anblick, in den sie Stunde um Stunde versank. Wenn es ihr gelang, einen Blick auf sein Gesicht zu erhaschen, war sie glücklich. Was ihn wohl in die Kirche trieb? Eine Schuld? Eine Traurigkeit? Er schien ganz in sein Gebet versunken, andächtig war sein Blick auf den Altar gerichtet.

Nach drei Wochen fand sie zwischen ihrer Wäsche, die von den Laienschwestern in der Waschküche gewaschen wurde, einen Zettel. Er war in eine Tasche gesteckt worden, zusammen mit einem Seidentaschentuch, um zu verhindern, dass das steife Papier knisterte.

»Kommt morgen um acht Uhr in der Früh in den kleineren Keller am Hinterausgang zum Cassaro, wenn Ihr mich wiedersehen wollt. Corrado«

Sie wurde erst blass und dann rot. Was hatte das zu bedeuten? Sie war Nonne geworden, was wollte er von ihr? Und selbst, wenn sie nicht in einem Kloster leben würde, würde sie sich von einem wildfremden Mann in einen Keller locken lassen? Er musste diesen Schritt minutiös geplant haben, eine der Wäscherinnen beobachtet und schließlich bestochen haben, sich über ihren eigenen Tagesablauf genau informiert haben. Acht Uhr in der Früh war in der Tat eine Zeit, in der sie normalerweise in den Garten oder in die Dolceria ging, ihr Fehlen also weder an dem einen noch an dem anderen Ort auffallen würde. In den nächsten Stunden durchlebte sie ein Wechselbad der Gefühle und flüchtete sich in den Klostergarten. Sie zupfte das Unkraut aus dem Beet des inzwischen verblühten Lavendels und roch an den würzigen Zweigen des Rosmarins. Sie würde ihn natürlich nicht treffen und seinen Brief verbrennen. Sie wollte, sie musste ihn sehen, weil sie Tag und Nacht an ihn dachte. Sie musste ihm sagen, dass er sie in Ruhe lassen und nicht mehr in die Kirche kommen sollte.

Am nächsten Morgen um acht ging sie schnell in den Keller. Sie hatte sich das Haar zwar unter der Haube befestigt, aber mehrere Strähnen darunter hervorgezogen. Das Gesicht hatte sie sich mit sehr kaltem Wasser abgerieben, damit die Wangen rot leuchteten. Als er dann vor ihr stand in dem dunklen Raum, in dem er seit einer Stunde auf sie gewartet haben musste, hatte sie alle sorgfältig zurechtgelegten Sätze vergessen. Sie schaute ihn nur fragend an und wehrte sich nicht, als er nach ihren Händen griff und diese mit Küssen bedeckte.

Ab da trafen sie sich regelmäßig zweimal die Woche in dem kleinen Keller. Er hatte einen Schlüssel, und sie achtete darauf, dass es nicht immer dieselben Tage waren, dass sich keine Regelmäßigkeit einstellte, die beobachtet werden oder auffallen konnte. Jeden Sonntag nach der Messe kam Principe Moncada, um ein Tablett mit frischen Dolci abzuholen. Lili sorgte dafür, dass immer welche von ihr dabei waren, die sie mit kandierten Früchten und Pistazien verzierte: Waren es mehr kandierte Früchte als Pistazien, kam Corrado am Montag und Freitag. War es umgekehrt, kam er am Dienstag und Donnerstag.

An den Festtagen, wenn der Principe eine *Cassata* oder einen *trionfo di gola* abholte, verzierte Lili die Torten mit kunstvoll verschlungenen Girlanden aus Zuckerguss, die bei genauerem Hinsehen ein C und ein L bildeten. Zu Weihnachten schmückte sie das Herz Jesu für die Familie Moncada mit Dutzenden kleiner Herzen. Sie ließ sich jede Woche etwas einfallen und war glücklich, wenn Corrado sie darauf ansprach und lobte.

Lili lebte von Treffen zu Treffen, an denen Corrado und sie miteinander träumten, die Hände ineinander verschlangen und sich erzählten – aus ihrem Leben und dem Alltag, den tausend Kleinigkeiten, die sie über den anderen wissen wollten. Manchmal zitierte Corrado ein Gedicht für sie. Dann erzählte Lili von ihren Latein- und Griechisch-Studien. Ovid liebte sie besonders, seine *Metamorphosen*. Sie erzählte Corrado die Geschichte von Ceyx und Alcyone, die durch den Tod von Ceyx auf See getrennt werden. Die Götter verwandeln die beiden in Eisvögel, damit sie vereint leben können.

»Zwei Vögel – frei, dorthin zu fliegen, wo sie wollen, um zusammen zu sein ...« Lili seufzte. Corrado drückte sie an sich, er küsste sie auf die Wange. Nie drängte und schmiegte er sich an sie, wie es Piero getan hatte, er streichelte nur ihre Hände, führte sie an seine Wange und drückte sie kurz an sich. Dann küsste er ihre Stirn oder ihre Wangen, aber den Mund streifte er nur flüchtig. Jetzt verweilte sein Mund einen Augenblick auf ihren Lippen, sie spürte seinen warmen Atem, seine Unterlippe, die leicht zitterte. Vorsichtig küsste er sie auf den Mund, dann riss er sich von ihr los, und sie sah, dass er rot geworden war.

»Lili ...«, er nannte sie so, wie ihr Vater und ihre Geschwister sie nannten, nicht Crocefissa, den Namen, den sie auch als Nonne behalten hatte. »Wenn ihr nach Ostern nach Palma di Montechiaro fahrt, werde ich dir folgen. Wir haben dort eine Villa, wir haben Zugang zum Kloster, so wie hier. Ich möchte dich bei Tageslicht sehen, nicht hier in diesem Keller, der dir nicht entspricht. Wirst du mich treffen wollen?«

Lili zögerte. Sie wusste, dass sie in dem kleineren Kloster in Montechiaro freier war, zudem waren nicht alle Nonnen dabei, man war vor vielen Blicken geschützt. Gleichzeitig war das große Klostergebäude in Palermo unübersichtlicher, dort hingegen würde man sich schlecht wegschleichen können.

Die nächsten Tage überlegte sie fieberhaft, aber dann kam ihr Madre Angelica zu Hilfe. Sie rief Lili zu sich und sagte ihr, dass es üblich sei, dass neu ins Kloster eingetretene Schwestern in Montechiaro mit ihr zusammen täglich zu den Armen des Dorfes gingen, um ihnen Brot und Käse zu bringen. Als Lili Corrado das nächste Mal sah, sagte der ihr, dass er von ihren Ausflügen ins Dorf wisse und da sein werde.

»Aber Madre Angelica?«

»Sie hat Verwandte im Palazzo des Dorfes, eine Cousine, die sie immer allein besucht. Die beiden reden über ihre Kindheit, dorthin wird sie dich nicht mitnehmen. Sie wird dich bitten, allein zurück ins Kloster zu gehen.«

17

Palma di Montechiaro, April 1837

Sie zählte die Tage bis zur Abreise nach Palma di Montechiaro eine Woche nach dem Osterfest, das noch in aller Pracht in Palermo gefeiert wurde. Als es schließlich so weit war, machten sich drei Kutschen mit jeweils sechs Nonnen und zwei Kutschen mit Gepäck auf den beschwerlichen Weg quer über die Insel. Sie schliefen in schlechten Herbergen entlang des Weges, sie aßen den mitgebrachten Proviant auf notdürftig hergerichteten Decken und einfachen Tischen auf den Feldern, und schon nach dem ersten Reisetag fühlte Lili sich so frei wie seit langem nicht mehr. Die weite, menschenleere Landschaft, das Lachen der anderen Frauen, das lauter und unbeschwerter wurde – auch das der drei Laienschwestern, die mitgefahren waren, um die anderen Nonnen zu bedienen –, löste sie. Selbst mit dem Kutscher und seinem Gehilfen begannen sie bald zu scherzen, und das große dunkle Kloster, die langen Gänge und die kleinen, fast nackten Zellen waren bald weit weg. Am dritten Tag ihrer Reise hatte eine der Kutschen einen Achsenbruch, es dauerte lang, bis der Gehilfe des Kutschers jemanden geholt hatte, der den Schaden reparieren konnte. Lili sehnte sich nach Corrado und danach anzukommen, aber sie liebte die Freiheit dieser Reise, das Unterwegssein, den Staub, der sich über alles legte, auch über ihre schwarzen Hauben und die schon sehr bald nicht mehr weißen Gewänder, sie liebte die schon heißen Strahlen der Aprilsonne, den Schweißgeruch zur Mittagszeit, wenn die Sonne am höchsten stand, und nachts, wenn sie aus dem Fenster einer der kleinen Herbergen sah, den klaren Himmel, der sie an den in Bagheria erinnerte: übersät mit Tausenden und Abertausenden von Sternen. Manchmal meinte sie, eine leise Musik zu hören, als ob die Sterne tanzten. Sie suchte nach ihrem Stern, dem Stern, den ihr ihr Vater geschenkt hatte. Mit dem bloßen Auge aber war er nicht zu erkennen.

Dann irgendwann sahen sie in der Ferne das Meer und sie erreichten Palma di Montechiaro, einen kleinen Ort an der südöstlichen Küste der Insel. Das Kloster war kleiner, heller, schien freundlicher. Aber vielleicht waren auch einfach nur sie gelöster, selbst ihre Gebete und Gesänge klangen leichter und fröhlicher in der schlichten Klosterkirche, durch deren hohe Fenster viel Licht in das Kirchenschiff fiel.

Bereits am dritten Tag nahm Madre Angelica sie mit ins Dorf zu einem Besuch bei den Armen.

War sie eingeweiht? Ahnte sie etwas oder wusste sie es gar? Lili wurde aus der Äbtissin nicht schlau, aber wie Corrado vorhergesagt hatte, besuchte sie nach ihrem Gang zu den Armen einen kleinen Palazzo nahe der Dorfkirche und schickte Lili allein zurück ins Kloster.

»Geh, mein Kind, ich will eine alte Tante besuchen, die sich das ganze Jahr auf die Zeit freut, die ich hier in Montechiaro verbringe. Du findest doch den Weg zurück, nicht wahr?« Sie sah Lili aufmunternd an und tätschelte ihr die Wange.

Es war kein weiter Weg, der an ausgedehnten Olivenhainen und kleinen Vorratshäusern vorbeiführte. Von dort aus sah man die Berge des Hinterlands und auf der anderen Seite das blau schimmernde Meer des Südens, das sich bis nach Afrika erstreckte. Corrado wartete in einem der verlassenen Vorratshäuser auf sie. Er hatte ihr die Kleidung einer Erntehelferin mitgebracht und trug selbst die löchrige Hose eines Tagelöhners. Während er sich umdrehte, zog sie sich um und band ein Taschentuch um die blonden Haare. Eine Stunde hatten sie, jeden Tag, während derer sie hinunter ans Meer stiegen oder – an den Tagen, an denen keiner der Arbeiter mehr zu sehen war – zwischen den Oliven- und Mandelbäumen entlangliefen.

Hier, im Schatten eines der alten, knorrigen Olivenbäume, küsste Corrado sie zum ersten Mal. Sie fühlte, wie seine Zunge zaghaft nach ihren Lippen suchte. Wie sie sie öffnete und in ihren Mund drang, zärtlich-suchend zuerst, bald leidenschaftlich und drängend. Er atmete heftig, zog sie an sich, und da war es wieder, dieses Harte, das ein Ziehen in ihrem Unterleib auslöste. Plötzlich riss er sich von ihr los. Er atmete heftig, war rot geworden, Tränen standen ihm jetzt in den Augen, er murmelte immer wieder »Verzeih« und lief weg. Lili blieb verwirrt zurück, ging dann in das kleine Haus, in dem in einer Ecke versteckt ihre Kutte lag, zog sich um und wartete, ob er wiederkäme. Es wurde später und später, sie sah am Stand der Sonne, dass Madre Angelica den Palazzo ihrer Verwandten längst verlassen haben musste, und schweren Herzens riss sie sich los und ging zurück. Als sie sich unbemerkt ins Kloster zu schleichen versuchte, fing Madre Angelica sie ab und führte sie in ihr Zimmer.

»Setz dich!«, sagte sie mit strenger Stimme. Dann holte sie tief Luft. »Ich nehme an, du hast dich verlaufen. Es war unverantwortlich von mir, dich allein zurückgehen zu lassen. Du musst dir morgen den Weg gut einprägen, damit du schneller zurück ins Kloster findest. Wir haben uns große Sorgen gemacht. Hast du verstanden?« Sie sah Lili direkt in die Augen. Die wurde rot und senkte den Kopf.

»Nun geh, mein Kind, es ist spät!«

Verwirrt lief Lili davon. Was sollte sie tun? Sollte sie am nächsten Tag mit ins Dorf gehen? Oder im Kloster bleiben? Und würde Corrado überhaupt kommen? Was war passiert? In der

Nacht warf sie sich unruhig im Bett hin und her, stand irgendwann auf. Aber der Sternenhimmel, den sie sonst liebte, beruhigte sie nicht, er konnte sie nicht einmal ablenken.

Am nächsten Morgen stand sie erschöpft auf, nachdem sie irgendwann in einen nervösen Schlaf gefallen war, der kaum ein paar Stunden angedauert hatte. Bevor sie eingeschlafen war, hatte sie entschieden, dass sie mit Madre Angelica mitgehen würde, um zu schauen, ob Corrado auf sie wartete. Nach dem Besuch bei drei notleidenden Familien, der ihr endlos erschienen war, ging sie allein in Richtung des kleinen Vorratshauses davon. Einsam lag das Haus in einer Senke unterhalb eines Olivenhains. Es war aus Steinen errichtet wie die Trockenmauern, die es hier überall gab. Unregelmäßige Steine von gelblich weißer Farbe, winzige Fenster auf jeder Seite, ein mit rötlichen Ziegeln gedecktes Dach. Ihr Herz klopfte inzwischen so laut, dass sie meinte, keinen Schritt mehr tun zu können, sonst würde es zerspringen. Vorsichtig öffnete sie die schwere Holztür, die nur angelehnt war. Der kleine Innenraum war leer. Sie trat ans Fenster und schaute hinaus, dann ging sie unruhig hin und her. Sie hatte keine Ahnung, wie viel Zeit vergangen war, aber der Sonne nach zu urteilen fast eine Stunde, als sie das Vorratshaus verließ. Corrado war nicht gekommen. Würde er jemals wiederkommen?

Die folgenden Tage waren eine Qual für Lili, und nachdem sie zweimal umsonst in das kleine Vorratshaus am Olivenhain gegangen war, stand sie am dritten Morgen nicht aus dem Bett auf. Sie hatte Fieber bekommen in der Nacht, sie schwitzte, ihr Kopf glühte, und Madre Angelica ließ den Arzt rufen. Der konnte die Ursache nicht feststellen und verschrieb Bettruhe und kalte Umschläge. In ihren nächtlichen Fieberträumen sah sie Corrado, er lächelte und nahm sie in den Arm. Sie brachte kaum etwas herunter, nur Löffel einer klaren Brühe, die ihr Madre Angelica kochen ließ. Am vierten Tag war das Fieber gesunken, geblieben war eine bleierne Erschöpfung. Es war ein Sonntag, und Lili schleppte sich zur Frühmesse in die Kirche, um ihrer Zelle zu entfliehen. Hier gab es keine vergitterten Balkone oder Abtrennungen, die Nonnen waren Teil der Gemeinde, die sie mit einer Mischung aus Neugier und Scheu bestaunten. Und da in der ersten Reihe saß Corrado, aufrecht und konzentriert wie immer, die Augen starr geradeaus auf den kleinen Altar gerichtet.

Sie konnte den Blick nicht von ihm lassen, meinte, sein Rücken müsse unter ihm verbrennen. Als die Messe beendet war, stand er eilig auf und warf ihr seinerseits einen Blick zu. Sie meinte zu verstehen, sie solle am Nachmittag wieder zu ihrem Ort kommen. Ihr wurde beinahe schwindelig. Auch er sah blass aus, das Gesicht ausgezehrt, um die Augen tiefe, dunkle Ringe.

Am Nachmittag begleitete sie Madre Angelica bei ihrem Gang ins Dorf. Und wie immer verabschiedete sich die Äbtissin, nachdem sie die letzte ärmliche Hütte verlassen hatten, und ging zum Palazzo ihrer Cousine. Mit weichen Knien machte sich Lili auf den Weg zum Vorratshaus. Die Tür war angelehnt, und als sie hineinging, sah sie erst einmal nichts, das Halbdunkel schien nach der Helligkeit draußen undurchdringlich. Da schloss Corrado sie in die Arme, er bedeckte ihr Haar, ihren Hals und ihre Hände mit Küssen. Sie spürte warme Feuchtigkeit, und als sie den Kopf hob, sah sie, dass er weinte. Es dauerte eine Weile, bis er sich so weit beruhigt hatte, dass er sprechen konnte.

»Heirate mich, Lili. Verlasse das Kloster und komm zu mir. Ich liebe dich, und du liebst mich. Wieso sollten wir eine Sünde begehen, wo unsere Liebe doch etwas Heiliges, etwas Gutes ist!«

Sie starrte ihn fassungslos an. »Corrado, das geht nicht. Ich habe die Gelübde abgelegt, ich kann ...«

»Doch, du kannst. Es gibt solche Fälle. Suor Maria Antonia Trigona hat das Kloster verlassen, ihren Titel als Baronin Spedalotto zurückerhalten und den Anwalt geheiratet, der durchgesetzt hat, dass sie Titel und Erbe erhält. Suor Giuseppa Teresa, die zwanzig Jahre Karmeliterin im Kloster an der Via Maqueda war, hat ihren Wunsch, das Kloster zu verlassen, auch vor Gericht durchgesetzt und schließlich den Marchese von Castania geheiratet. Sprich mit Madre Angelica. Sie wird dein Anliegen verstehen und dir helfen. Und wenn nicht ...« Er runzelte die Brauen.

Lili trat einen Schritt zurück. Sie musste nachdenken, das war eine völlig neue Möglichkeit. Sie hatte nie über die Zukunft nachgedacht, einfach weil es keine gab, jedenfalls nicht für sie und Corrado. Sollte es doch anders sein? »Aber ... aber meine Eltern ... meine Mutter wird alles dafür tun, dass ich im Kloster bleibe. Dass ich nicht das Erbe schmälere. Sie will mich nicht sehen, ich mit meinem Fuß, den sie für ein Zeichen des Teufels hält ...«

»Das Erbe ist mir egal, und der Fuß ist mir egal. Ich will dich heiraten, egal, was du besitzt. Lili, ich liebe dich, ich kann ohne dich nicht leben.«

Die nächsten Tage vergingen wie in Trance. Unaufhörlich dachte Lili darüber nach, was zu tun sei, ob sie mit Madre Angelica reden oder dem Vater einen Brief schreiben sollte. Würde er sie unterstützen? Würde er sich offen gegen die Mutter stellen? Und was würden Corrados Eltern sagen? Sie waren unermesslich reich, würden sie sich für ihren Sohn nicht eine andere Frau wünschen? Ihr haftete nicht nur der Makel des lahmen Fußes an, sondern dann auch der der ehemaligen Nonne. Und vielleicht noch der der Braut ohne Mitgift.

Immer noch trafen sie sich jeden Tag, sie liefen über die Felder oder am Meer entlang, hielten sich an den Händen und schmiedeten Pläne. Lili hatte das Gefühl, sie könne das erste Mal seit Jahren atmen, sie sei frei.

»Dir kann nichts passieren, ich bin da und schütze dich. Wir stehen das durch – du bist nicht freiwillig ins Kloster gegangen, du warst jung und hast deine wahre Berufung noch nicht gekannt. Sprich mit Madre Angelica, sie wird dir helfen.«

Eines Abends – kurz bevor die Heimreise nach Palermo anstand – fasste Lili sich ein Herz und bat Madre Angelica um ein Gespräch. Mit ausdrucksloser Miene hörte die Äbtissin sich an, was Lili zu sagen hatte. Sie presste die Lippen zusammen, und Lili konnte nicht erraten, was ihr durch den Kopf ging.

»… ich liebe ihn, ich liebe ihn und kann nicht anders leben als mit ihm. Ich weiß, dass das eine große Enttäuschung für Euch ist, und ich hoffe, Ihr könnt mir verzeihen …« Sie begann zu schluchzen, sie wusste nicht weiter.

Madre Angelica schwieg weiter. Irgendwann seufzte sie.

»Lili, Lili … Du hast doch alle Freiheiten hier bei uns. Du könntest Äbtissin werden. Ich bin die mächtigste Frau der Stadt, ist dir das eigentlich klar? Mein Wort gilt mehr als das jeder Principessa, ich kann es mit jedem Mann aufnehmen. Aber du liebst ihn, deinen Corrado, sagst du …« Sie stand auf.

»Es ist ein langer Weg. Und du bist darauf angewiesen, dass er dich wirklich liebt und dich dann auch heiratet. Wenn nicht, bist du auf die Gnade deiner Schwester oder deiner Mutter angewiesen, auf ein kleines Kämmerlein, wo du dein Gnadenbrot bekommst und hoffentlich bald an der Schwindsucht stirbst. Was in den dunklen, feuchten Palazzi kein Problem sein dürfte. Lili, Lili, ich hätte dich für klüger gehalten.« Sie war ans Fenster getreten. »Wenn wir in Palermo sind, rede ich mit deinem Vater. Und mit dem von Corrado.«

In der Nacht konnte Lili wieder einmal nicht schlafen, aber diesmal vor Aufregung. Sie konnte ein neues Leben anfangen, sie würde Corrado heiraten!

18

Palermo, Kloster der heiligen Caterina, und Catania, Kloster der heiligen Agata, Juni 1837

Die Reise zurück nach Palermo, die Rückkehr ins Kloster und den gewohnten Alltag nahm Lili kaum wahr. Alles schien nur noch provisorisch und vorübergehend zu sein, und sie hatte Mühe, sich zu konzentrieren. Nicht einmal der Klostergarten oder die Dolceria konnten ihre Aufmerksamkeit fesseln. Sie fieberte den Treffen mit Corrado entgegen, die sie wie gewohnt vereinbarten, und dann redeten sie unaufhörlich über die Zukunft. Es war nur eine Frage der Zeit, bis Madre Angelica den geeigneten Moment abpasste, um erst mit Corrados Vater und dann mit dem von Lili zu sprechen.

»Papà wird auf Madre Angelica hören, ihr Wort gilt ihm viel. Sie wird ihn im richtigen Moment ansprechen.«

Wie eine Beschwörung, wie ein Gebet wiederholte Corrado Sätze wie diesen, und während Lili in den ersten Wochen noch freudig nickte, wurde sie irgendwann unruhig: Sie hatte das Gefühl, Madre Angelica wich ihr aus, sie sah sie selten und wenn, dann war die Äbtissin immer in Eile. Und nichts geschah, der Mai verging, schon kündigte sich ein drückend heißer Sommer an.

»Und wenn nicht?«

»Wenn was nicht?« Corrado verstand ihre ängstliche Frage nicht, die sie nach sechs Wochen stellte. »Sie hat es dir versprochen, sie wird mit Papà sprechen. Sie ist auf unserer Seite.«

»Kannst du nicht mit deinem Vater sprechen?« Lili spürte, dass ihr Tränen in die Augen getreten waren, und versuchte, sie mit aller Macht zurückzuhalten. Sie musste vertrauen, so wie Corrado darauf vertraute, dass alles gut gehen würde.

In der darauffolgenden Woche wartete Lili vergeblich auf ein Zeichen von Corrado. Jeden Morgen ging sie zu ihrem Treffpunkt, aber er kam nicht. Am Mittwochmorgen ließ Madre Angelica sie in ihr Zimmer rufen. Aufgeregt lief Lili in den Parlatoio. Das konnte nur eins bedeuten: Die Äbtissin hatte mit ihren Vätern gesprochen und wollte ihr nun mitteilen, wie es weiterging. Doch als sie den Raum betrat, erstarrte sie: Nicht die Äbtissin, ihre Mutter stand dort, dünner, als sie sie in Erinnerung hatte, das Gesicht schmal und blass, Tränen und Wut in den Augen.

»Pack deine Sachen. Die Kutsche wartet draußen.« Ihre Stimme war kalt und duldete keinen Widerspruch.

Lili rührte sich nicht von der Stelle, sie bekam keinen Ton heraus, bis die Mutter ihre Forderung wiederholte, lauter diesmal, und ihr eine Ohrfeige gab. Da öffnete sich die Tür, und eine der Laienschwestern kam mit einem Koffer herein, den sie wortlos vor Lili abstellte. Die Mutter nahm ihn, packte Lili am Ärmel und zog sie hinter sich her. Die begann sich zu wehren, bis Madre Angelica den Raum betrat.

»Es ist besser, wenn du deiner Mutter folgst, Crocefissa«, sagte sie mit strenger Stimme. Ihr Blick war ausdruckslos. Was hatte das zu bedeuten? War das Teil des Plans? Benommen folgte sie ihrer Mutter und schüttelte deren Hand ab. Wo war der Vater? Wusste er, was gerade geschah? Nach der Mutter stieg sie in die Kutsche, die nicht den Weg zu ihrem Palazzo einschlug. Schon bald verstand Lili, dass sie die Stadt verließen, aber ihre Mutter schwieg beharrlich, und Lili gab ihre Fragen auf, und so schwiegen sie beide. Sie schwiegen den ganzen Tag lang, wenn sie anhielten, der Kutscher die Pferde wechselte, schwiegen sie, und Lili trank nur das Wasser, das die Mutter ihr anbot, verweigerte aber alle Nahrung. Am Abend hielten sie an einer kleinen Herberge, die Lili erkannte – es war eine von denen, in denen sie auch auf der Reise nach Palma di Montechiaro Halt gemacht hatten. Wohin verschleppte die Mutter sie? Fieberhaft hatte sie nachgedacht: Sie musste fliehen, sie war auf sich allein gestellt. Madre Angelica hatte sie verraten, das war ihr inzwischen klar. Der ausdruckslose Blick, als sie ihr von Corrado erzählt hatte, die Enttäuschung, der Hinweis auf ihre Macht. Wie hatte sie so naiv sein können? Madre Angelica hatte niemals vorgehabt, ihnen zu helfen – im Gegenteil. Nun blieb ihr nur die Flucht, bevor sie dort ankamen, wo die Mutter sie abladen wollte. Aber als hätte ihre Mutter ihre Gedanken gelesen, führte sie sie – es war schon spät – in eine Kammer, stellte einen Krug mit Wasser auf den kleinen Tisch neben dem Bett und schloss die Tür von außen mit dem Schlüssel zweimal ab. Lili lief zum Fenster, das aber so schmal war, dass sie nicht hätte hinausklettern können. So ging es Abend für Abend auf ihrer Reise, die Mutter schloss sie ein, und immer waren es Zimmer oder Kammern, aus denen es keine Fluchtmöglichkeiten gab.

Am vierten Tag ihrer Reise brach die Mutter das Schweigen. Die staubige Straße war breiter geworden, ab und zu begegneten sie anderen Kutschen, und in der Ferne sah Lili einen mächtigen Berg. Der Ätna, das musste der Ätna sein. Irgendwo dahinter glitzerte dünn ein blauer Streifen: das Meer.

»Du hast uns alle enttäuscht. Am schlimmsten ist, dass du dich versündigt hast gegen den gütigen Gott, der dich aufgenommen hat in sein Haus. Nach Palermo wirst du nie mehr zurückkommen, sondern in Catania Buße tun. Wir haben ein Kloster gefunden, das bereit ist, dich aufzunehmen, und das die Klausur streng beachtet, die Klausur und das Schweigen. Dort bleibst du, und wir werden uns nie wiedersehen.«

Lili wurde schwindelig. Die Mutter hatte also eine Möglichkeit gefunden, sie wegzusperren – für immer. Selbst wenn Corrado herausfinden würde, wo sie war, würde er sich keinen Zutritt zu dem Kloster verschaffen können.

Die Mutter schaute sie mit Verachtung im Blick an.

»Der Sohn des Principe Moncada wird übrigens bald heiraten. Er ist seit drei Jahren verlobt. Wusstest du das nicht?«

Da begann Lili zu schreien. Sie stürzte sich auf die Mutter, zerkratzte ihr das Gesicht und riss an ihren Haaren. Hinterher wusste sie nicht, was geschehen war, aber der Kutscher musste die Kutsche zum Halten gebracht und sie von der Mutter weggezogen haben. Dann wurde ihr schwarz vor Augen.

Als sie wieder zu sich kam, fühlte sie sich so schwach, dass sie kaum in die Kutsche steigen konnte. Sie hatten Rast gemacht, und man hatte Lili unter einen mächtigen Baum gebettet. Mit Mühe kletterte sie wieder in die Kutsche und erlebte die letzten zwei Stunden der Reise wie in einem Nebel. Es war schon dunkel, als sie in Catania ankamen. Lili hatte einiges über die Stadt gehört, über ihre vielen Kirchen und Klöster, über den Berg, zu deren Füßen sie lag und der Feuer speien konnte. Düster und bedrohlich wirkte die Stadt auf sie, alles war schwarz: die glänzenden Pflastersteine, auf denen die Hufe der Pferde klapperten, die Fassaden der Palazzi und Kirchen. Auf einem großen Platz mit einer mächtigen Kirche stand ein schwarzer Elefant, den sie aus der Ferne für ein Ungeheuer gehalten hatte. Auf dem Rücken trug er eine weiße, hohe Säule. Er schimmerte dunkel im Licht einiger Gaslaternen, die man auf dem Platz aufgestellt hatte. Sie schauderte. Die Stadt war unheimlich, die schwarzen Gebäude ließen die Gassen eng und bedrückend erscheinen. An dem großen Platz war die Kutsche abgebogen und kam nach ein paar Minuten vor einem großen, ebenfalls schwarzen Gebäude zum Stehen. Eine Art Torbogen verband einen düsteren Palazzo – das Kloster – mit der großen

Kirche auf der anderen Seite der schmalen Straße. Die beiden Bauwerke erschienen ihr zu wuchtig hier in der Stadt, dunkel und mächtig erhoben sie sich in den Nachthimmel, an dem kein Stern zu sehen war. Auf einmal überkam sie große Furcht, hier eingesperrt zu werden und ihr Leben lang in dieser Düsternis bleiben zu müssen. Was für Menschen waren das, die hinter diesen schwarzen Mauern leben konnten? Wie sollte sie das aushalten?

Die Mutter schob sie aus der Kutsche und ging mit ihr zu einer kleinen Pforte. Als hätte man sie schon erwartet, öffnete diese sich, kaum hatte die Mutter geklopft. Eine uralte Nonne winkte sie schweigend herein. Ihr Gesicht war zerfurcht wie ein verschrumpelter Apfel, und sie sagte keinen Ton. An ihrem Gewand sah Lili, dass es sich um eine Dominikanerin handeln musste. Schweigend ging die Nonne durch enge, dunkle, von einigen Fackeln erleuchtete Gänge, die Lili endlos erschienen. Schließlich öffnete sie ihnen eine kleine Tür, die in einen kahlen weißen Raum mit einem Tisch führte, um den vier Stühle standen. Wortlos wies sie auf den Tisch und ging davon. Erst nach einer ganzen Weile öffnete sich die Tür wieder und eine große, schlanke Frau trat ein. Ihr Gesicht war schmal und nicht unfreundlich, aber sie hatte kaum Wimpern und dünne Augenbrauen, die ihrem Gesicht etwas Nacktes und Strenges verliehen. Sie nickte der Mutter zu, die aufgesprungen war und sie begrüßte.

»Liebe Madre Leonora, ich danke Euch für die Bereitschaft, meine verlorene Tochter aufzunehmen...«

Die Äbtissin umarmte die Mutter, und als sie zu sprechen begann, war ihre Stimme tiefer und kräftiger, als Lili erwartet hatte:

»Wir freuen uns, dass du da bist und die Klausur und das Gebet mit uns teilen wirst. Die Verlockungen der Welt dringen nicht hinter diese Klostermauern, du hast Zeit und Ruhe für Buße und Besinnung. Die ersten Wochen wirst du für dich sein, um zu dir zu kommen und Buße zu tun. Danach werden wir dich in unser Klosterleben einbinden, und schon bald wirst du die Welt da draußen vergessen. Nun verabschiede dich von deiner lieben Mutter und danke ihr dafür, dass sie dich gerettet hat vor der Sünde.«

Lili würdigte ihre Mutter keines Blickes, als die alte Schwester, die ihnen geöffnet hatte, wiederkam und sie wegführte. Diese Frau, die ihre Mutter war, hatte sie vom ersten Augenblick an gefürchtet und dann schnell gehasst. Als Teufelskind. Als Zeichen irgendeiner Sünde, irgendeines bösen Blickes. Aberglauben.

Sie hasste ihre Mutter nun mindestens genauso wie diese sie, und sie schwor sich, sich nicht hier einsperren zu lassen. Sie dachte an Agnese, an deren Energie und Kraft. Auch sie würde einen Weg finden, um hier rauszukommen. Dass Corrado verlobt war und heiraten würde, hatte sie keine Sekunde lang geglaubt. Sie würde einen Weg zu ihm finden.

Am Ende eines der langen Gänge – Lili hatte längst die Orientierung verloren, das Kloster musste riesig sein – öffnete die Nonne eine niedrige kleine Holztür, die in eine enge Zelle führte. Darin standen ein schmales Bett und ein kleiner Tisch mit Schemel, auf dem ein Nachtgeschirr abgestellt war. Wortlos wies sie hinein. Lili blieb auf der Schwelle stehen, aber die alte Frau schob sie hinein, zog die Tür zu. Und dann hörte Lili, wie der Schlüssel zweimal umgedreht wurde.

19

Der Gärtner, der Pasticciere, der Priester, der Arzt. Und der Elektriker. Fünf. Wir haben fünf Verdächtige aus dem Umfeld des Klosters. Das ist die erste Spur, die wir verfolgen.«

Der Commissario schaute in sein Notizbuch und zählte die Verdächtigen noch einmal an den Fingern der rechten Hand ab. Dann schaute er erwartungsvoll Luca an, der in seinem Krankenbett lag und eigentlich nur schlafen wollte.

Die Wände des kleinen Zimmers waren hellgrün gestrichen, ein inzwischen an vielen Stellen schmutziges Hellgrün, die weiße Bettwäsche war vom vielen Waschen steif und hart und das Bett so schmal, dass er es kaum wagte, sich zu bewegen, aus Angst, er könnte herausfallen.

Gegenüber dem Bett hing ein einziges Bild an der Wand – van Goghs Sonnenblumen, die in ihrem billigen, roten Plastikrahmen einen traurigen Anblick boten.

»Aber war Suor Carmela nicht bei dem Elektriker?«

Der Commissario schaute wieder in sein Notizheft.

Er war klein und wirkte gedrungen, nicht weil er besonders dick war, sondern weil sein recht großer Kopf direkt auf den Schultern zu sitzen schien. Die kurzen Haare waren weiß, ebenso sein Schnurrbart und die buschigen Augenbrauen über den kleinen, dunklen, eng zusammenstehenden Augen.

»Suor Carmela hat ihn hereingelassen und in die Küche geführt, wo der Kabelbrand gewesen sein soll. Dann hat sie ihn allein gelassen, weil …« Er suchte in seinem Heft.

»Aussage der Suor Carmela: Ich wollte eine Flasche Wasser holen. Es war heiß, und wir bewahren das Wasser nicht in der Küche auf, sondern ...«

»Aber wieso sollte der Elektriker warten, bis Suor Carmela eine Flasche Wasser wo auch immer holt, um mich zu suchen und niederzustechen? Er kann nicht gewusst haben, dass ich im Kloster war.«

»Signor Santangelo. Mein Beruf ist kein einfacher. Und das A und O ist Systematik. Wir arbeiten uns systematisch an die Lösung eines Falls heran. Erst einmal geht es um Verdächtige. Wer kann es überhaupt gewesen sein? Dann erst geht es um Motive. Eins nach dem anderen. Glauben Sie mir, die Erfahrung lehrt: Das ist der richtige Weg. Wir können noch längst nicht überschauen, was der Elektriker im Kloster gesucht hat. Wie oft er schon da war. Alles ist möglich. Alles ist möglich.« Er starrte wieder in sein Buch und räusperte sich. »Ich habe schon viele Fälle gelöst. Und vieles erlebt, was Sie nicht für möglich gehalten hätten. Systematik und Fantasie, das ist in meinem Beruf gefragt!«

Luca schloss entnervt die Augen. Die Wunde am Rücken tat immer noch weh, er hatte eine riesige Beule am Hinterkopf, und er fühlte sich matt. Er hatte ein paarmal versucht, heimlich aufzustehen, aber ihm war sofort schwindelig geworden. Ruhe. Er wollte einfach nur seine Ruhe. Und dieser Commissario redete ununterbrochen.

Eine Krankenschwester, die jetzt den Kopf ins Zimmer steckte, kam ihm zu Hilfe. Mit dem Zeigefinger hämmerte sie auf ihre Armbanduhr. »Commissario, die halbe Stunde ist um. Der Patient muss schlafen, es hilft nichts, Sie müssen morgen wiederkommen.«

»Aber Sie denken nach, Signor Santangelo, ja? Versuchen Sie, sich zu erinnern, irgendein Detail, egal, was, alles kann uns helfen. Wenn wir nur systematisch vorgehen, dann kommen wir zum Ziel. Und die Fantasie überlassen Sie mir ...«

Der Commissario erhob sich, packte umständlich sein Notizheft in die Jackentasche und verließ das Krankenzimmer. Luca schaute der gedrungenen Gestalt nach und war froh, als sich die Tür hinter ihm schloss. Ein Wichtigtuer, aber ein intellektuell beschränkter. Keine gute Kombination. Dass er etwas herausfand, war kaum anzunehmen. Systematik. Fantasie. Die fünf Verdächtigen halfen nicht wirklich weiter. Matteo hatte die Stelle im Klostergarten, wo man problemlos über die Gartenmauer klettern konnte, längst gefunden. Die kleine Gasse, die an der Mauer des Klostergartens entlangführte, war eng und kaum befahren, die der Mauer gegenüberliegenden Palazzi teils verfallen und unbewohnt. Kein Mensch würde bemerken, wenn jemand ins Kloster kletterte. Jeder hätte sich heimlich im Kloster aufhalten und ihn abpassen können.

Die wichtigste Frage war doch, ob das Messer überhaupt ihm gegolten oder der Täter ihn verwechselt hatte. Er war von hinten angegriffen worden, also war beides möglich. Wenn es der Täter auf jemand anderen abgesehen hatte, auf wen? Und wenn es jemand wirklich auf ihn abgesehen hatte, wieso folgte der ihm dann in das Kloster? Gab es keinen besseren Ort, ihn niederzustechen?

Zum hundertsten Mal ging er im Geist alle heiklen Geschichten durch, die er in den letzten Monaten recherchiert hatte. Eine Gruppe von Mafiosi, die mit internationalen Geldern Containerdörfer für Flüchtlinge baute und daran sehr gut verdiente. Dann die Unregelmäßigkeiten bei der Bürgermeisterwahl – gekaufte Stimmen, falsche Auszählungen. Eine illegale Wohnsiedlung, die über Nacht bei Carini direkt am Meer gebaut worden war, in einer Zone, wo längst nicht mehr gebaut werden durfte. Natürlich keine Eintragungen im Grundbuch. Ein Brand im

Nationalpark bei San Vito lo Capo, der viel zu spät bemerkt und gelöscht wurde und zu großen Verwüstungen geführt hatte.

Aber würde man ihn wegen dieser Recherchen umbringen? Der wiedergewählte Bürgermeister zum Beispiel hatte mit Wahlbetrug nun schon die fünfte Wahl gewonnen – und er war nicht der einzige Politiker, der so in Amt und Würden kam. Zumal der Großteil der Bevölkerung Wahlbetrug für eine Lappalie hielt und selbst Franco, sein Chef, gestöhnt hatte, als Luca sich darüber aufgeregt hatte. Das Flüchtlingsthema, das Luca umgetrieben hatte, war zu seinem großen Ärger von den Medien kaum aufgegriffen worden – zu viele Nachrichten über Flüchtlinge in den letzten Monaten, das interessierte kaum noch jemanden. Wenn jemand an ihnen verdiente, indem er sie in Containerdörfer steckte, umso besser – das war die generelle Haltung, das wusste Luca. Und wegen ein paar illegaler Häuser am Strand oder einem brennenden Nationalpark wurde auf Sizilien auch keiner mehr umgebracht. Nein, er konnte sich absolut nicht vorstellen, dass der Täter wirklich ihn hatte umbringen wollen.

Die anderen Männer im Kloster – der Gärtner und der Pasticciere – sahen beide recht anders aus als er. Der Pasticciere war kleiner und kräftiger. Und der Gärtner hatte vielleicht seine Statur ... er musste sich eingestehen, dass der genauso groß war wie er, aber athletischer: breitere Schultern, der Gang von einem, der viel trainierte. Und er hatte schwarzes, dichtes Haar. Der Priester, der so wie Spataro einen Schlüssel hatte und theoretisch im Kloster hätte sein können, war ein kleiner, alter Mann, gebeugt und weißhaarig. Und Spataro, der Arzt, war etwas größer, wenn er sich recht erinnerte. Deutete das darauf hin, dass der Täter im Auftrag von jemand anderem unterwegs gewesen war und das Opfer nicht genau kannte? Und dann den ersten Mann niedergestochen hatte, dem er begegnet war?

Oder aber seine Recherche bei der Kurie hatte irgendwen im Kloster gestört. Anselmo Spataro zum Beispiel ... Unsinn, er fing schon an, Matteos wilde Theorien zu glauben.

Die Müdigkeit war nicht mehr zu beherrschen, er fühlte, wie ihm die Augen zufielen.

»Also nehme ich ins Protokoll auf: kein Alibi.«

»Ich war in der Dolceria, Commissario.«

»Aber beweisen können Sie das nicht.«

»Als Giorgio gegangen ist – das war um halb vier –, habe ich noch mehrere Bleche *biscotti* in den Ofen geschoben, das wird er Ihnen bestätigen.«

»Das hat er mir bestätigt, aber das heißt ja nicht, dass Sie neben dem Ofen gestanden haben. Die *biscotti* können nicht für Sie aussagen. Und Sie haben mich angelogen. Ihre Frau war zu keinem Zeitpunkt in der Backstube, das habe ich hier ...«

Sein Zeigefinger hämmerte auf einem Papier herum.

»... das steht hier. Aussage Ihrer Frau.«

Der Pasticciere rieb sich die Augen. Er war erschöpft, eine Müdigkeit, die weit zurückreichte. Manchmal dachte er, er sei müde zur Welt gekommen. Egal, was er tat, er musste kämpfen – und meistens verlor er. Jetzt also Vanda. Wieso hatte sie ihm kein Alibi gegeben? Sie wusste doch, dass er nicht mit einem Messer herumlief und Journalisten niederstach.

Vielleicht gelang es diesem störrischen, besserwisserischen Polizisten sogar, ihm einen versuchten Mord anzuhängen. Er dachte an Madre Benedetta und spürte, wie ihm Tränen in die Augen stiegen. Sie war immer da gewesen, und er hatte als kleiner Junge lange gebraucht, um zu verstehen, dass sie nicht seine Mutter war. Sie hätte gewusst, was jetzt zu tun wäre. Sie hatte ihm immer geholfen, hatte ihm hier und da kleine Jobs verschafft – auch den in einer großen Pasticceria. Und als sie sich dann in den Kopf gesetzt hatte, die Dolceria des Klosters in eine erfolgreiche Pasticceria zu verwandeln, hatte sie wieder an ihn gedacht und ihn hierhergeholt. Das war ein Fehler gewesen, er wusste es. Sie war klug und geschickt, aber ihr gutes Herz hatte sie immer wieder in Schwierigkeiten gebracht. Vanda hatte ja recht: Er war ein Versager. Er hatte die Chance vermasselt, die wichtigste, die er im Leben bekommen hatte. Jeden Tag warf sie ihm das vor. Er hatte sich Mühe gegeben, aber er war nicht das, was man einen klugen Geschäftsmann nannte. Madre Benedetta hatte ihm geholfen, wo sie konnte, aber er hatte falsch kalkuliert, die falschen Leute eingestellt, Geld verloren – seine *cannoli* hielten dem Vergleich mit denen der Nonnen nicht stand. Der *trionfo di gola* war ihm mehr als einmal misslungen. Die Ricottacreme für die *crespelle* war nicht geschmeidig und fein wie die, die die Leute aus dem Kloster kannten.

Madre Benedetta hatte ihm sogar gegen den Willen ihrer beiden Mitschwestern einige ihrer geheimen Rezepte verraten, aber auch das hatte nicht geholfen: Er hatte nicht das Gespür und das Händchen, um sie nachzubacken. Oder die Erfahrung, wie er sich resigniert sagte, wenn er nicht zu hart mit sich ins Gericht gehen wollte. Er war eben kein richtiger Pasticciere, er hatte nur ausgeholfen, sich ein paar Dinge abgeschaut. Das hatten die beiden anderen Nonnen schnell gemerkt, und manchmal hatten sie ihm ja sogar geholfen oder für wichtigen Besuch selbst gebacken. Suor Carmela war ihm gegenüber immer ein wenig abweisend gewesen, sie konnte schlecht damit leben, dass jemand in ihrer Dolceria stand. Aber sie liebte Vanda und war irgendwann auch zu ihm freundlicher gewesen. Suor Agata war über die Zeit zunehmend dement geworden, das Einzige, was sie immer noch gekonnt hatte, war das Backen gewesen. Mit ihm hatte sie von Anfang an ohnehin so gut wie gar nicht gesprochen, schien ihn zuletzt auch gar nicht mehr gesehen zu haben. Madre Benedetta sagte immer, dass sie noch in strenger Klausur lebte und die Männer, die plötzlich im Kloster ein und aus gingen, nicht einmal wahrnahm.

Wie auch immer, die Dolceria lief schlecht und immer schlechter. Ein paar Monate noch, dann würde er schließen müssen. Und wie er seine Schulden zurückzahlen sollte, wusste er auch nicht.

Der Commissario starrte ihn an. Hatte er etwas gefragt? Was denn noch?

»Wie bitte?«

»Sie sollen hier unterschreiben und die Stadt nicht verlassen. Ich komme wieder auf Sie zu.«

Gaetano Di Stefano unterschrieb und stand auf.

»Wieso sollte ich den Journalisten umbringen, Commissario? Kann man auch ohne Motiv verurteilt werden?«

»Zuerst die Indizien und Beweise, dann die Motive. Finde ich das blutige Messer mit Ihren Fingerabdrücken, interessieren mich keine Motive mehr. Die Klinge hatte übrigens eine Länge von zwölf bis sechzehn Zentimetern. Ein Jagdmesser käme infrage, ein Pfadfindermesser, aber auch ein Küchenmesser.«

Der Pasticciere verließ wortlos den Raum. Wieder rieb er sich die Augen. Hatte er ein Motiv, jemanden mit einem Küchenmesser umzubringen? O ja, er hatte jede Menge Motive, Menschen umzubringen: einen Vater, den er nie kennengelernt hatte. Seine Mutter war gestorben, als er wenige Monate alt war, und hatte das Geheimnis mit ins Grab genommen. Er hatte keine Erinnerung an sie, natürlich nicht. Es gab ein kleines Foto, schwarzweiß und verschwommen. Er konnte sich keinen Reim auf die Frau machen, und ihre Familie kannte er auch nicht, die hatte ihn im Waisenhaus abgeliefert und sich nie wieder um ihn gekümmert.

Den Priester in der ersten Klasse, der ihm immer mit einem

Lineal auf die Finger geschlagen hatte, wenn er etwas falsch schrieb. Seine Schulkameraden später, als er ein dicklicher Teenager gewesen war und sie ihn nicht in Ruhe gelassen hatten. Zuletzt seinen Berater bei der Bank, der ihm einen teuren Kredit aufgeschwatzt hatte, den er nicht länger bedienen konnte.

Eine ganze Menge Leute also – und wahrscheinlich hätte er auch tatsächlich irgendwann jemanden umgebracht, wenn Madre Benedetta nicht gewesen wäre, die ihm immer zur Seite gestanden hatte mit ihrer sanften, dabei so entschiedenen Art. Seine früheste Erinnerung an sie musste irgendwann gewesen sein, als er ungefähr drei oder vier war. Er war im Garten des Waisenhauses auf einen Baum geklettert, wieso, wusste er nicht mehr. Der Baum war sehr hoch, und er war in eine der Astgabeln geklettert und traute sich nicht mehr hinunter. Er saß einfach dort oben und weinte. Da war Madre Benedetta gekommen, hatte ihre Röcke gerafft und war ihm hinterhergeklettert. Er sah sie vor sich, sah sie lachen, das liebe Gesicht, die großen, braunen Augen. Sie hatte ihn in den Arm genommen und war mit ihm zusammen runtergesprungen. Wahrscheinlich war es gar nicht hoch gewesen, aber er erinnerte sich, dass sie gemeinsam geflogen waren. Unten angekommen hatte er sich lange weinend an sie geschmiegt.

Madre Benedetta ... und Vanda. Wenn diese beiden Frauen nicht gewesen wären, dann wäre er sicher irgendwann mit einem Messer durch die Gegend gelaufen und hätte auf Menschen eingestochen. Aber es gab sie. Er war kein Mörder.

Vanda war unzufrieden mit ihm, das wusste er. Er zögerte einen Moment, bevor er ins Auto stieg. Dann schloss er es wieder ab, ging noch in die kleine Bar an der Ecke und bestellte ein Bier, eine Flasche Ceres. Die Chips, die der Barista neben die Flasche stellte, schob er erst weg, dann griff er doch danach. Vanda beschwerte sich jetzt immer öfter, dass er zu dick sei, dass er nicht auf sich achte, dass er aussehe wie ein Pasticciere, aber keiner sei, jedenfalls kein guter. Sie war schlank, er liebte ihre Figur, die sie immer häufiger mit enger Kleidung betonte. Billige Stücke, die sie auf irgendwelchen Märkten kaufte, sie konnte stundenlang an den Ständen vorbeigehen und Sachen heraussuchen – enge, kurze Röcke oder Tops mit weiten Ausschnitten. Manchmal ging er mit und kaufte ihr alles, was sie haben wollte. Selten kostete etwas mehr als fünfzehn Euro. Er war stolz, dass er sich alles leisten konnte, was seiner Frau gefiel. Und erinnerte sich an andere Zeiten, in denen Madre Benedetta ihm immer wieder andere Jobs beschaffte. Sie hatte immer gesagt, er sei »geschickt mit den Händen«. Und hatte versucht, ihn bei Handwerkern unterzubringen – dem Schreiner, der Arbeiten im Kloster verrichtete. Einem Steinmetz, den sie kannte. Dann schließlich in der Bäckerei in der Nähe des Klosters, die den Nonnen jeden Morgen frisches Brot lieferte. Dort hatte er es am längsten ausgehalten – daher sicher auch ihre Idee, er könnte als Pasticciere die Dolceria führen. Aber schließlich hatte er auch dort aufgehört und sich mit Gelegenheitsjobs durchgeschlagen, meistens als Erntehelfer auf Weingütern und bei der Tomaten- oder Mandelernte. In der Gegend um Trapani im Westen Siziliens hatte er fast jedes Jahr bei der Mandelernte und den Salzbauern der Salinen bei der Salzgewinnung geholfen, und dort hatte er auch Vanda kennengelernt. Sie kam aus einem kleinen Dorf in der Nähe von Trapani und wusste so wie er nicht recht, was sie aus ihrem Leben machen sollte. Sie war nicht mehr ganz jung, dreiunddreißig Jahre alt, als sie sich kennenlernten. Er war fünfunddreißig. Er hatte nie gefragt, aber sie hatte wohl Geld genommen von Männern, mit denen sie schlief. Sie hatte keine Familie, so wie er, und im Dorf schaute man sie schief an mit ihren rot gefärbten Haaren und der auffällig engen Kleidung. Ihm gefiel sie, sie lachte viel, und zwischen den Schneidezähnen hatte sie eine kleine Lücke. Irgendwie sah das mädchenhaft aus. Nach der Mandelernte in jenem Frühjahr, als sie sich kennengelernt hatten, hatte er sie mit nach Palermo genommen. Sie war noch nie in der Stadt gewesen, und er erinnerte sich, wie überwältigt sie gewesen war. Sie kannte nur Trapani, ein verschlafenes Provinzstädtchen, und das Dorf am Meer, aus dem sie kam. Leere flache Strände, an denen wilde Hunde streunten und Schilf und Ginster wuchsen, im Dorf niedrige, weiße Häuschen an staubigen, verlassenen Straßen, ringsherum Mandel- und Olivenbäume. Er hatte die Gegend immer geliebt, sie war nicht spektakulär wie die Ostküste Siziliens mit dem Ätna, aber die Weite und die hellen Farben der Strände und der weitläufigen Salinen taten seinen Augen wohl.

Der Pasticciere trank den letzten Schluck Bier, zahlte und verließ die Bar. In der engen Straße roch es nach Waschmittel und Hundekot, ein warmer Wind ging, und er wischte sich den Schweiß von der Stirn. Als er ins Auto stieg und nach Hause fuhr, fiel ihm ein, wie er Vanda Madre Benedetta vorgestellt hatte. Sie hatte sie in den Arm genommen und sich mit ihm gefreut. Kein Wort über den engen, kurzen Lederrock und die Riemchensandalen mit den viel zu hohen Absätzen, mit denen sie über den Klosterhof gestolpert war. Es war klar gewesen, dass sie heiraten würden, so schnell es ging. Und Madre Benedetta hatte weiter Jobs für ihn gefunden, zuerst für ihn, dann auch für Vanda. Bald putzte sie im Kloster oder half bei der Wäsche – es lebten immer weniger Nonnen dort, und die, die übrig waren, wurden älter und gebrechlicher. Vanda hatte sich nicht geziert, sie putzte gründlich und war freundlich zu den Nonnen. Und die alten Frauen mochten sie.

Sie waren glücklich – oder jedenfalls dachte er das. Kinder kamen keine, obwohl er sich so sehr eine Tochter gewünscht hatte. Vanda nahm das hin, sie schien genügend mit sich selbst zu tun zu haben. Jedenfalls hatte er sie in den zehn Jahren, die sie verheiratet waren, nie klagen hören, dass sie kinderlos geblieben waren.

Dann hatte Madre Benedetta ihm vorgeschlagen, die Dolceria zu übernehmen. Vanda war begeistert gewesen, nun würde er Unternehmer und reich, es konnte nur eine Frage der Zeit sein. Sie träumte von einer eigenen Wohnung in einem der Wohnblöcke am Rande der Stadt, einem Palazzo mit *portiere*, bei dem sich Besucher anmelden mussten. Und einem eigenen Parkplatz, auf den sich niemand anderes stellen durfte, der nur auf ihr Auto wartete. Im Moment lebten sie in der Nähe des Klosters in einer Zwei-Zimmer-Wohnung. Das Haus war alt und renovierungsbedürftig, die Gasse so eng, dass man den gegenüberliegenden Balkon fast mit den Fingerspitzen anfassen konnte. Sie träumte von der Neubauwohnung und davon, jede Woche zum Friseur zu gehen.

Ihr Enthusiasmus war schnell verflogen, als es immer schwieriger wurde, als er kaum etwas verkaufte und trotzdem die Kredite bedienen musste. Und in den letzten Monaten hatte sie kein freundliches Wort mehr für ihn übrig gehabt, sie hatte ihn fast jeden Abend beschimpft. Er hatte sich Mühe gegeben, hatte alles in seiner Macht Stehende getan. Das war nicht genug gewesen. Bei weitem nicht.

Nun war Madre Benedetta tot. Vanda war ihm irgendwie abhandengekommen. Und dieser Commissario wollte ihm einen Mord anhängen.

Suor Carmela saß an dem großen Tisch im alten Refektorium des Klosters und weinte. Schon lange aßen die Nonnen nicht mehr hier, sondern in der Küche, dem kleineren Raum, in dem man sich zu dritt – oder nun zu zweit – nicht ganz so verloren vorkam. Das Refektorium war ein großer Saal mit hoher Decke und kahlen Wänden, der an den Innenhof grenzte und bis auf den mächtigen langen Eichentisch in der Mitte und die entsprechenden Stühle leer war.

Matteo und Luca saßen ihr gegenüber und wussten nicht, was sie tun sollten. Die alte Frau hatte die Hände vor das Gesicht geschlagen und schluchzte.

Luca war am Tag zuvor aus dem Krankenhaus entlassen worden, war aber noch eine Woche krankgeschrieben, und die Ärzte hatten Ruhe empfohlen. Nach wie vor war es viel zu heiß für die Jahreszeit, und Luca spürte, wie schwach er war. Die Wunde schmerzte bei jeder Bewegung, und nach wenigen Stunden war er müde wie nach einer durchwachten Nacht. Trotzdem war er mit Matteo an diesem Nachmittag ins Kloster gefahren: Suor Carmela hatte Matteo angerufen und eine wirre Geschichte erzählt, die sie nicht verstanden. Dass der Commissario überzeugt davon war, dass Gaetano Di Stefano der Täter sei und es auf den Gärtner abgesehen habe. Dass Sünden begangen worden wären, die unaussprechlich seien. Matteo hatte kein Wort verstanden und versprochen, so schnell wie möglich zu kommen.

Suor Carmela hatte sie empfangen, ins Refektorium geführt, sich an den Tisch gesetzt und zu schluchzen begonnen.

»Suor Carmela, was ist denn nun passiert?« Matteo war zu ihr getreten und hatte ihr einen Arm um die Schultern gelegt.

»Vanda ... und der Gärtner, Antonio ... meine Vanda ... der Gaetano ...«

»Der Commissario hat mir gesagt, dass der Pasticciere kein Alibi hat«, sagte Matteo. »Und dass Vanda dem Gärtner eins gegeben hat. Haben die beiden eine Affäre, Suor Carmela?«

Der Schluss lag nahe – Matteo und Luca hatten auf der Fahrt ins Kloster nur diese Lösung gefunden, die zu den »unaussprechlichen Sünden« passte.

Suor Carmela nickte und brachte kein Wort mehr heraus.

»Aber das heißt doch noch lange nichts, Suor Carmela«, versuchte Luca, sie zu beruhigen. »Deswegen sticht man doch niemanden nieder. Und ich sehe auch von hinten ganz anders aus als der Gärtner!«

»Eine Sünde! Hier im Kloster!«

Luca warf Matteo einen vielsagenden Blick zu. Dass Gaetano bezichtigt wurde, Luca niedergestochen zu haben, interessierte die alte Frau entweder nicht, oder sie hatte es über der unaussprechlichen Sünde vergessen. Jetzt zog Suor Carmela ein Taschentuch aus ihrer Kutte und putzte sich die Nase. Die großen Augen hinter der Brille waren rot. Als sie die Brille abnahm und sich über die Augen wischte, die plötzlich eine normale Dimension hatten, sah ihr Gesicht anders aus, noch älter.

»Suor Carmela, der Commissario glaubt, dass Gaetano mich niedergestochen hat. Glauben Sie das auch?«, versuchte es Luca.

»Gaetano kann nicht backen, und ich hätte ihm nie unsere Dolceria anvertraut ...« Hier stockte sie und sah Matteo ängstlich an. »Natürlich hat Madre Benedetta immer bedacht und weitsichtig gehandelt, und ich will mir kein Urteil erlauben ... aber nein, backen kann er nicht.«

»Trauen Sie ihm zu, dass er mich niedersticht, weil er mich für den Gärtner hält, mit dem seine Frau schläft?«

Luca stöhnte leise auf, als ihn Matteo vor das Schienbein trat und wütend anfunkelte. Suor Carmela sah ihn fragend an, dann schüttelte sie den Kopf. »Sünde, so eine Sünde, wir müssen beten, damit den armen Menschen vergeben wird.«

»Ist Antonio heute hier?« Matteo wechselte das Thema. »Ich würde gern mit ihm reden.« Dabei warf er einen bösen Seitenblick auf Luca. Der musste an sich halten, um sich das Grinsen zu verkneifen. Manchmal half bei seinen Interviews eine solche verbale Schocktherapie, und er bekam Antworten, auf die er lange gewartet oder die er gar nicht erwartet hätte. Suor Carmela war ein harter Brocken, sie hörte nicht, was nicht in ihre Welt passte. Oder betete es einfach weg. Sie hatten keine Chance, sie zu erreichen.

»Ja, ich glaube, er ist noch im Garten. Aber ich will ihn nicht sehen. Nein, ich kann nicht ...«

»Hat Antonio Napoli eigentlich den Auftrag, in der Sakristei aufzuräumen und das Silber zu putzen?«, fragte Matteo, als er merkte, dass Suor Carmela unruhig auf die Uhr sah.

Sie schaute ihn erstaunt an. »Aufräumen und putzen? Das hat er nie gemacht, das mag er auch nicht. Er hatte ja immer seinen Stolz. Putzen ist Frauensache, sagt er. Gärtner, Hausmeister, man durfte ihm nicht zu viel zumuten.« Sie zögerte. »Aber wer weiß, welche Aufträge ihm Madre Benedetta gegeben hat. Ich weiß nicht viel, sie hat sich um alles gekümmert. Dann verschwanden ja Dinge, und sie hat oft abgeschlossen. Aber natürlich muss alles geputzt werden, bevor die vom Museum kommen, um es abzuholen. Und für Benedetta hat Antonio alles getan. Sie war die Einzige, mit der er manchmal über seine Angelegenheiten gesprochen hat. Nie eine Frau oder Freundin, immer allein. Das ist nicht gut, habe ich gedacht, das kann nicht gut sein für einen Mann. Ich konnte ja nicht ahnen, dass er und Vanda ... nein ...«

Suor Carmela stand auf und sah auf ihre Uhr.

»Entschuldigt mich bitte, Anselmo kommt gleich, er will nach Suor Agata sehen. Sie wird immer verwirrter, die Arme ...« Damit ging sie eilig aus dem Raum.

Luca und Matteo wechselten Blicke.

»Wenn du mich fragst«, sagte Luca, »ist der Gärtner am ehesten verdächtig. Wahrscheinlich steckt er hinter den Diebstählen. Und ich habe ihn dabei gesehen. Wenn er nun gedacht hat, ich habe ihn erwischt und lasse ihn bei nächster Gelegenheit hochgehen? Dann hätte er ein Motiv.«

»Und Madre Benedetta könnte ihn ebenfalls erwischt haben«, sagte Matteo langsam. »Er räumt alle aus dem Weg, die seine Machenschaften bemerken. Und Vanda, seine Geliebte, gibt ihm ein Alibi. Könnte sein, aber wieso macht er halbe Sachen mit dem Messer im Rücken? Ich meine, er konnte nach einem Stich nicht sicher sein, dass du sterben würdest.«

»Wenn er die Lunge erwischt hätte und man mich erst nach einer Weile gefunden hätte ...« Luca spürte, wie ihm bei dem Gedanken der Schweiß auf die Stirn trat.

»Ich habe Glück gehabt. Aber du hast recht, er konnte sich nicht sicher sein. Und ich war ja ohnmächtig und hab mich nicht gewehrt – dieser Antonio sieht nicht aus wie einer, der halbe Sachen macht. Aber wie hätte er Madre Benedetta überhaupt umbringen sollen? Matteo, sei mir nicht böse, diese Geschichte mit dem Mord an deiner Tante glaube ich immer noch nicht, egal, was sonst noch im Kloster passiert.«

Matteo beugte sich vor. »*Va bene, va bene*, lassen wir meine Tante vorerst raus. Nochmal von vorn: Du gehst in die Bibliothek ...«

Luca schlug sich mit der flachen Hand gegen die Stirn. »Weißt du was? Ich wollte doch das Tagebuch zurück an seinen Platz in der Bibliothek stellen. Ada hat es in einer Art hölzernem Buch gefunden. Und als ich dort stand und das hölzerne Buch gesucht habe, habe ich noch mehrere andere entdeckt, die in den Regalen darüber und darunter standen. Jetzt fällt es mir wieder ein, das hatte ich ganz vergessen!«

»Das heißt?« Matteo konnte ihm nicht folgen.

»Das heißt, dort sind noch mehr geheime Tagebücher. Was keinen interessieren dürfte außer Ada. Oder aber in den anderen hölzernen Büchern ist etwas anderes, das nicht gefunden werden soll. Zum Beispiel Schmuck aus der Sakristei. Wir sollten nachsehen. Der Gärtner könnte in der Bibliothek ein richtiges Depot angelegt haben.«

»Ja, das könnte sein. Der Gärtner oder jemand anderes, der häufig im Kloster ist. Ich glaube ja immer noch, dass Spataro seine Finger im Spiel haben könnte.«

»Ich weiß nicht – selbst wenn er ein Motiv gehabt hätte, Madre Benedetta umzubringen, weshalb geht er dann auf mich los?«

»Weil wir ihm auf der Spur sind?«

»Das weiß er doch gar nicht.«

»Du bist in der Kurie aufgetaucht und hast dich nach dem Verkauf des Klosters erkundigt. Das werden die den Spataro-Brüdern gesagt haben.«

»Aber ich habe keine Auskunft bekommen. Alles vollkommen unverdächtig. Wir haben keine Anhaltspunkte – wieso sollte er mich angreifen?«

»Wir müssen beide Spuren verfolgen, Luca. Und wenn deine Theorie mit den hölzernen Büchern stimmt, aber Spataro und nicht der Gärtner dort etwas versteckt, dann hat er dich eben von einer Entdeckung abhalten wollen.

Der Commissario hat sich auf den armen Pasticciere eingeschossen. Und der ist es bestimmt nicht gewesen. Komm, jetzt schauen wir nach, ob der Gärtner noch da ist.«

Antonio war noch da. Sie sahen ihn im Garten stehen, gebeugt über etwas, das wie ein kleiner, grauer Haufen aussah. Die schwarzen Locken hingen ihm ins Gesicht, und als er sich aufrichtete, weil er ihre Schritte gehört hatte, dachte Luca, dass er verstand, wieso Vanda ihn dem Pasticciere vorzog: Dessen blasses Gesicht mit den ausdruckslosen Augen und der deutliche Bauch bildeten einen unansehnlichen Kontrast zu Antonio Napolis Äußerem, dem man ansah, dass er sich viel bewegte und draußen arbeitete: Er war schlank und muskulös, groß, hatte einen gestutzten Vollbart, der noch ebenso dunkel war wie die schwarzen Locken. Frauen wie Vanda mochten solche Kerle. Wie sie überhaupt an Gaetano geraten war, konnte Luca sich nicht erklären. Er war noch immer mit der Betrachtung des Gärtners befasst, als Matteo sich erschrocken über das graue Häuflein beugte. Jetzt erst erkannte er, dass es der Kater war, den er ein paarmal gesehen hatte – offensichtlich tot.

»Aber das ist doch … Pino, der Kater meiner Tante?«

Der Gärtner schaute sie an. In seinem Blick lag Trotz und Spott.

»Ja, das ist Pino. Und Pino ist tot. Ich grabe gerade ein Loch, um ihn zu beerdigen. Er hat das Kloster sein Lebtag nicht verlassen und soll das auch jetzt nicht tun.«

»Was ist denn passiert? Er war höchstens fünf Jahre alt, ich erinnere mich noch, wie meine Tante von ihm erzählt hat, sie hat ihn auf der Straße gefunden als kleines Kätzchen …«

»Was soll passiert sein? Katzen sterben. Mit zwei, fünf oder fünfzehn Jahren. Wieso mischt ihr euch hier dauernd ein? Wenn ihr hier nicht herumgeschnüffelt hättet, wäre auch nichts passiert.«

Luca sah, wie Matteo tief Luft holte, sich dann aber zurückhielt. Die Feindseligkeit des Gärtners stand greifbar zwischen ihnen. Er presste die Hand so fest um seine Spitzhacke, dass die Knöchel weiß wurden.

»Irgendetwas stimmt hier nicht, Signor Napoli, und wir wollen herausfinden, was es ist. Das ist Matteo seiner Tante schuldig. Und ich wüsste auch gern, wer mich angegriffen hat. Und warum. Dass es Gaetano Di Stefano war, glaube ich übrigens nicht«, fügte er noch hinzu und schaute den Gärtner an, der seinem Blick standhielt.

»Da kann ich nicht helfen. Ich habe schon lange aufgehört zu glauben.«

»An die Liebe glauben Sie aber offensichtlich schon, oder?«

Napoli sah Matteo verächtlich an. »Was soll das werden? Ihr Freund hier hatte doch schon genug Schwierigkeiten.«

»Vanda und Sie sind ein Paar. Sie hat Ihnen ein Alibi gegeben. Nicht sehr glaubwürdig, finde ich«, mischte sich Luca ein.

»Ein Paar? Die Signora Di Stefano hat ein gewisses Interesse an mir, das ist richtig. Aber ich dachte, Sie sind Journalist und nicht der Papst? Seit wann ist Sex verboten?«

Er drehte sich um, und Luca sah, dass es wenig Zweck hatte zu insistieren.

Bevor sie das Kloster verließen, verabschiedeten sie sich von Suor Carmela, die mit der anderen Nonne in der Küche saß. Suor Agata würdigte sie keines Blickes, sie war damit beschäftigt, Gemüse kleinzuschneiden, und vollkommen versunken in das, was sie tat. Sie machte schnelle, sehr präzise Bewegungen, und Luca war erstaunt, wie gleichmäßig dünn die Möhrenscheiben waren, die sie schnitt.

Suor Carmela stand auf und kam auf sie zu. Von dem toten Kater schien sie nichts zu wissen, und weder Matteo noch Luca wollten sie über den Todesfall aufklären.

»Habt Ihr Antonio gefunden? Er war sicher nicht sehr freundlich – er ist im Moment noch verschlossener als sonst ... Madre Benedetta hat ihn immer verteidigt, hat gesagt, er habe eine zarte Seele, aber eine raue Hülle. Er hat es ja auch nicht leicht gehabt im Leben. Schlimme Verhältnisse, der Vater im Gefängnis, die Mutter hat getrunken. Madre Benedetta wusste das, und als man ihn im Waisenhaus nicht länger haben wollte, hat sie ihn hierhergeholt.«

»Weshalb wollte man ihn nicht länger haben, Suor Carmela?«, fragte Luca.

Suor Agata, die ohne aufzuschauen ihr Gemüse geschnitten hatte, sah ihn jetzt an und räusperte sich.

»Viele junge Mädchen«, sagte sie verächtlich. »Viel zu viele junge Mädchen ...«

»Agata, was redest du da!« Suor Carmela klang empört.

Suor Agata beachtete sie nicht, sie wandte sich wieder ihrem Gemüse zu und begann, leise zu summen.

Suor Carmela schüttelte jetzt nochmal den Kopf.

»Wartet einen Augenblick, ich gebe euch ein paar *cannoli* mit. Die gelingen Gaetano eigentlich gut, nicht wahr, Agata?«

Aber die summte weiter, während sie Suor Carmela einen Plastikteller mit vier großen *cannoli* gab.

Luca bestand darauf, dass Matteo drei behielt, und nahm nur eins für Ada. Er selbst war bei der Hitze nicht scharf auf die süße, schwere Ricotta, sosehr Matteo ihm auch versicherte, es sei die leichteste und himmlischste Ricottacreme, die man sich vorstellen könne – sie zergehe auf der Zunge.

Die kann auf Adas Zunge zergehen, dachte Luca, als er die Treppe in seine Wohnung hochstieg. Als er die Tür öffnete, schlug ihm Hitze entgegen. Er stellte den Teller mit dem *cannolo* in den Kühlschrank und riss die Terrassentür auf. Dann legte er sich aufs Bett und war innerhalb von fünf Minuten eingeschlafen.

20

»Wieso gibst du mir kein Alibi?«, fragte Gaetano. Er saß am Küchentisch und starrte auf die blaue, weiß gepunktete Wachstuchdecke, die auf dem kleinen Tisch lag. Seine Pasta hatte er kaum angerührt, sie war schnell gekocht, lieblos, Spaghetti mit einer Tomatensauce, in der ein paar fettige Auberginenstückchen schwammen.

Vanda stand an der Spüle und wusch ab.

»Weil ich nicht für dich lüge. Wieso sollte ich? Was hast *du* für mich getan?«

Sie drehte sich um und riss sich die Schürze vom Leib. Darunter trug sie ein schwarzes Minikleid aus Stretchstoff. Der gepolsterte BH, der ihre kleinen Brüste anhob, zeichnete sich deutlich ab.

»Du hast gesagt, du warst bei Antonio, aber wie lange kann das gewesen sein? Und wie kannst du dich so genau an die Uhrzeit erinnern?«

Er verstand Vanda einfach nicht. Sie hatte geputzt und war irgendwo im Kloster dem Gärtner begegnet. Das gab ihm doch kein Alibi.

Sie starrte ihn wütend an. Er sah, dass es in ihr brodelte.

»Du kapierst es nicht, oder? Du kapierst es erst, wenn es dir jemand ins Gesicht sagt. Dann lieber ich als dieser Bulle: Ich bin Antonio nirgends begegnet, und ich habe auch nicht geputzt. Ich habe ihn wie fast jeden Tag seit Monaten in einer der Zellen im zweiten Stock getroffen.«

»Aber wieso?« Er verstand nicht. Wieso sollte Vanda sich jeden Tag mit Antonio treffen? Was hatten sie zu besprechen? Er war müde und verstand immer weniger, was um ihn herum vorging.

»Wieso? Wieso fragst du? Weil wir ficken, und zwar jeden Tag. Er fickt mich, bis ich den Verstand verliere, von hinten, von vorn, so wie du es dir gar nicht vorstellen kannst. Er fickt mich, bis ich schreie, wenn er mir nicht den Mund zuhalten würde, damit ihr gottverdammten Idioten es nicht hört. Verstehst du *das*?«

Sie hatte immer lauter geschrien, und er war schockstarr. Nur langsam drangen ihre Worte zu ihm durch. Seine Vanda, die ihm nie erzählt hatte, was sie gemacht hatte, bevor sie sich kennengelernt hatten. Hier und da eine Bemerkung, und er hatte gedacht, dass das, was vorher gewesen war, zu schlimm für sie war, um darüber zu sprechen. Er war ganz vorsichtig gewesen mit ihr im Bett, hatte sie meistens in Ruhe gelassen. Sie schien dankbar gewesen zu sein, und er hatte geglaubt, sie zu verstehen.

»Und darum weiß ich auch, dass er die ganze Zeit, zwei Stunden lang, bei mir in der Zelle war und nicht auf den Journalisten eingestochen hat. Weil ich ihm einen geblasen habe, dann hat er mich zweimal von hinten genommen, bis wir beide gekommen sind, und wir haben nichts, aber auch gar nichts mitbekommen, was sonst noch passiert ist. Weil es uns scheißegal war. Kapierst du das?«

Er starrte sie immer noch an und sagte kein Wort. Wer war diese Frau? Sie war hochrot, sie hatte so laut geschrien, dass man es bestimmt bis auf die Straße hinaus gehört hatte.

»Jetzt sag was, du Idiot, du Trottel!« Sie kreischte fast, aber er war unfähig zu reagieren, er konnte nicht einmal den kleinen Finger rühren.

»Ich lass mich scheiden, ich heirate ihn! Ich habe die Schnauze voll von dir! Und habe dich eh nicht geliebt, nie geliebt. Schau dich doch an!«

Gaetano war immer noch wie gelähmt. Da riss sie einen Teller aus der Spüle und schmiss ihn gegen die Wand, dann noch einen und noch einen. Er hörte Schritte im Treppenhaus, sicher hatten auch die Leute unter und über ihnen in dem kleinen verfallenen Palazzo in der engen Gasse alles mitbekommen. Jetzt hämmerte jemand von draußen an die Tür. »Madonna, gebt endlich Ruhe, die Kinder wollen schlafen!«

Langsam stand er auf. Es kostete ihn unendliche Mühe, aber dann schaffte er es. Er nahm den Autoschlüssel, der auf der Kommode in einem bunten Keramikschälchen lag, das er ihr einmal auf dem Fest der heiligen Rosalia gekauft hatte, und verließ wortlos die Wohnung.

»Pino! Pino, wo bist du?«

Suor Carmelas Stimme klang weinerlich, und ihre Rufe hallten durch den Klostergarten. Ein paar Vögel zwitscherten, die Grillen zirpten in der Hitze. Die Nonne ging zu den Kräuterbeeten, sie bog den Thymian auseinander. Als eine Eidechse vor ihr davonhuschte, zuckte sie zusammen.

Sie hörte Anselmo Spataro nicht, der jetzt aus dem Kloster in den Garten trat und auf sie zuging. Als er ihr von hinten eine Hand auf die Schulter legte, fuhr sie herum.

»Ist etwas passiert? Bei der Hitze ist es besser, im kühlen Kloster zu bleiben.«

»Pino, ich suche Pino ... Hast du ihn gesehen? Madre Benedettas Kater. Seit gestern ist sein Fressnapf unberührt. Das ist noch nie passiert. Pino hat noch nie eine einzige Mahlzeit versäumt. Er hat ja auch ein stattliches Gewicht ...«

»Kann es nicht sein, dass er draußen herumstreunt?«

»Das hat er noch nie gemacht, Anselmo, noch nie! Draußen interessiert ihn nicht, Vögel, Eidechsen und Mäuse interessieren ihn nicht – nur die Dolceria interessiert ihn. Wenn gebacken wird, ist er da und wartet darauf, dass etwas für ihn abfällt. Dabei sollte er uns doch von der Mäuseplage befreien. Ein seltsamer Kater, aber Madre Benedetta hat ihn geliebt ...«

Suor Carmela zog ein Taschentuch aus ihrer Kutte und schnäuzte sich.

»Entschuldige, ich bin im Moment viel zu nah am Wasser gebaut.« Sie schaute auf die Uhr. »Willst du zu Agata? Es ist eigentlich noch zu früh ...«

»Nein«, unterbrach sie Spataro. Er fuhr sich durch die Haare und schaute sich um. »Ich will in die Sakristei, wollte noch ein Bild von Vaters Ring machen, bevor er zusammen mit den anderen Sachen abgeholt wird. Aber dort ist abgeschlossen.«

»Ach so? Ich weiß gar nicht, vielleicht hat Antonio abgeschlossen ... komm, ich mache dir auf.«

Sie ging vor ihm her. Dann musste sie lange suchen, ehe sie den Schlüssel zur Sakristei fand. Er war größer als alle anderen und sah verrostet aus, und es dauerte eine Weile, bis sie mit zittrigen Fingern den Schlüssel ins Schloss gesteckt und ihn dreimal herumgedreht hatte.

»Danke«, sagte Spataro knapp und betrat die Sakristei. Suor Carmela folgte ihm nicht, sie drehte sich wortlos um und ging zurück in Richtung Innenhof.

»Pino ... Pino ...« Ihre Stimme hallte durch die Gänge, und das Licht blendete sie, als sie wieder in den Garten hinaustrat.

»Er ist tot. Ich habe ihn begraben – da drüben an der Mauer.« Antonio Napolis Stimme war ruhig und emotionslos. Er schaute die alte Nonne unverwandt an, die ein Taschentuch aus ihrer Kutte nahm und sich die Nase schnäuzte.

»Aber was hatte er denn? Ich habe gar nicht gemerkt, dass er krank war. Wo hast du ihn denn gefunden?«

Sie wischte sich die Tränen ab und fuhr fort, ohne auf eine Antwort zu warten:

»Er ist vor Trauer gestorben, Trauer um Benedetta, der Arme ...«

»Na ja, dafür hat er vorher aber viel gekotzt und jämmerlich geschrien.«

Suor Carmela schaute ihn erschrocken an. »Was redest du da?« Ihr schien etwas einzufallen, und sie wich einen Schritt zurück.

»Du ... du hast das Unglück hierhergebracht. Du hast die arme Vanda auf den Pfad der Sünde geführt und jetzt ... und jetzt ...«

»Da war nicht viel zu führen, Suor Carmela, und ich hätte nicht darüber reden wollen, die Sache wäre besser zwischen Vanda und mir geblieben. Es war eh vorbei, eine Laune, wie es manchmal so ist. Aber das können Sie natürlich nicht verstehen«

Suor Carmela starrte ihn an. »Wie meinst du das? Eine Laune? Es ist vorbei? Was soll denn jetzt werden, was soll aus Vanda werden?«

»Suor Carmela, wir leben im einundzwanzigsten Jahrhundert. Und es ist mir vollkommen egal, was aus Vanda wird. Sie muss endlich Ruhe geben.«

Er drehte sich um und ließ die alte Frau in der Hitze des Gartens stehen. Das Zirpen der Grillen schwoll an, es wehte kein Lüftchen. Suor Carmela ging zu einem der Zitronenbäume und stützte sich auf den dicken Stamm. Sie atmete schwer.

21

Ada schaute auf die Uhr und runzelte die Stirn. Es war zwölf Uhr, und sie hatte noch keine Seite übersetzt. Im Aschenbecher lagen fünf Kippen, der Bildschirm ihres Computers hatte längst auf Ruhemodus geschaltet, und vor ihr lag aufgeschlagen das in Leder gebundene Tagebuch.

Sie stand auf und ging ans Fenster, das fest verschlossen war, damit die altersschwache Klimaanlage den kleinen Raum, in dem nur ihr Schreibtisch stand und alle Wände mit Bücherregalen vollgestellt waren, so gut es ging kühlen konnte.

Lili ... diese Lili hatte sich also verliebt, was sie nicht hätte tun dürfen. Beide, Lili und Corrado, hatten ein schlechtes Gewissen gehabt, aber die Liebe war stärker gewesen.

Die Schrift im Tagebuch war klein und verschnörkelt, und es hatte sie Mühe gekostet, den Anfang zu entziffern. Dann hatte sie sich eingelesen und weitergelesen – und darüber die Zeit vergessen.

Irgendwann waren die beiden entdeckt worden, und man hatte Lili nach Catania geschickt, in ein anderes Kloster, das Kloster der heiligen Agata. Dort hatte sie begonnen, ihr Tagebuch zu schreiben, weil sie niemanden kannte, weil ihr die vertraute Umgebung fehlte und natürlich der Geliebte. Von Palermo nach Catania ... wie lange hatte man wohl damals gebraucht, eine Tagesreise oder mehr? Mehr, sicher waren es zwei oder drei Tage. Jedenfalls war es eine andere Welt, aus der es kein Zurück gab.

Sie räumte das Tagebuch weg. Es war spät, sie musste noch zwei Stunden arbeiten, bevor sie mit Luca zum Mittagessen verabredet war. *Maigret und die alte Dame* – sie hatte noch zwei Monate Zeit bis zum Abgabetermin. Simenon hatte seine Kriminalromane meistens innerhalb von vier Wochen geschrieben, aber sie brauchte länger, um seine klare Sprache, in der kein Wort zu viel war, ins Italienische zu bringen. Sie versuchte, sich auf Maigret und Fernand Besson zu konzentrieren, eine alte Dame, deren Dienstmädchen bei einem Giftanschlag ums Leben gekommen war, von dem sie glaubte, dass er ihr gegolten habe. Sie schaute ein Wort nach, deren Bedeutung ihr nicht ganz klar war, dann zündete sie sich noch eine Zigarette an. Das Pling der eingehenden E-Mail kam ihr wie eine Erlösung vor. Als sie nach dem Absender in ihrem Postfach schaute, zuckte sie zusammen.

Sie schloss das Postfach, schaltete den Computer aus, stand auf, griff nach ihrer Tasche und verließ fast fluchtartig die Wohnung. Emiliano Greco, Universität Catania.

Das war Jahre her. Sie hatten keinerlei Kontakt mehr gehabt. Konnte er hellsehen? Wusste er, dass sie sich gerade an diesem Vormittag mit Catania beschäftigt hatte, dass sie an die dunklen Straßen und den Berg gedacht hatte? Und unweigerlich auch an ihn? Ziellos ging sie durch enge Gassen, bis sie merkte, dass sie die Richtung zum Meer eingeschlagen hatte. Am Yachthafen, der um die Mittagszeit und bei dieser Hitze menschenleer war, setzte sie sich auf eine der steinernen Bänke auf der Mole und schaute aufs Meer. Das Meer hatte ihr gefehlt in Catania. Obwohl auch diese Stadt ja eigentlich am Meer lag.

Emiliano Greco hatte sie vor Jahren bei einem Übersetzerkongress getroffen, den er, Professor für Anglistik an der Universität Catania, dort ausgerichtet hatte. Sie war eingeladen gewesen, über Simenon und die Schwierigkeiten, ihn zu übersetzen, zu sprechen. Lange hatte sie gezögert. Nicht ohne Grund hatte sie sich für einen Beruf entschieden, der ohne öffentliche Auftritte, ohne das lästige Sichzeigen auskam. Auf ein Symposium oder Kolloquium oder wie immer dieser Emiliano Greco das genannt hatte, konnte sie verzichten. Er hatte nicht lockergelassen, erst per Mail, schließlich am Telefon. Sie sei die wichtigste Übersetzerin hier auf Sizilien, ohne sie würde er den Kongress absagen. Ada hatte lachen müssen, das war natürlich Unsinn. Aber sie, die eigentlich nicht anfällig war für Schmeicheleien, hatte sich doch irgendwie geschmeichelt gefühlt. Außerdem hatte ihr seine Stimme gefallen, tief und voll. Er hatte ihr von seinen Übersetzungen erzählt, von Patricia Highsmith. Sie hatten bald jeden Tag gemailt, dann auch jeden Tag telefoniert. Da hatte sie längst zugesagt, nach Catania zu kommen. Mit ihm zusammen bei einem Symposium zu diskutieren. Von Simenon zu erzählen. Seine Euphorie und seine Stimme, seine Fragen nach ihrer Arbeit hatten jeden Widerstand aufgelöst.

Als sie damals in ihrem klapprigen Panda auf dem Weg nach Catania war, war ihr aufgefallen, dass sie sich verliebt hatte. Sie fand sich lächerlich, wie konnte man sich in E-Mails und eine Telefonstimme verlieben? Aber sie hatten dieselben Themen und Probleme und lachten über dieselben Dinge – und das war etwas, das sie mit keinem ihrer Freunde und Bekannten teilte. Eine merkwürdige Intimität hatte sich eingestellt, das Gefühl, dass niemand sie so verstand wie er. Vom Übersetzen, von der Sprache waren sie dann irgendwann auf ihr Leben gekommen – ihre Scheidung vor zwei Jahren, seine Ehe, die in einer Krise steckte. Er hatte zwei Kinder und haderte mit sich und der Situation.

Kurz vor Catania hätte sie beinahe umgedreht und wäre zurück nach Palermo gefahren, weil sie Angst davor hatte, ihm zu begegnen.

Ada zündete sich eine Zigarette an und schaute den Möwen zu, die sich kreischend um ein paar Fischreste balgten. Der Kongress war ein Taumel gewesen, drei Tage, die sie nie vergessen hatte. Er hatte sie in ihrer kleinen Pension in einer Seitenstraße der Via Etnea abgeholt, um sie zur Universität zu begleiten. Sie hatte in dem Eingangsbereich der Pension gestanden, er hatte mit Schwung die Tür geöffnet, hatte sie wie selbstverständlich in den Arm genommen und auf den Mund geküsst. Es hatte sie nicht überrascht oder geärgert, nein, es war genau das, was sie wollte und was passieren musste. Die Vertrautheit der Telefonate und der Mails hatte sich in der Realität sofort eingestellt, es war, als hätte es ihn schon immer gegeben in ihrem Leben. Sie hatte ihn sich nicht vorgestellt, aber er sah so aus, wie er aussehen musste: Schön. Fand sie. Ein kluges Gesicht, kluge, hellbraune Augen, umrahmt von dunkelbraunem, glattem Haar. Er war nicht besonders groß, schlank, aber nicht zu schlank. Sie hatte ihn nie beschreiben können, er war einfach er, Emiliano. Sein Geist und sein Körper. Der Kongress – der Vortrag, den sie gehalten hatte, das Symposium, auf dem sie miteinander diskutiert hatten, über Simenon und Highsmith, über die Strukturen der englischen Grammatik und die der romanischen Sprachen – war wie ein Traum gewesen, die Nächte auch. Benommen war sie zurückgefahren, obwohl er sie gebeten hatte zu bleiben für immer. Kein Wort über seine Frau.

Sie war weggefahren, aber sie hatten jeden Tag telefoniert, fünf Mal, zehn Mal. Gemailt, sich alles geschrieben. Sie lebte sein Leben, er ihres. Und er begann, Pläne zu machen. Wie es weitergehen sollte. Sie sahen sich heimlich, einmal im Monat. Eingefordert hatte sie nie etwas. Von sich aus setzte er immer neue Fristen, wann er seine Familie verlassen würde. Wann sie nach Catania ziehen sollte. Nach anderthalb Jahren spürte sie mit Gewissheit, dass er niemals gehen würde. Und lieber dieses Doppelleben mit ihr führte, das obsessiv war, das Leben in einer Blase, zu der niemand Zutritt hatte. Exklusivität um den Preis der Isolation.

Sie bat ihn irgendwann, sich nicht mehr zu melden. Es war das schwerste Telefonat ihres Lebens. Sie merkte hinterher, dass ihr die Scheidung von ihrem Mann leichter gefallen war. Aber ein Leben per E-Mail und Handy war nicht das, was sie wollte. Auf seine Versuche, sie umzustimmen, hatte sie nicht mehr reagiert. Es dauerte Monate, bis sie wieder ruhig schlafen oder auf ihr Handy schauen konnte ohne den heimlichen Wunsch, ein Zeichen von ihm zu finden. Jahre, bis sie nicht mehr jeden Tag an ihn dachte. Dann war Luca gekommen. Der so anders war.

Sie stand auf. Luca war Palermo, ihre Heimat, auch wenn er aus Cefalù stammte. Catania hatte sie hinter sich gelassen. Was wollte sie mit diesem alten Tagebuch? Eigentlich war sie nicht abergläubisch, aber plötzlich glaubte sie, sie selbst hätte die Vergangenheit heraufbeschworen, weil sie dieses Tagebuch nicht losließ, das sie zurück nach Catania führte. Sie war dort nicht glücklich geworden. Und die arme Lili natürlich auch nicht, so viel hatte sie gelesen.

Ein warmer Wind war aufgekommen, der Ada die schwarzen Haare ins Gesicht wehte. Sie spürte, wie ihr eine Träne über das Gesicht lief, und ärgerte sich.

Jetzt war Schluss, sie würde das Tagebuch selbst zurückbringen und die Mail von Emiliano löschen.

Sie musste sich um Luca kümmern, ihm ging es immer noch nicht gut. Und Catania und die Geschichte der verliebten Nonne vergessen.

Als sie auf die Uhr schaute, sah sie, dass es spät geworden war – wenn sie noch pünktlich zu ihrer Verabredung mit Luca kommen wollte, musste sie sich beeilen.

Am frühen Nachmittag klingelte sie an der Klosterpforte

an der Piazza Bellini und hoffte, dass sie die beiden alten Nonnen nicht bei ihrer Mittagsruhe störte. Sie hatte Luca davon erzählt, dass sie das Tagebuch nun wirklich zurückbringen wolle, aber hatte kein Wort über Emiliano verloren. Sie hatte ihm nie viel über verflossene Liebhaber erzählt – wieso jetzt damit beginnen? Es würde ihn nervös machen. Seit Wochen hatte sie den Eindruck, dass er mehr wollte. Und seit dem Angriff im Kloster war er verunsichert, auch wenn er immer wieder beteuerte, das Messer könne nicht ihm gegolten haben. Bei einem Teller *spaghetti alle vongole* sprachen sie nicht über Catania, Lili und das Tagebuch, sondern über das Kloster und die Neuigkeit, dass der Gärtner eine Affäre mit der Frau des Pasticciere hatte.

»Und der Kater ist auch tot«, hatte Luca irgendwann gesagt. »Der Gärtner hat ihn im Garten begraben, als wir kamen.«

»Langsam klingt es nach einem Simenon-Roman. Ich frage mich, ob alles miteinander zusammenhängt.«

»Ja. Und ob Madre Benedetta wirklich ermordet worden ist, wie Matteo behauptet. Das werden wir wohl nie herausfinden.«

»Wäre es ein Simenon-Roman, hinge alles mit allem zusammen. Auch die Nonne aus Catania und der tote Kater würden eine Rolle spielen«, hatte Ada nachdenklich gesagt. Bald darauf musste Luca gehen, er hatte einen Arzttermin, und Ada machte sich auf den Weg ins Kloster.

Es dauerte lange, bis ihr geöffnet wurde – die Frau des Pasticciere schaute sie fragend an, offensichtlich erinnerte sie sich nicht an sie. Vanda. Wieder trug sie ein viel zu enges Kleid, diesmal feuerrot. Ada fiel auf, dass ihr Lippenstift verschmiert war.

»Was wollen Sie? Wer sind Sie?«

»Ich möchte zu Suor Carmela, wenn das möglich ist.«

»Einen Augenblick!« Die Frau schlug ihr die Tür vor der Nase zu, und wieder dauerte es eine Ewigkeit, bevor Ada erneut Schritte hörte. Suor Carmela selbst öffnete ihr, ihr Gesicht hellte sich auf, und freundlich bat sie sie herein.

»Wie schön, wenn es in diesen Tagen einmal nicht die Polizei ist! Kommen Sie, mein Kind, kommen Sie ...«

Ada folgte der alten Frau, die sie in den Empfangsraum führte, in dem Madre Benedetta aufgebahrt gelegen hatte.

»Was führt Sie zu mir?« Sie lächelte erwartungsvoll, und Ada gab sich einen Ruck und erzählte von ihrem Diebstahl. »Es tut mir leid, Suor Carmela, ich konnte nicht anders, und jetzt möchte ich das Tagebuch an seinen Platz zurückstellen.«

»Lili ...« Suor Carmelas Gesichtsausdruck wurde beinahe träumerisch. »So lange habe ich ihren Namen nicht mehr gehört oder in den Mund genommen. Die Dinge liegen begraben unter zu vielen Jahren, sie verschwinden und hinterlassen keine Spur. Bis jemand kommt, jemand wie Sie, und sie ausgräbt.«

Ada schaute sie erstaunt an. »Sie kennen Lilis Geschichte und das Tagebuch?«

»Aber ja – es ist allerdings sehr, sehr lange her! Ich war recht neu im Kloster ... Wir waren alle einmal jung, meine Liebe, auch ich. So wie Lili. Eines Abends ging ich aus der Kapelle zurück in meine Zelle, als ich Stimmen hörte. Hier aus diesem Raum. Weinen, Schluchzen. Madre Benedettas Stimme, die damals noch nicht Madre war, die versuchte, jemanden zu beruhigen. Es war Suor Agata, unsere Suor Agata, die inzwischen alles vergessen hat und weit weg ist. Ich habe damals an der Tür gelauscht, ich konnte nicht anders. Die Neugierde war zu groß. Sie müssen wissen, Kindchen, dass auch wir Gefühle hatten, dass auch wir nicht nur beten wollten. Agata war sehr intelligent, man hatte sie sogar studieren lassen, sie sollte Lehrerin werden. Benedetta war nur fünf Jahre älter, hatte aber dafür gesorgt, dass das möglich war. Benedetta hatte schon immer großen Einfluss, ihre Familie hat das Kloster seit Jahrzehnten gefördert. Ach was, seit Jahrhunderten. Agata hingegen kommt aus einer einfachen Familie, sie ist mit vierzehn ins Kloster gegangen, weil ihre Mutter mit einem jüngeren Bruder im Kindbett verstorben war und ihr Vater neu geheiratet hatte. Klein war sie, klein und hübsch mit den schwarzen Augen und ihren Locken, die sie irgendwann abschnitt. Zu dem Zeitpunkt, als ich sie belauscht habe, war sie bereits Nonne, hatte alle Gelübde abgelegt. Jetzt aber wollte sie das Kloster verlassen, weil sie sich verliebt hatte. In den Arzt. Sie hatte eine schwere Lungenentzündung gehabt, und er hatte zu ihr kommen müssen, jeden Tag über Monate hinweg. Und sie liebte ihn, sie wollte das alles hier für ihn aufgeben.«

Suor Carmelas Blick war in die Ferne gerichtet, sie sah Ada nicht mehr, die aufmerksam zugehört hatte. Die kleinen, faltigen Hände kneteten ein Taschentuch.

»Und er?«, fragte Ada atemlos. »Hat er sie auch geliebt?«

»Er ... er hat immer nur Benedetta geliebt. Aber das haben weder Agata noch Benedetta erkannt.«

Jetzt schaute sie wieder Ada direkt an und lächelte traurig. »Benedetta hat sie beruhigt und ihr dann irgendwann gesagt, sie müsse etwas lesen, bevor sie sich entscheide. Das sei alles, was sie verlange.«

»Und?«

»Das war das Tagebuch, das Sie gefunden haben. Lilis Geschichte. Sie verliebt sich, trifft den Geliebten heimlich. Sie werden entdeckt, und man schickt sie nach Catania. Sie weiß, sie wird den Geliebten nie wiedersehen. Dort leidet sie, ist unglücklich. Ihr Leben wird zur Hölle, als sie erfährt, dass ihr Geliebter geheiratet und eine Familie gegründet hat. Sie fühlt sich verraten, will sich rächen. Sie schmiedet einen Plan.«

»So weit bin ich nicht gekommen.«

»Aber wir. Agata und ich haben das Tagebuch gemeinsam

gelesen. Sie hat es allein nicht ausgehalten, so hat es sie angestrengt. Sie war noch so schwach nach der schweren Krankheit. Und Lilis Geschichte ging ihr so nah.«

»Wie ging die Geschichte aus?«

»Die von Lili oder die von Agata?«

»Von beiden …«

»Agata hat sich für das Kloster entschieden. Sie hat verstanden, dass die Wege der Welt in den Abgrund führen können … ach, wenn ich daran zurückdenke, wie wir das Tagebuch entziffert haben. Es uns vorgelesen haben. Benedetta kam manchmal dazu, und sie ermahnte uns, wenn wir über die Liebe der beiden sprachen.« Suor Carmelas Stimme klang sehnsüchtig. »Denn ihr ging es natürlich um etwas anderes – um den Pfad der Sünde. Sie war rein und gut, das war sie immer.« Die alte Nonne seufzte. »Lili hingegen ist in den Abgrund gestürzt, der Teufel hat sie geholt. Suor Agata hat das verstanden, sie hat sich für das Licht entschieden. Nachdem Agata gelesen und sich besonnen hatte, hat Benedetta das Tagebuch an sich genommen. Ich habe es seitdem nicht gesehen.«

»Ich habe alles in einem hölzernen Buch in der Bibliothek gefunden.«

»Ach ja. Das sieht ihr ähnlich. Aufbewahren wollte sie es, aber uns davor schützen. Ich will nicht wissen, wo es ist, bringen Sie es nur in die Bibliothek zurück. Kommen Sie, ich begleite Sie.«

Ada stand auf, als Suor Carmela sich erhob. Also hatte die Nonne nichts über den Verbleib der Schriften gewusst? Plötzlich fiel ihr wieder ein, dass der Regalboden vor dem hölzernen Buch nicht staubig gewesen war. So, als hätte es jemand in letzter Zeit öfters herausgenommen oder sich daran zu schaffen gemacht. Aber vielleicht war das Einbildung. Sie musste darauf achten, wenn sie das Tagebuch wieder in das hölzerne Buch legte.

»Und der Arzt?«

»Der Arzt ... der hat nie davon erfahren. Ich glaube nicht einmal, dass er wusste, dass Suor Agata in ihn verliebt war. Er hatte nur Augen für Madre Benedetta. Irgendwann kam er mit dem Verlobungsring seiner Mutter an.« Sie lachte schelmisch. »Vor ein paar Tagen habe ich ihn Matteo und Ihrem Luca gezeigt.«

Ada dachte nach. Davon hatte ihr Luca erzählt.

Suor Carmela fuhr fort, sie war weit weg in jener fernen Zeit, in der sie jung gewesen war.

»Er hat ihn dem Kloster geschenkt. So, wie das Kloster über die Jahrhunderte immer wieder wertvolle Gegenstände geschenkt bekommen hat. Zum Dank. Als Bitte oder Fürbitte an die heilige Caterina. Aber als Dottor Spataro Madre Benedetta den Ring überreicht hat, war klar, dass es ein Geschenk für sie war.«

Suor Carmela kicherte. »Mir war es klar. Agata war nicht da ... wo war sie eigentlich? Ach, es ist zu lange her. Jedenfalls hat Madre Benedetta den Ring zu den anderen Schmuckstücken in der Sakristei gelegt. Anselmo Spataro hat mich danach gefragt ...« Sie dachte nach und nahm die dicke Brille ab. »Es war vor ein paar Tagen, nach Madre Benedettas Beerdigung. Merkwürdig, erst kümmert sich jahrzehntelang keiner darum, und jetzt ...«

»Wollte er den Ring wiederhaben? Vielleicht weiß er von der Liebe seines Vaters zu Madre Benedetta?«

»Meine Liebe! Sie haben zu lange in Lilis Tagebuch gelesen. Stellen Sie es schnell zurück! Dottor Spataro war weit über achtzig. Anselmo selbst ist bald fünfzig. Wo sind nur die Jahre geblieben ... Er wollte ein Foto machen, hat er mir gesagt, bevor der an das Museum geht. Es ist doch eine Erinnerung an seine Großmutter. Vielleicht hätten wir ihn zurückgeben sollen.«

»Und hat er ihn gefunden?«

Suor Carmela schaute sie an.

»Jetzt, wo Sie fragen: Ich weiß es nicht. Ich habe vergessen, ihn danach zu fragen – ich vergesse einfach vieles in letzter Zeit. Er war zerstreut heute Morgen und kurz angebunden. Ich muss daran denken, ihn danach zu fragen.«

Sie schüttelte den Kopf und ging vor Ada her in die Bibliothek. An der Tür verabschiedete sie sich.

»Ich will nach Vanda schauen«, sagte sie. »Sie ist nicht mehr sie selbst. Wie soll es bloß weitergehen mit uns? Die Polizei im Kloster, dieser Commissario, der jeden und jede verdächtigt. Nein, Gaetano ist es nicht gewesen, ich habe nie viel von ihm gehalten, aber er geht doch nicht mit dem Messer auf die Leute los. Wieso sollte er?«

Ada sah ihr nach, bevor sie die Bibliothek betrat. Sie dachte an Madre Benedettas gütiges Gesicht, an das faltige von Suor Agata, das aussah wie das eines kleinen Raubvogels. Der manchmal irre Blick. An die hellen Kutten. Suor Carmela hatte natürlich recht – auch diese drei Frauen waren einmal jung gewesen, hatten Gefühle gehabt. Der Arzt, Anselmo Spataros Vater, war weiterhin ins Kloster gekommen; Suor Agata war ihn nie losgeworden. Und Madre Benedetta, hatte die irgendwann bemerkt, dass er in sie verliebt war? Hatte sie den Ring je über den Finger gestreift? Und wo war er jetzt? Luca hatte ihr erzählt, dass einiges fehlte. Offensichtlich stahl jemand die Wertgegenstände. Das, was sich verkaufen ließ? Dazu gehörte der Ring sicherlich. Eher als goldbestickte Messgewänder. Und Anselmo hatte sich also nach dem Ring erkundigt, hatte ihn gesucht.

Auch das konnte eine Spur sein, sie musste mit Luca und Matteo darüber reden. Ada riss sich aus ihren Gedanken und betrat die Bibliothek. Suchend schaute sie sich um: Da oben stand das hölzerne Buch, in dem Lilis Aufzeichnungen und Briefe versteckt gewesen waren. Sie zog eine der dunklen Holzleitern an die richtige Stelle und stieg die Leiter hoch. Da war es doch gewesen, die dritte Regalreihe von oben. Sie sah das hölzerne Buch und zog es aus dem Regal. Als sie es aufklappte, erschrak sie: Darin lagen drei kleine Plastiktütchen mit einem weißen Pulver. Fassungslos starrte sie darauf. Das war wirklich das Letzte, was man in einer Klosterbibliothek erwartete. Vorsichtig schaute sie sich um, dann klappte sie schnell das Buch zu, stellte es zurück ins Regal und stieg die Leiter hinab.

Suchend sah sie sich um. Sie musste herausfinden, was in den anderen hölzernen Büchern war. Noch mehr Kokain? Konnte es sein, dass jemand die Bibliothek als Versteck nutzte? Sie schätzte, dass in den Tütchen ungefähr hundert Gramm waren. Ihr Blick wanderte die dritte Regalreihe entlang und sprang dann hoch in die vierte Reihe. Da – das war auch ein hölzernes Buch, und dort drüben stand noch eins. Der Unterschied zu den in Leder gebundenen Bänden rechts und links war von hier unten kaum zu erkennen. Sie legte Lilis Tagebuch auf den großen Tisch und zog die Leiter weiter am Regal entlang. Das zweite hölzerne Buch war leer – es musste das sein, in dem sie das Tagebuch gefunden hatte. Im dritten Holzbuch lag ein kleines Kruzifix aus Gold. Es war mit Diamanten, Smaragden und Rubinen besetzt. Sie funkelten im Dämmerlicht des hohen Raumes. Ada schnappte nach Luft. Schweiß trat ihr auf die Stirn, plötzlich spürte sie, wie heiß es in der Bibliothek war, deren Fenster allesamt verschlossen waren. Kokain und der wertvolle Klosterschmuck. Die Bibliothek war das perfekte Versteck. Als sie sich suchend nach weiteren Holzbüchern umschaute, hörte sie laute Stimmen – Männerstimmen, die aufgebracht durcheinanderredeten. Schnell stieg sie die Leiter hinunter, steckte das Tagebuch wieder in die Tasche und schaute sich um: Die Bibliothek war lang und schlauchartig gesäumt von den Bücherregalen. Es gab keine Möglichkeit, sich zu verstecken. Die Stimmen kamen näher, und sie lief schnell zur Tür auf der anderen Seite des großen Raumes.

»Hör auf zu schreien, nimm dich zusammen, du Idiot!«

Ada schaute durch den Türspalt zurück in den Raum. Der Gärtner ... Antonio Napoli. Der kleinere Mann, den er am Arm gepackt hatte, war der Pasticciere, der glücklose Gaetano Di Stefano, den seine Frau betrog.

»Wieso? Wieso auch noch Vanda?« Di Stefano stieß ein Geheul aus, machte sich los und stieß den Gärtner gegen das Bücherregal. Der schaute ihn entgeistert an, trat einen Schritt auf ihn zu und packte ihn am Kragen. Di Stefano versuchte sich zu wehren, aber der Griff des Gärtners schien eisern zu sein. Er flüsterte jetzt etwas, das Ada nicht verstand.

»Vanda, Vanda«, schrie der Gärtner dann. »Wie eine läufige Hündin rennt sie mir nach, deine feine Frau.« Er lachte höhnisch, und wieder heulte Di Stefano auf.

»Ich wollte meinen Spaß haben, ja. Aber ich brauche keine Nutte, die sich einbildet, meine Frau werden zu können. Mir Bedingungen stellt. Es war doch wunderbar – für dich kocht und wäscht sie, und mir bläst sie einen. So hätte es ewig weitergehen können, du Idiot! Kümmere dich gefälligst drum, dass sie Ruhe gibt! Aber du hast nichts im Griff – weder die Dolceria noch deine Frau!«

Er ließ den Pasticciere, der in sich zusammengesackt war, so plötzlich los, dass dieser stolperte und hinfiel. In der Geste lagen Verachtung und Aggression zugleich. Antonio Napoli drehte sich um und ging auf die Tür zu, durch die Ada eben die Bibliothek verlassen hatte. Schnell lief sie weiter und wich in eine Nische in dem breiten Gang aus. Antonio Napoli ging an ihr vorbei, ohne sie zu bemerken. Sie schaute sich vorsichtig um. Es war besser, wenn sie von hier verschwand.

Affären, Raub, Eifersucht, Hass – und nun auch noch Koks:

Wer hätte das gedacht, in einem Kloster, in dem nur noch drei alte Nonnen wohnten … Vielleicht hatte Matteo doch recht mit seinen Verschwörungstheorien. Vanda tat ihr leid. Wahrscheinlich hatte sie sich in den Gärtner verliebt. Und der war nun überhaupt nicht begeistert, dass die Affäre aufgeflogen war.

Gedankenverloren ging sie durch die engen Gassen zu ihrem alten Panda, den sie vor einer Ausfahrt geparkt hatte. Das Schild an dem verwitterten Tor war so verblichen gewesen, dass man denken konnte, es gelte nicht mehr. Sie hatte sich dafür entschieden, dieser Lesart zu folgen. Als sie in den staubüberzogenen Wagen stieg, öffnete sich über ihr ein Fenster und jemand fluchte laut. Dann wurde ein Eimer Wasser über ihrem Panda ausgeleert. Schnell steckte sie den Schlüssel ins Zündschloss und hoffte, dass er diesmal nicht streiken, sondern sofort anspringen würde. Das kleine Auto tat ihr den Gefallen, und sie verließ die enge Gasse in viel zu hohem Tempo. An der nächsten Kreuzung kurbelte sie das Fenster herunter und zündete sich eine Diana Blu an. Sie hatte zwei neue Fährten – der gestohlene Schmuck und die Tütchen mit dem Kokain. Wenn die Bibliothek eine Art Lager war, hatten sie irgendwen empfindlich gestört. Luca hatte das Tagebuch für sie zurückbringen wollen, er hatte vor den Regalen gestanden und war dabei beobachtet worden. Man hatte ihn niedergestochen, bevor er die Drogen entdecken konnte.

Trotz der Hitze lief es ihr kalt den Rücken hinunter. Sie würde Lilis Tagebuch wohl lieber behalten und keine weiteren Versuche unternehmen, es in die Bibliothek zurückzubringen. Wer kam infrage? Der Pasticciere, seine seltsame Frau, der Gärtner? Anselmo Spataro? Zutritt konnten sich einige Leute verschaffen. Spätestens seit Madre Benedettas Tod gab es keinerlei Kontrolle mehr. Und hatte es die zuvor gegeben? Die Leute im Kloster konnten schlicht Mittelsmänner für andere sein.

Als Ada nach ihrem Handy griff, piepste es. Eine SMS von Luca: *Bin im Krankenhaus, Matteo und seine Mutter haben eine Lebensmittelvergiftung. Später mehr. Luca*

Sie schüttelte den Kopf. Was hatte das nun wieder zu bedeuten? Aber bei der Hitze verdarb alles schnell. Und Matteo hatte bekanntermaßen eine Vorliebe für all die Garküchen auf Palermos Straßen, die man bei Hitze besser mied.

Am besten fuhr sie erst einmal nach Hause. Sie würde nach Lucas Pflanzen schauen, die dieser meistens vernachlässigte. Bei der Hitze mussten sie mindestens einmal am Tag gegossen werden, einige auch zweimal. Luca vergaß das. Er vergaß, welche er wie oft und wann gießen musste, meistens sogar, dass sie überhaupt Wasser brauchten. Sie erinnerte sich daran, wie sie die Pflanzen auf die Terrasse geschleppt und gepflanzt hatten. Oder besser gesagt, wie *sie* sie gepflanzt hatte, nachdem Luca eingezogen war. Er hatte hilflos daneben gestanden und ihr zugeschaut. Dann hatte er sich in die Küche verzogen, *pasta ai ricci* gekocht und eine Dorade gegrillt. Hinterher hatte es *granita di limone* gegeben, die sie so liebte.

Als sie die Tür zu Lucas Wohnung aufschloss, schlug ihr die drückende Hitze des späten Nachmittags entgegen. Sie lief zur Terrassentür und öffnete sie. Weil sie Hunger hatte, schaute sie in den Kühlschrank. Auf einem kleinen Teller lag ein *cannolo*. Ada wunderte sich – Luca mochte die mit süßer Ricottacreme gefüllten Röllchen nicht. Hatte er eins für sie gekauft? Ansonsten war der Kühlschrank leer, es sah nicht nach einem romantischen Abendessen aus. Egal, Luca war bei Matteo im Krankenhaus, sie würde seine Blumen gießen und danach das *cannolo* essen. Wieder piepte es in ihrer Handtasche:

Rühr den cannolo nicht an! Lebensgefahr! Luca

Sie musste lachen. Typisch Luca – immer dramatisch. Also hatte er doch etwas damit vor. Und von ihrer Entdeckung musste sie ihm unbedingt erzählen. Ob sie zur Polizei gehen sollten? Sie war sich unschlüssig. Luca würde selbst recherchieren wollen, das wusste sie. Sie dachte an die Tütchen mit dem weißen Pulver, und einen Moment lang wurde ihr schwindelig. Sie stützte sich auf das Geländer der Terrasse und sah hinunter in die enge Gasse, durch die lärmend zwei Mofas fuhren.

Dann wässerte sie seine beiden Oleander, zupfte ein paar vertrocknete Blüten vom Hibiskus und freute sich über die große weiße Blüte seiner Pomelie. Die Stephanotis bedeckten bereits das gesamte Geländer, dabei hatten sie sie erst vor zwei Jahren gepflanzt, als Luca eingezogen war.

Als alle Pflanzen genügend Wasser hatten, verließ sie Lucas Wohnung. Zwei Stockwerke tiefer bei ihr war es kühler. Sie versuchte, nicht mehr an das Kokain zu denken. Sie würde auf Luca warten und Lilis Tagebuch lesen. Der Weg des Teufels – was hatte Suor Carmela wohl damit gemeint? Sie hatte sich gerade auf die Couch gesetzt und eine Zigarette angezündet, als ihr Handy piepste. Sie schaute darauf und zuckte zusammen. Emiliano. *Hast du meine Mail nicht bekommen oder gleich gelöscht? Ich schicke sie dir noch einmal. E.*

22

Es kann nur der *cannolo* gewesen sein, das ist das Einzige, wovon wir beide gegessen haben. Ich habe Mamma die *cannoli* gebracht, und sie hat mich überredet, gleich eins mit ihr zusammen zu essen. Ich wollte das eigentlich gar nicht ...«

Schuldbewusst schaute Matteo seine Frau an, die die Stirn runzelte. Der Freund war also mal wieder auf irgendeiner Diät oder bei einer Ernährungsumstellung. Luca musste grinsen. Das brachte das Alter mit sich, glutenfreie Spaghetti oder Chia-Samen. Der Bauchansatz hielt sich trotzdem hartnäckig, dafür sorgte dann eben Matteos Mutter mit ihren *dolci*.

Matteo lag in einem schmalen Krankenhausbett, zwei Etagen unter der Station, in der Luca eine Woche zuvor gelandet war. Seine Mutter war noch auf der Intensivstation, man hatte ihr den Magen ausgepumpt, und sie musste überwacht werden.

Es hatte mit Erbrechen und Durchfall begonnen und war immer schlimmer geworden. Erst bei seiner Mutter und dann bei Matteo. Genau genommen war es bei Matteo längst nicht so schlimm gewesen, aber er hatte so gejammert, dass man ihn auch dabehalten hatte, als er mit seiner Mutter ins Krankenhaus gefahren war.

»Die Ricotta war verdorben.«

Der *cannolo*. Jetzt fiel Luca wieder ein, dass einer ja noch in seinem Kühlschrank lag. Und wenn Ada ... Er zog sein Handy aus der Tasche und tippte schnell eine SMS.

»Einen habe ich ja noch, nicht, dass Ada den isst«, sagte er und schaute auf. Er hatte nicht gehört, dass einer der Ärzte ins Zimmer gekommen war.

»Sie haben noch einen von den *cannoli*? Ich würde den gern untersuchen lassen.«

»Wollen Sie die Pasticceria schließen lassen? Die haben genügend Probleme«, sagte Luca.

»Ich möchte gern wissen, was drin war«, sagte der Arzt ernst. »Die Symptome sind nicht eindeutig, und ich gehe den Dingen gern auf den Grund. Wir haben da eine Aufklärungspflicht. Gegebenenfalls würde übrigens nicht ich die Pasticceria schließen lassen, aber das Gesundheitsamt würde von uns informiert.«

»Gut. Ich bringe Ihnen den *cannolo* später.«

Luca schaute auf die Uhr. Es war schon nach fünf, es würde eine Stunde dauern, sich durch den Verkehr nach Hause und dann wieder zurück zum Krankenhaus zu quälen. Er hatte für Ada kochen wollen, aber das würde er nicht mehr schaffen. Dann würden sie eben essen gehen, auch gut.

Kurz darauf war er auf seinem Motorrad mitten im dichten Verkehr der Umgehungsautobahn. Hochhäuser aus den Sechzigern, billige Möbelhäuser, Tankstellen und ein paar Gartencenter säumten die schmutzige Straße, auf der der Verkehr immer wieder zum Stehen kam und Afrikaner sich auf die stehenden Autos stürzten, um die Scheiben zu waschen. Die Leute hupten und schrien, die Hitze und das Verkehrschaos machte die Menschen aggressiv. Luca schlängelte sich zwischen den Autos hindurch, hupte ungeduldig mit und fuhr schließlich über den Standstreifen bis zur Ausfahrt Richtung Zentrum. Bis zur Kathedrale war der Verkehr weiterhin dicht, dann konnte er Gas geben.

Was sollte mit den *cannoli* sein? War die Ricotta verdorben oder hatte man es mit der Hygiene nicht so genau genommen? Eier – waren da nicht auch Eier drin? Er erinnerte sich an die verlassene Backstube, die unordentlich ausgesehen hatte. Eier, die nicht im Kühlschrank gewesen waren, die ein paar Wochen über der Zeit waren – das reichte. Und Matteos Mutter war alt, sie war nicht gesund, ihr Blutdruck zu hoch. Matteo hatte vor allem gejammert. Schweiß lief ihm unter dem Helm über die Stirn, und er ärgerte sich, dass er zweimal quer durch die Stadt fahren musste, damit eine Lebensmittelvergiftung nachgewiesen werden konnte.

Als Luca den *cannolo* im Krankenhaus abgeliefert, kurz nach Matteo geschaut hatte, der immer noch blass aussah, und sich ein zweites Mal fluchend durch die Stadt nach Hause gequält hatte, war es bereits nach acht. Eine warme Dunkelheit hüllte die Stadt ein, die nach Meer, Abgasen und Frittiertem roch. Die vielen kleinen Lokale in den engen Gassen unter Lucas Wohnung waren zum Leben erwacht, er hörte die Stimmen hinaufwehen, während er duschte und sich wieder einmal darüber ärgerte, dass der Wasserdruck zu niedrig war.

Er atmete auf, als er ein frisches, weißes Leinenhemd und eine beigefarbene Leinenhose anzog. Kurz vor neun und immer noch fast 30 Grad – und das im Juni. Er wollte sich gar nicht ausmalen, wie heiß es im Juli und August werden würde ...

Eine Viertelstunde später klingelte er bei Ada. Sie hatte schon auf ihn gewartet, trug eine schmal geschnittene, dunkelgraue Jeans und ein langärmliges, schwarzes T-Shirt. Sie fror schnell – selbst dann noch, wenn andere schon schwitzten. Und sie kleidete sich immer schlicht, aber es sah nie schlicht aus. Luca fragte sich oft, woran das lag. Jeans und T-Shirt – und sie sah darin elegant aus und schön.

Luca schlug ihr vor, zum Yachthafen in eins der neuen Lokale zu fahren, aber Ada wollte lieber in die kleine Pizzeria um die Ecke gehen. »La Vecchia Strada« war immer dann ihr Ziel, wenn keine Zeit blieb zu kochen oder Pläne zu machen. Ada war abwesend und nervös zugleich, und er fragte sich, was los war.

Als sie ihm von ihrem Fund in der Bibliothek erzählte, war er auf eine seltsame Art beruhigt und schalt sich innerlich, dass er sich ihrer so unsicher war. Wieso bloß? Dann traf ihn die Erkenntnis wie ein Schock. Kokain. Jemand dealte und hatte gedacht, er hätte ihn entdeckt. Der ihn niedergestochen hatte, schreckte vor nichts zurück. Er sehnte sich nach der Zigarette, die Ada sich gerade anzündete.

»Kokain und Schmuck. Ich traue das nur dem Gärtner zu, diesem Antonio. Ich habe ihn gesehen, wie er in der Sakristei herumwühlte.«

»Genauso gut kann er aufgeräumt haben, Luca. Und auch Anselmo Spataro interessierte sich für die Schätze – Suor Carmela hat mir erzählt, dass sie ihm vor ein paar Tagen die Sakristei aufgeschlossen hat, weil er nach dem Ring seines Vaters schauen wollte. Vielleicht war das ein Vorwand. Vielleicht hat er sich immer wieder in der Sakristei bedient. Er hat einen Schlüssel zum Kloster, hat jederzeit Zugang. Und die Sakristei steht oft offen.«

»Dann hätte Matteo recht und Spataro ist der Böse: Spataro nutzt das Kloster, um sein Kokain an einem sicheren Ort zu verstecken. Typen wie er stehen immer unter Strom und koksen, das würde mich nicht überraschen. Außerdem will er, dass das Kloster an seinen Bruder verkauft wird. Und zuvor klaut er noch die Wertgegenstände, die man versetzen kann. Er sieht mich in der Bibliothek, hat Angst, dass ich seine Verstecke finde, und sticht zu.«

Gedankenverloren kaute Ada auf einem Stück Pizza Margherita. Sie saßen an einem der vier Tische, die vor der Pizzeria in der engen Gasse standen.

»Spataro hat genug Geld – wieso sollte er den Schmuck klauen und verkaufen? Gaetano, Antonio und Vanda brauchen dringender Geld.«

»Das weiß man nicht. Vielleicht zockt er. Ist gierig. Nein, das ist kein Argument.«

Luca trommelte mit den Zeigefingern auf die rot-weiß karierte Tischdecke und winkte den Kellner zu sich.

»Wir nehmen noch ein Viertel Rotwein.«

Dann wandte er sich an Ada. »Was machen wir jetzt? Suor Carmela können wir nichts von dem Kokain erzählen, es würde sie zu sehr aufregen. Ich könnte mich zum Beispiel eine Nacht im Kloster verstecken, in der Bibliothek ...«

»Luca! Reicht es dir noch nicht? Denk an das Messer. Da ist jemand zu allem bereit, und du bist sicher nicht stärker oder schneller als solche Typen. Das hast du doch nun gemerkt.«

Luca runzelte die Stirn. Adas Stimme war scharf geworden.

»Was schlägst du vor? Den Commissario mit unseren Erkenntnissen behelligen? Genauso gut kann ich es meiner Pizza erzählen.«

Aber er wusste, dass Ada seine Alleingänge nicht mochte. Und er erinnerte sich nur zu gut daran, wie oft er bei seinen Recherchen auf eigene Faust mehr Glück als Verstand gehabt hatte. Damals in Mazara im Hafen, als er nach Lauras Mörder suchte und zusammengeschlagen worden war. Oder im vergangenen Jahr, als er den Mord an dem Kommilitonen seines Sohns aufgeklärt hatte.

»Selbst wenn du irgendwen in der Bibliothek erwischst, kannst du schwer nachweisen, dass es derjenige war, der dich niedergestochen hat. Die Tatwaffe ist verschwunden. Ich fürchte, Luca, dass wir gar nicht viel tun können, außer uns von dem Kloster fernzuhalten und die Polizei zu informieren. Das ist der richtige Weg.« Ada sah ihn mit einem Blick an, der gereizt und ernst zugleich war.

Luca schwieg. Wenn sie ihn so anschaute, hatte es keinen Sinn, weiter zu diskutieren. Er selbst war noch unsicher, und er wusste, dass Matteo ganz bestimmt nicht seelenruhig dastehen und alles der Polizei überlassen würde, vor allem, wenn er ihm von dem Kokain erzählte. Eigentlich steckten sie alle beide inzwischen viel zu tief in der Geschichte, um irgendetwas auf sich beruhen zu lassen. Das riesige, verlassene Kloster, die endlosen Gänge, der große Innenhof mit den kobaltblauen und sonnengelben Kacheln, die wunderschöne Kirche, die Erinnerung an Madre Benedettas feines Gesicht, deren Lebenswerk die Bewahrung des Klosters gewesen war – er verstand nur zu gut, weshalb seinem Freund all das am Herzen lag.

Jetzt schaute Ada unruhig auf die Uhr.

»Luca, ich muss gehen ... ich muss noch ein Kapitel übersetzen, ich habe heute im Kloster zu viel Zeit verloren.«

Es versetzte ihm einen Stich, dass sie sich wieder einmal entzog. Und er wurde den Gedanken einfach nicht los, dass sie trotz aller Diskussionen und gemeinsamer Überlegungen, trotz aller Sorge um ihn abwesend gewesen war, mit ihren Gedanken ganz woanders. Sie aß nie viel, aber sie hatte mehr als die Hälfte der Pizza auf dem Teller liegen gelassen. Und sich noch schneller als sonst eine ihrer Zigaretten angezündet.

Als er später allein mit einem Glas Weißwein auf seiner Terrasse saß, versuchte Luca, den Gedanken zu verscheuchen. Es war eine Menge passiert: Matteo und seine Mutter lagen wegen einer Lebensmittelvergiftung mit unklarer Ursache im Krankenhaus, und Ada hatte in der Bibliothek Koks und geraubten Schmuck gefunden. Da konnte einem der Appetit durchaus vergehen.

Unruhig stand er auf und beugte sich über das Geländer der Terrasse. Es war inzwischen fast Mitternacht, und in der engen Gasse drängten sich dicht an dicht die Menschen, Studenten, junge Leute, die jede Nacht in die Altstadt ausschwärmten und bis in die Morgenstunden redeten, lachten und tranken. Wenn Diego in Palermo war, war auch er dabei.

Für Luca selbst war das weit weg. Er dachte an seine Studienzeit zurück, an die Konzerte von Matteos Band, der mit seinen langen Haaren und dem Vollbart der Schwarm aller Kommilitoninnen gewesen war. Er dachte an die politischen Diskussionen in den Studentenverbänden, an konspirative Treffen in verrauchten Hinterzimmern. Lange vorbei. Was trieb diese jungen Menschen um?

Luca trank einen Schluck von dem kühlen Weißwein und musste lachen. Er war Mitte fünfzig und stellte sich Fragen, die man eher von einem Neunzigjährigen erwartete. Vielleicht waren es einfach unbeschwertere Zeiten, und die Kinder dort unten genossen das Leben und die warme Nacht.

Am nächsten Morgen saß Luca in der Agentur und konnte sich nicht konzentrieren. Immer wieder wanderten seine Gedanken zurück ins Kloster. Er hatte Frühdienst und wollte am Nachmittag unangemeldet an der Piazza Bellini vorbeifahren. Wenn er sich richtig erinnerte, dann würde das Diözesanmuseum morgen die Klostersakristei leer räumen, also war heute der letzte Tag, sich die vorhandenen Schätze anzuschauen.

Was tat man mit dem geraubten Schmuck, den Kreuzen oder Kelchen? Ihm fiel ein, dass die Carabinieri vor ein paar Jahren einmal im Lager eines kleinen Zeitungskiosks im Borgo Vecchio einen sensationellen Fund gemacht hatten – alles Wertgegenstände, die aus Kirchen und Klöstern entwendet worden waren. Er suchte in den Archiven nach dem Material – da, genau, es war fünf Jahre her. Der Kioskbesitzer hatte behauptet, er hätte alle diese Dinge gekauft, um demnächst einen Antiquitätenladen aufzumachen, er wäre nur noch auf der Suche nach einem geeigneten Ladenlokal. Dass es sich um Diebesgut handelte, hätte er nicht gewusst.

Irgendwann war klar, dass er wirklich nur ein Zwischenhändler war, der nicht wusste, wo die Gegenstände herstammten, sondern sie einfach nur weiterverkaufte. Man hatte ihn verurteilt, nur eine Bewährungsstrafe – mehr war nicht möglich gewesen. Die Carabinieri hatten weiter recherchiert, aber den Ring der Räuber und Händler nicht aufdecken können. Er suchte im Archiv und druckte den Artikel dazu aus. Über der Recherche hatte er die Sitzung mit den Kollegen vergessen, und als Franco mit Ärger im Gesicht in seiner Tür stand, war er sich erst einmal keiner Schuld bewusst. Dann tat es ihm leid, er wusste, dass Franco es nicht leicht mit ihm hatte und nur so viel hinnahm, weil er ihn wirklich schätzte. Als Entschuldigung lud Luca ihn mittags zu einem großen Teller dampfender *spaghetti al pomodoro* ein, die er bei der Hitze am liebsten aß. Lo Biancos Tomatensugo schmeckte intensiv und fruchtig, nach Sommer und den reifen Tomaten, die Lucas Mutter in den Sommern seiner Kindheit kiloweise verkocht und in große Flaschen abgefüllt hatte.

Die Piazza Bellini lag im Nachmittagslicht, als Luca nach dem *pranzo* mit Franco an der Klosterpforte klingelte. Wie üblich dauerte es lang, bis man ihm öffnete. Diesmal war es Suor Carmela, die sich sichtlich über den unangekündigten Besuch freute.

»Kommen Sie, kommen Sie nur, bis zum Rosenkranz ist es noch eine Stunde. Ich koche uns einen Espresso.«

Sie schien nicht überrascht zu sein, vielleicht kam ihr jede Ablenkung recht. Wie immer führte sie ihn in das Empfangszimmer mit dem Flügel, das einmal Madre Benedettas Zimmer gewesen war. Luca sah, dass auf der Kutte der alten Frau Flecken waren und die grauen Haare wirr unter der Haube hervorstanden. Wer half den alten Frauen eigentlich? Vanda? Auch Suor Carmela war alt. Ob sie wirklich alles verstand, was um sie herum geschah?

Als die alte Frau mit schlurfenden Schritten und einem kleinen Tablett zurückkam, auf der eine Mokka- und zwei Espressotassen standen, erkundigte sie sich nach Matteo und seiner Mutter.

»Wir machen uns solche Sorgen und beten für die beiden ...«

»Suor Carmela, Sie wissen, dass es wahrscheinlich an den *cannoli* lag? Denen hier aus der Pasticcieria? Die werden untersucht.«

Luca hatte am Morgen mit Matteo gesprochen, der noch keine neuen Erkenntnisse hatte.

»An unseren *cannoli*? Das kann ich mir nicht vorstellen. Obwohl ...« Sie trank einen Schluck von dem heißen, sehr starken Espresso und schaute Luca an.

»Gaetano hat zurzeit solche Sorgen, es ist durchaus möglich, dass er nicht mehr sauber bäckt. So genau hat er es ja nie genommen.« Sie runzelte die Stirn. »Sauberkeit, das ist das A und O in der Backstube. Sie können sich nicht vorstellen, wie früher geschrubbt wurde. Die vielen Mädchen, die jede Ecke und jeden Winkel der Küche sauber hielten, ab morgens um drei, noch vor dem ersten Gebet. Alles verdirbt so schnell, die Milch, die Eier, es reicht die kleinste Unachtsamkeit ...«

Luca sah, dass die alte Frau in die Vergangenheit zurückgekehrt war.

»Sind eigentlich die rumänischen Schwestern abgereist? Gibt es Neuigkeiten, ob Madre Benedettas Vorhaben umgesetzt und das Kloster erhalten wird? Das wäre eine Art Vermächtnis.«

Suor Carmela sah ihn fragend an. Dann schien sie sich zu erinnern. »Ach so. Die Rumäninnen. Ich weiß es nicht. Mit uns redet keiner, vielleicht ist der Verkauf des Klosters längst beschlossen, und sie suchen nur noch nach einer Unterkunft für uns. Sie müssen wissen, dass wir schon so lange nichts mehr allein entschieden haben, dass uns das gar nicht mehr auffällt. Madre Benedetta war anders. Sie hat nie jemanden für sich entscheiden lassen ...«

An der Stelle kam er auch nicht weiter. Luca zog den Artikel über den Antiquitätenraub aus der Tasche und zeigte ihn Suor Carmela. Die studierte ihn aufmerksam. Nach einer Weile sagte sie: »Ja ... ich erinnere mich. Wir wurden auch gefragt, ob etwas fehle. Aber um das herauszufinden, hätten wir eine Inventur machen müssen. Sie haben die großen alten Bücher, in denen alles verzeichnet ist, ja gesehen. Und die riesigen Schränke mit all dem Schmuck und den Wertgegenständen aus Jahrhunderten. Wer hätte das tun sollen? Aber seit diesem Vorfall war Madre Benedetta misstrauisch und hat nach einer Lösung gesucht. Und jetzt ist es so weit – morgen wird alles abgeholt, es kommt in ein Museum, für zukünftige Generationen. Das ist unser Vermächtnis, es zeugt von unserem Ansehen und von der großen Dankbarkeit, die die Menschen uns gegenüber empfanden. Wir waren hier mitten im Herzen der Stadt, wir haben nicht nur gebetet, sondern uns um die armen Mädchen gekümmert, wir haben gebacken und mit all den Süßigkeiten die Menschen aufgeheitert.«

»Und der Ring von Anselmo Spataros Großmutter? Ist der noch da? Er hat danach gesucht, nicht wahr?«

»Ja. Er war aufgeregt heute früh, hat danach gesucht in der Sakristei, nachdem er nach Agata geschaut hat. Die Arme steht nicht mehr aus ihrem Bett auf, nicht einmal zum Gebet. Heute Mittag habe ich ihr Reissuppe gekocht, weder auf Gaetano noch auf Vanda ist gerade Verlass.«

»Hat er ihn gefunden?«

Suor Carmela sah Luca fragend an.

»Den Ring, meine ich, hat Spataro den Ring gefunden?«

»Ich weiß gar nicht … es ist so viel im Moment.« Die alte Frau schüttelte langsam den Kopf.

»Suor Carmela, wissen Sie, in welcher Schublade der Ring liegt? Dann können wir doch gemeinsam nachschauen?«

Die alte Nonne seufzte.

»Ja. Ja, Sie haben ja recht. Kommen Sie.«

Wenig später ging Suor Carmela zielstrebig auf eine der alten Holzkommoden in der Sakristei zu und zog die oberste Schublade auf. Ordentlich lagen dort Schmuckschatullen aller Größen und Formen nebeneinander. Suchend wanderte der Blick der alten Frau über die Kästchen, und Luca hielt den Atem an.

»Da«, sagte sie. »Dieses da muss es sein, das schwarze Samtkästchen mit dem gewölbten Deckel.«

Sie griff danach und öffnete es. Es war leer. Suor Carmela schien weder überrascht noch empört.

»Der Ring ist verschwunden«, sagte sie langsam.

»War er gestern noch da? Ist er seit heute früh verschwunden?«

Suor Carmela schaute ihn überrascht an.

»Das weiß ich nicht, ich schaue doch nicht jeden Tag nach.«

»Aber wenn Anselmo Spataro aufgeregt war heute früh, dann hat er vielleicht den Diebstahl bemerkt? Oder hat er den Ring an sich genommen?«

»War Anselmo aufgeregt? Der Arme … zu viel Arbeit. Haben Sie ihn gesehen?«

»Nein, nein, Suor Carmela!« Luca schüttelte ungeduldig den Kopf und biss sich dann auf die Lippe. »*Sie* haben gesagt, er sei aufgeregt gewesen, als er heute früh hier war, um nach Suor Agata zu sehen!«

Sie starrte ihn an.

»Ach, ich weiß nicht. Das Leben da draußen ist nicht einfach, für niemanden. Das haben wir immer gewusst …«

Wieder schien sie in ihre Gedanken zu versinken. Luca sah, dass er nicht weiterkam, und schaute auf die Uhr. »Ich muss gehen, Suor Carmela. Ist denn morgen jemand bei Ihnen, wenn die Leute vom Diözesanmuseum kommen?«

»Nein, aber das ist gar nicht nötig, wir kennen sie ja schon. Sie sind oft genug hier gewesen und haben alles genau angesehen. Und bald werden wir wissen, was noch alles fehlt …«

Jetzt lächelte sie Luca beinahe verschmitzt an.

»Denn die nehmen auch unsere großen Bücher mit und machen einen Abgleich. Das hilft uns nicht mehr, aber dann ist es wenigstens offiziell.«

Luca starrte die Dominikanerin an. War ihr das gleichgültig? Er verstand ihre Reaktion nicht.

»Aber haben Sie denn einen Verdacht, wer es sein könnte? Es ist doch ein Skandal, wenn hier gestohlen wird. Das kann doch nur jemand sein, der hier ein und aus geht!«

»Carissimo Luca, waren Sie schon einmal in unserem schönen Klostergarten? Haben Sie die niedrige Mauer gesehen? Sie brauchen nicht einmal eine Leiter, um darüberzuklettern. Es könnte jeder sein, der sich etwas mit der Geschichte von Kirchen und Klöstern in Palermo beschäftigt. Wir waren reich, so unermesslich reich. Und mächtig … Dabei ist alles Lug und Trug, unsere Heilige eigentlich eine arme Heidin, die von eifernden Christen zerstückelt wurde. Wir haben einfach die Rollen vertauscht und eine Märtyrerin aus ihr gemacht.«

Sie kicherte, und Luca fragte sich, ob die alte Frau noch bei Trost war. Als er über den Hof zur Pforte ging, sah er aus den Augenwinkeln eine kleine Gestalt in weißer Kutte entlanghuschen. Suor Agata? Hatte Suor Carmela nicht gesagt, dass sie ihr Bett nicht mehr verließ? Er drehte sich um, ging ihr ein paar Schritte nach, aber schon war sie in einem der Klostergänge verschwunden.

Er schüttelte den Kopf und nahm sich vor, die Geschichte der heiligen Caterina nachzulesen.

23

Da die blau-gelben Kacheln im Klosterhof brüchig und uneben waren, hatte sich das Blut nicht gleichmäßig ausbreiten können. Es war an einigen Stellen in Ritzen versickert, an anderen Stellen hatten sich kleine Lachen oder ein Rinnsal gebildet. Im harten Licht der Morgensonne leuchtete die Flüssigkeit rot vor dem Blau, Gelb und Weiß des Bodens.

Das Gesicht der Frau war blass, aber unversehrt, die roten Haare zerzaust und blutverklebt, ihre Augen geschlossen. Sie hatte einen friedlichen Zug um den Mund, so als schliefe sie, als hätte das Blut nichts mit ihr zu tun. Aus der Mitte des Hofes schaute San Domenico gleichgültig aus blicklosen Augen auf sie herab, und das Wasser des Springbrunnens unter ihm plätscherte unaufhörlich weiter, als sei nichts geschehen.

Als es gegen neun Uhr an der Klosterpforte klingelte, ging Suor Carmela mit gesenktem Kopf hinter der Statue des Heiligen quer über den Hof. Sie hatte Anselmo Spataro einen Kaffee gekocht. Der Arzt war bereits um acht Uhr da gewesen, um nach Suor Agata zu schauen, bevor seine ersten Patienten in die Praxis unweit des Klosters kamen. Wie immer hatte der Dottore nicht geklingelt, sondern den Schlüssel benutzt, den Madre Benedetta ihm vor Jahren gegeben hatte.

Zu dem Zeitpunkt stand Gaetano bereits seit einer Stunde in der Backstube, er heizte den Ofen an, und seine beiden Gehilfen mischten in großen Schüsseln Zucker und gemahlene Mandeln. Gaetanos Augen waren blutunterlaufen, sein

T-Shirt war nicht frisch, und er war unrasiert. Offensichtlich hatte er in der Nacht gar nicht oder wenig geschlafen. Er war noch einsilbiger als sonst, aber die beiden Jungen, die er angestellt hatte, seit er sich die beiden Vorgänger, die bereits in einer Pasticceria gearbeitet hatten, nicht mehr leisten konnte, kümmerte das wenig. Für sie war dieser Job ein Aushilfsjob wie jeder andere, sie verrichteten ihn mehr schlecht als recht und schauten in regelmäßigen Abständen auf die große Uhr an der weiß gekalkten Wand.

Antonio war in der Kirche damit beschäftigt, die Blumen auszutauschen und neue Kerzen aufzustellen. Deswegen war er bereits gegen sieben Uhr ins Kloster gekommen, auch er mit seinem Schlüssel.

Suor Carmela öffnete nun den Männern, die gekommen waren, um die Wertgegenstände aus der Sakristei ins Diözesanmuseum zu transportieren, die Tür. Sie ging mit gesenktem Kopf vor ihnen her über den Innenhof, schaute auf ihre Schuhe und sah nicht den Rücken des heiligen Domenico, nicht die kleine Fontäne des Brunnens und auch nicht, wie einer der Männer den Kopf zur Seite drehte. Dann hörte sie Schreie und Rufen, und als sie sich umdrehte, waren die drei Männer, die ihr gefolgt waren, um den Brunnen herumgegangen. Sie war ärgerlich über das Geschrei, das die Klosterruhe störte, und ging widerwillig nachsehen, was los war. Als sie Vanda in ihrem Blut liegen sah, wurde sie ohnmächtig.

Luca war an diesem Morgen etwas später in die Agentur gegangen. Er hatte mit Ada gestritten, die ihm – für ihn vollkommen unerwartet – eröffnet hatte, dass sie für ein paar Tage nach Catania fahren wolle. Um sich das Kloster anzuschauen, in dem jene Nonne mit dem Tagebuch gelebt hatte. Sie hatte das Buch nicht zurückgelegt, nachdem sie das Kokain und den Schmuck gefunden hatte. Dann hatte sie natürlich weitergelesen, und jetzt wollte sie hinfahren. Auf seinen Vorschlag, mit ihm gemeinsam am Wochenende zu fahren, war sie nicht eingegangen, sie wollte sofort fahren. Das Kloster existierte noch, sie hatte der Äbtissin geschrieben und um ein Gespräch gebeten. Vielleicht fand sie Spuren von jener Lili und konnte rekonstruieren, was ihr widerfahren war.

Wie immer war sie trotz aller Sanftheit entschieden gewesen, ja, ihre Stimme hatte einen harten Klang angenommen, als er versucht hatte, sie von ihrem Vorhaben abzubringen. Luca verstand nicht, wieso sie so plötzlich und so dringend nach Catania fahren musste. Was immer in dem Kloster an der Piazza Bellini geschehen war und dort gerade geschah – es brachte sie der Lösung kein Stück weiter, auf den Spuren einer Nonne, die vor über 150 Jahren gelebt hatte, nach Catania zu fahren. Die hatte sicher nicht mit Koks gedealt. Aber Ada war stur geblieben.

Und er war wütend geworden. Nach einem heftigen Wortwechsel war sie gegangen.

»Ich weiß schon, weshalb ich froh bin, nicht mehr verheiratet zu sein«, waren ihre letzten Worte gewesen, und sie versetzten Luca immer noch einen empfindlichen Stich, wenn er daran dachte.

Wütend und mit Verspätung war er auf sein Motorrad gestiegen, und wütend hatte er eine gefühlte Ewigkeit vor dem Aufzug gestanden und sinnlos auf dem Knopf herumgehämmert, bis er endlich kam.

Franco rief ihn sofort zu sich, als er die Agentur betrat.

»Luca, ist das nicht dein Kloster, das an der Piazza Bellini? Santa Caterina? Da ist jemand ermordet worden – willst du schnell hinfahren? Du kriegst am meisten heraus, dich lassen sie vielleicht rein.«

Luca starrte ihn sprachlos an.

»Glück gehabt – also war der Anschlag auf dich doch ernst«, fügte Franco noch an.

»Wer ... aber wer ...«

»Keine Ahnung, ich habe eben kurz mit Gennaro gesprochen, und da hieß es nur Mord im Kloster an der Piazza Bellini, das ist alles.«

Gennaro war Colonnello der Carabinieri und mit Franco zur Schule gegangen. Franco rief ihn fast jeden Tag an, und Luca wunderte sich, dass der ihm so bereitwillig Auskunft gab, Stunden, bevor die Carabinieri ihre offizielle Meldung machten. Dann waren sie von KRONOS meist schon vor Ort gewesen und konnten sich ein eigenes Bild von der Lage machen.

Als Luca zehn Minuten später ins Kloster kam, hatten die Carabinieri schon alles abgeriegelt. Er erinnerte sich an die niedrige Mauer auf der anderen Seite der Klosteranlage am Klostergarten und versuchte sein Glück da. Niedrig war relativ, und er stellte wieder fest, dass er nicht mehr besonders trainiert oder gelenkig war. Mit Mühe zog er sich die Mauer hoch und sprang auf der anderen Seite hinunter. Vorsichtig näherte er sich dem Kloster und war froh, dass ihm Suor Carmela mit ausgebreiteten Armen entgegenlief.

»Zum Glück sind Sie da – kommen Sie, kommen Sie, es ist ein schreckliches Unglück passiert!« Sie schluchzte und weinte und zog ihn in den Innenhof. Als die Carabinieri sich ihm in den Weg stellen wollten, fuhr Suor Carmela sie an:

»Mein Neffe, der einzige Mensch, den ich auf der Welt habe ...«

Die beiden Carabinieri wechselten einen Blick und ließen ihn dann passieren.

Im Refektorium versuchte Luca, die alte Frau so weit zu beruhigen, dass er verstand, was passiert war.

»Vanda ... tot ... ermordet ... Blut, überall Blut ...«

»Vanda? Vanda ist ermordet worden?«

»Ja, sie hat in ihrem Blut gelegen. Überall Blut. Wer macht so was? Wer kann sie ermordet haben?«

Sie schlug wieder die Hände vor das Gesicht und schluchzte.

»Lassen Sie mich mal.«

Luca hatte Anselmo Spataro nicht kommen hören, er trug kalbslederne, gelbe Schuhe mit weicher Sohle.

»Am besten gebe ich dir etwas zur Beruhigung, das ist einfach zu viel für dich.«

Er führte Suor Carmela weg, die sich nicht widersetzte. Luca hatte das Gefühl, dass der Arzt ihn musterte. Er konnte den Blick nicht deuten – Skepsis, Ärger, Erstaunen, dass er hier war?

Laute Stimmen, die aus dem Klosterhof zu ihm drangen, rissen ihn aus seinen Gedanken. Als er den Commissario entdeckte, wich er unwillkürlich hinter eine der Säulen zurück, die den Rundgang vom Hof trennten.

Der Commissario und einer der Carabinieri, offenbar der Einsatzleiter, stritten immer lauter miteinander.

»Das ist mein Fall – ich habe hier schon einen versuchten Mord durch Messerstiche und zwei versuchte Morde durch Vergiftung. Eventuell auch noch Mord durch Vergiftung in einem weiteren Fall. Es hängt alles zusammen, ich habe einen Hauptverdächtigen, und den würde ich jetzt gern festnehmen, bevor er weiteres Unheil anrichtet!«

»Ich habe eben die Nachricht von der Magistratura bekommen, dass wir übernehmen. Informieren Sie sich bitte und lassen Sie mich meine Arbeit machen.«

Der Carabiniere ließ den Commissario stehen, der nach Luft schnappte und dann sein Handy zückte.

Vergiftung – Luca begann zu verstehen. Die *cannoli*. Der Commissario hatte bereits das Ergebnis der Analyse vorliegen. Offensichtlich war die Ricottacreme nicht einfach nur schlecht geworden. Damit geriet Gaetano Di Stefano immer mehr unter Verdacht. Hatte er nun noch seine Frau ermordet? Wut, Eifersucht?

Als er sein Handy aus der Hosentasche zog, um Matteo anzurufen, sah er, dass der es fünf Mal bei ihm versucht hatte. Er hatte wie so oft auf lautlos gestellt.

»Luca, wo bist du? Ich versuche seit Stunden, dich zu erreichen. Wir haben den Beweis: Die *cannoli* waren vergiftet, sie wollen den Pasticciere verhaften. Der Commissario hat mich vor einer Stunde angerufen, ich gehe nachher noch einmal zu ihm. Ich werde dafür sorgen, dass meine Tante exhumiert wird. Ich muss jetzt los, Luca, ich melde mich später.«

Bevor Luca etwas sagen konnte, hatte der Freund aufgelegt. Er zuckte mit den Schultern – der Commissario war wütend abgerauscht, Matteo würde ihn auf der Polizeiwache sicher antreffen. Suchend sah er sich um. Die Carabinieri sperrten gerade den Tatort ab. Den Einsatzleiter sah Luca nicht mehr, und die drei anderen beachteten ihn nicht. Er schaute auf die Uhr. Er musste zurück in die Agentur, aber vorher wollte er herausfinden, wo Gaetano war. Die Tür der Dolceria war zum ersten Mal zu, und als Luca an der Klinke rüttelte, stellte er fest, dass sie abgeschlossen war.

»Was machen Sie eigentlich noch hier? Ihre Tante hat sich hingelegt, der können Sie gerade nicht helfen.« Die Stimme des Carabiniere klang streng.

»Ich wollte nur nachsehen, wo der Pasticciere ist. Gaetano Di Stefano. Die Ermordete ist seine Frau, und ich habe mir Sorgen gemacht ...«

»Die Sorgen machen wir uns. Er ist in unserer Obhut. Und jetzt gehen Sie bitte.«

Die Stimme des Carabiniere duldete keinen Widerspruch, und während Luca das Kloster verließ und zu seinem Motorrad zurückging, dachte er darüber nach, was das hieß: War Gaetano Di Stefano verhaftet worden? Oder kümmerten sich die Psychologen um ihn?

Er setzte sich den Helm auf, startete sein Motorrad und gab Gas. Es half nichts, Franco musste nochmal seinen Carabiniere-Schulfreund anrufen.

24

Als Ada bei Buonfornello von der Autobahn, die von Palermo an der Küste entlang nach Cefalù führte, auf die A 19 ins Landesinnere abbog, atmete sie auf. Sie kannte dieses Gefühl der Erleichterung und Ruhe, das sie überkam, wenn sie die Küste verließ. Es fühlte sich immer so an, als würden sich alle Sizilianer auf einem schmalen Streifen am Meer drängen. Zehn Kilometer weg von der Küste gab es nur noch Ruhe, Einsamkeit, ein paar Berge, Schafe, Ziegen, ab und zu Felder oder Olivenhaine.

Nur das Motorengeräusch ihres alten Panda durchbrach die Stille, ab und zu überholte sie zwar noch ein Auto, aber nun konnte sie bis Catania ihren Gedanken nachhängen. Sie würde an Enna vorbeifahren, der Stadt auf dem Berg, wo Friedrich II. eine mächtige Burg errichtet hatte, um bei gutem Wetter die drei Landspitzen seiner Insel zu sehen. Dort würde es etwas mehr Verkehr geben und menschliche Spuren. Aber eigentlich waren Inselmenschen dem Meer und der Küste zugewandt. Von dort kam alles Neues auch die Gefahr – und über das Meer konnte man die Insel verlassen. Wer von ihnen wollte das schließlich nicht, hatte nicht schon mindestens darüber nachgedacht oder es versucht? Schlussendlich aber verließ kein Sizilianer Sizilien, wo immer er hinging, er nahm Sizilien mit, die Hitze, die Farben und den Geschmack der Insel. Er kam immer wieder und war an dem neuen Ort nie zu Hause, auch wenn er nicht mehr zurückzog. Die Sehnsucht nach der Insel blieb, sie hüllte die Sizilianer, die weggegangen waren, in einen

Kokon ein, den sie nie durchbrachen und der sie überall fremd bleiben ließ, obwohl sie über die ganze Welt verstreut waren.

Die Autobahn war relativ gut ausgebaut, aber der Panda – inzwischen fünfzehn Jahre alt – war schlecht gefedert und nicht sonderlich bequem. Zweieinhalb Stunden bis Catania, das sollte trotzdem gerade noch gehen.

Ein Stück fuhr sie durch das Gebirge der Madonie, und als sie an der Ausfahrt Polizzi Generosa vorbeikam, fragte sie sich, was sie hier tat. Neben ihr auf dem Beifahrersitz lag Lilis Tagebuch. War das ein Vorwand? Das Kloster, in das man Lili verbannt hatte, war eines im Herzen Catanias. Sie erinnerte sich vage daran, es war wie die angrenzende Kirche eins der vielen Barockgebäude aus schwarzem Lavagestein, die nachts im Schein der orangefarbenen Straßenlaternen dunkel schimmerten. Vielleicht hatte der Gipfel des Ätna geglüht, als Lili dort ankam. Fünf Minuten war das Kloster von der Via Etnea, der Hauptachse der Stadt, entfernt, vom Dom und dem Platz mit dem Elefantenbrunnen, dem heidnischen Wahrzeichen Catanias. Der schwarze Elefant, der einen weißen Obelisken auf dem Rücken trug, musste Lili fremd erschienen sein.

Aber was konnte sie, Ada, dort finden? Das Kloster war nach wie vor ein Klausurkloster, und die verbliebenen Nonnen lebten immer noch hermetisch abgeriegelt von der Welt.

Emiliano war natürlich sofort auf ihre Geschichte eingegangen, sie war eine neue Verbindung zwischen ihnen beiden, ein dünner Faden, den er weiterspinnen konnte. Er würde sein Netz dichter und dichter weben, das wusste sie. Sie kannte ihn. Natürlich hatte er die richtigen Kontakte. Und obwohl die Nonnen des Klosters die Klausur noch streng lebten, hatte er mit der Äbtissin telefonieren können. Sie hatte Luca nicht angelogen, sie hatte der Äbtissin geschrieben und einen Termin bekommen, aber nur, weil Emiliano all seine Verbindungen hatte spielen lassen. Natürlich. Und sie war zu gern darauf angesprungen. Sie ärgerte sich plötzlich über sich selbst und überlegte an der Ausfahrt Enna, ob sie umkehren sollte.

Wieso hatte sich Emiliano gerade jetzt gemeldet? Weil er sich von seiner Frau getrennt hatte? Oder sie sich von ihm? Das war wohl wahrscheinlicher. Die Kinder studierten inzwischen, Zwillinge, ein Junge und ein Mädchen. Sie hatte nicht weiter gefragt. Und er hatte nur darum gebeten, sie wiederzusehen, er mache sich keine Hoffnungen, er wolle sie einfach sehen, denn so, wie sie sich vor fünf Jahren getrennt hätten, sei das kein Schlusspunkt, könne das nicht das Ende gewesen sein. Und vielleicht ist es das ja auch nicht, hatte er in seiner dritten oder vierten Mail geschrieben, vielleicht kommt ein neuer Anfang. Willst du uns diese Chance nehmen? Bist du glücklich in deiner neuen Beziehung?

Ja, hatte Ada geschrieben, ich bin glücklich, ich will keinen neuen Anfang.

Dann lass uns uns treffen und uns voneinander verabschieden.

»So ein Unsinn«, murmelte Ada jetzt. Eine seiner Taktiken. Aber sie hatte sich überreden lassen – und war es denn so schwer gewesen? Von allen Männern hatte sie zu Emiliano die engste Verbindung gehabt: Weil er eben das tat, was sie auch tat, übersetzen. Weil er in der Sprache, ihren Feinheiten, zu Hause war. Sie konnten stundenlang über eine Wortwahl diskutieren oder über eine Färbung, die in einem Satz plötzlich mitschwang, der in der Fremdsprache anders geklungen hatte. Emiliano hatte ein virtuoses Sprachgefühl, das sie geliebt und bewundert hatte.

War sie glücklich mit Luca? Ja, das war sie. Aber Luca und sie lebten in verschiedenen Welten. Das war nicht weiter schlimm, vielleicht war es sogar besser so – inzwischen zog sie eine solche Beziehung allen Arten der Symbiose vor. Trotzdem war sie Emilianos Rufen gegenüber anfällig gewesen.

Zwei Tage, nahm sie sich vor, zwei Tage und keine Minute länger. Um sich zu verabschieden und endgültig einen Schlussstrich zu ziehen.

Dann entdeckte sie in der Ferne den schneebedeckten Gipfel des Ätna, und sie spürte, dass sie aufgeregt war. Trotz allem freute sie sich darauf, Emiliano zu sehen.

Wie immer verfuhr sie sich auf dem Weg in die Stadt.

Ihre Pension lag an der Via Etnea, und sie fuhr lange durch die engen Gassen, eh sie sie gefunden hatte und den Panda parken konnte. Es war Mittag, und da sie Emiliano gesagt hatte, dass sie erst abends eintreffen würde, hatte sie noch ausreichend Zeit für sich allein in der Stadt. Zeit, die sie brauchte – sie wollte in Ruhe ankommen, und sie wollte die letzten Seiten von Lilis Tagebuch lesen, bevor sie am nächsten Tag in das Kloster ging.

In einer Pasticceria an der Piazza vor dem Dom aß sie eine Brioche mit Pistazieneis und kam sich wie ein Schulmädchen vor, das etwas Verbotenes tat: Ihre Mutter hatte immer geschimpft, wenn sie lieber Dolci, ein *gelato* oder ein *cornetto* aß statt eines Tellers Pasta. Und auch Luca konnte überhaupt nicht verstehen, dass sie einen Teller Pasta verschmähte und stattdessen lieber ein *cannolo* aß.

Mit der Brioche, aus der schon bald das süße Pistazieneis troff – so hoch war der Eisberg, den der Gelatiere in das süße, luftige Brötchen getürmt hatte –, setzte sie sich auf die Stufen am Fuß des barocken Brunnens. In der Mitte des imposanten Barockensembles stand die Statue des Elefanten und sah geradezu klein und verloren aus, ein Überbleibsel aus heidnischen Zeiten, um das man einen viel zu großen Brunnen gebaut hatte. Catania war bei einem Erdbeben zu Ende des siebzehnten Jahrhunderts völlig zerstört worden, aber Adel und Klerus hatten genügend Geld gehabt, die Stadt größer und schöner als je zuvor aufzubauen. Entstanden war eine Theaterbühne, die durch das Baumaterial – schwarzer Lavastein – besonders dramatisch wirkte. Unzählige barocke Kirchen und Klöster wechselten sich mit eleganten Palazzi ab. Die Piazza del Duomo war die Hauptbühne der Stadt, eine Kulisse für die nicht enden wollenden Prozessionen zu Ostern, zu Weihnachten und zu Fronleichnam. Und zum Fest der heiligen Agata, die *il monte*, den Berg, immer wieder zu besänftigen vermochte ...

Die letzten Stücke der Brioche, die sie jetzt aß, hatten sich mit dem intensiv schmeckenden Pistazieneis vollgesogen. Eigentlich war sie längst satt, konnte aber nicht widerstehen, das süße Brötchen bis zum letzten Bissen aufzuessen. Sie ging zurück in das Café und trank noch einen Espresso, bevor sie sich auf den Weg in ihre Pension machte. Dort wollte sie in Ruhe Lilis Tagebuch lesen. Als sie sah, dass sowohl Emiliano als auch Luca angerufen hatten – sie hatte das Handy leise gestellt –, beschloss sie kurzerhand, es auszuschalten. Dann überkam sie das schlechte Gewissen – was, wenn in Palermo ein weiterer Mord passiert war? Sie tippte eine SMS an Luca, schrieb, sie müsse jetzt ins Kloster und würde ausschalten, ob alles in Ordnung sei. Als Luca kurz darauf schrieb, ihm gehe es gut und Matteo auch, aber sie solle sich melden, es sei etwas passiert, zögerte sie. Dann schaltete sie das Handy doch aus. Sie wollte ihre Ruhe haben – und die Illusion, sie sei einzig wegen Lili hier in Catania ...

25

KLOSTER DER HEILIGEN AGATA, CATANIA, OKTOBER 1837 BIS FEBRUAR 1840

Lilis Tagebuch

November 1837

Geliebter Corrado,
   dass Du nicht mehr an mich denkst, dass Du längst verlobt bist und geheiratet hast, kann ich nicht glauben. Ich glaube etwas ganz anderes: dass Du mich suchst, dass Du Dich nach mir sehnst und dass Madre Angelica uns verraten hat. Ich werde einen Weg finden – zu Dir. Das Kloster verlassen, in dem ich seit Monaten eingesperrt bin. So wie ich dieses Heft gefunden habe, um alles niederzuschreiben, was mich bewegt.
   Die ersten Wochen und Monate hier waren ein dunkler Traum, schwarz wie die Klostermauern, düster wie die Kirche, die zwar ebenso verriegelt ist wie das Kloster, aber mein einziger Ausweg: mindestens fünf Mal am Tag. Laudes, Sext, Vesper, der Rosenkranz, die heilige Messe. Das Leben hier ist eintönig, das Schweigen furchtbar, die bitteren Mienen, das endlose Gemurmel der Gebete. Hunderte Frauen in weißen Gewändern mit schwarzer Haube, Hunderte Gesichter mit zusammengepressten Lippen, wütende, resignierte, traurige Blicke, beim Gebet, bei den Mahlzeiten. Den Himmel, die Natur sieht man nur im Klostergarten, und es hat gedauert, bis ich dorthin durfte. Ein Kräutergarten, ein paar Zitronen-, Orangen- und Olivenbäume, ein Feigenbaum, zwei Aprikosenbäume, mehrere geduckte Palmen, ein paar Blumenbeete mit vielen Rosensträuchern, dazu ein tiefer Brunnen

aus schwarzem Lavastein – das ist alles, aber schon das ist besser als die langen endlosen Gänge des Klosters, die ich nie allein beschreiben kann, immer nur gefolgt von der schweigenden Suor Caterina mit ihrem faltigen Gesicht, die uns bei der Ankunft die Tür aufgemacht hat. Ich bin eine Gefangene hier, man will mich zur Besserung und zur Buße zwingen, auch wenn man es mir nicht sagen kann, werde ich immer darauf hingewiesen. Nach dem Gebet werde ich wieder in die Zelle gesperrt, um Buße zu tun. Zeit, viel zu viel Zeit, manchmal habe ich Angst, den Verstand zu verlieren.

Madre Leonora habe ich seit meiner Ankunft nicht mehr gesehen. Offensichtlich darf niemand mit mir sprechen, und Suor Caterina achtet darauf, dass sich mir niemand nähert. Eine Mauer aus Schweigen und bösen Blicken. Seit einiger Zeit darf ich zweimal pro Woche mit Suor Caterina in den Garten. Wie habe ich mich danach gesehnt, meine Hände in die warme Erde zu graben, Leben zu fühlen, die Natur zu bewundern. Erst hat Suor Caterina den Kopf geschüttelt, als ich begann, Unkraut zu zupfen, und ihr zu verstehen gab, dass die Rosen verschnitten werden müssen. Nach einer Woche hat sie zugelassen, dass ich eine halbe Stunde im Garten arbeite.

Das ist mein einziger Zeitvertreib, der mich ablenkt von der Sehnsucht nach Dir und der Suche nach einem Ausweg, einer Fluchtmöglichkeit. Wie komme ich hier heraus? Nur in meiner Zelle bin ich allein, und die ist vergittert. Sonst ist immer Suor Caterina bei mir, und selbst der Klostergarten ist von hohen Mauern umgeben. Unüberwindbar. Keiner spricht mit mir, keinem kann ich mich anvertrauen. Und wer würde mir helfen? Wenn ich nach Madre Leonora frage, bekomme ich keine Antwort. Sonntags sehe ich sie in der Messe, aber sie ist weit weg, und ich werde hin- und wieder weggeführt. Sie würdigt mich keines Blickes.

Dies Heft habe ich aus der Bibliothek entwendet, in die mich

Suor Caterina manchmal führt. Dann lässt sie mich ein paar Minuten allein, wenn sie sieht, dass ich mich in ein Buch vertiefe. Sie wartet vor der Tür, damit ich auch von dort nicht fliehen kann. Ob sie überhaupt schreiben und lesen kann? Den Gesichtern im großen Refektorium nach zu urteilen, sind die Frauen nicht von hohem Stand. Sonntags in der Messe sehe ich auch andere Nonnen, die, die aus adligen Familien stammen und hier sicher ein anderes Leben führen. Denn dies ist ein reiches Kloster, so reich wie meines in Palermo. Ein Gefängnis für Waisenmädchen, arme Stieftöchter, aber auch für all die reichen Töchter, die keiner braucht ... Mich haben sie zu den armen Schwestern verbannt. Aus ihren Blicken spricht Neid und Missgunst.

Ich fand also das Heft, nahm eines der Tintenfässchen und eine Feder aus dem Schreibtisch in der Bibliothek und verbarg sie unter meinem Gewand. Und jetzt schreibe ich Dir, mein Geliebter, ich schreibe Dir alles, was mir widerfährt. Eines Tages wirst Du das hier lesen, vielleicht lesen wir es gemeinsam und lachen und weinen über eine Zeit, die uns dann weit entfernt erscheint.

In meinen Träumen bin ich bei Dir. Jede Nacht.
Lili

Weihnachten 1837

Geliebter Corrado,
kurz vor Weihnachten ist ein Wunder passiert: Mein Vater war hier, hier in diesem Kloster, er hat mich besucht. Und seitdem hat sich vieles verändert.

Eines Morgens nach dem Frühstück, das wir wie immer schweigend im großen Refektorium eingenommen haben, führte mich Suor Caterina in den Raum, in dem ich erst ein Mal war: in Madre Leonoras Parlatoio. Als ich eintrat, traute ich meinen Augen nicht – da stand mein geliebter Papà mit Tränen in den Augen. Er lief auf mich zu, umarmte und herzte mich und lachte und weinte gleichzeitig. Ich auch, ich konnte mein Glück kaum fassen. Madre Leonora schien das nicht zu stören, sie lächelte sogar, und so herzlich, wie ich es ihr nie zugetraut hätte.

»Liebe Crocefissa, das war eine schwere Zeit für dich, du hast Buße getan und dich in unsere Gemeinschaft eingefügt. Nun ist dein Vater da, und ich will euch eine kleine Weile allein lassen, bevor wir miteinander reden.« Damit verließ sie den Raum. Mein Vater hielt meine Hände und drückte sie immer wieder. Er sagte, wie schlimm dies alles für ihn gewesen sei, aber dass er keine Möglichkeit gehabt hätte, sich gegen meine Mutter zu stellen, die außer sich war. Madre Angelica hat uns verraten, so wie ich es mir gedacht habe, sie hat uns verraten und Deinen Vater gewarnt, dass sein Sohn im Begriff ist, das heilige Kloster, gegründet von einem seiner Vorfahren, zu entehren und sich selbst und seine Familie ins Unglück zu stürzen. Mein Vater sagte mir, dass längst eine andere Frau für Dich vorgesehen gewesen sei. Ich weinte und schluchzte und rief »Nein, nein, das stimmt nicht«, und er tröstete mich und sagte, dass Du davon vielleicht nichts geahnt hast.

Hast Du etwas geahnt? Oder gewusst? Das Gift des Zweifels beschleicht mich, aber ich versuche, es aus meinem Herzen zu vertreiben. Nein, Du kannst es nicht gewusst haben, und nein, ich glaube nicht, dass Du eine andere Frau heiratest. Du wartest darauf, dass die Götter uns in zwei Eisvögel verwandeln, wie Ceyx und Alcyone, und wir wieder vereint sind – für immer und ewig.

Mein Vater streichelte mich, er bedeckte mich mit Küssen und versuchte mich zu beruhigen. »Vorbei, vorbei«, sagte er immer wieder. »Nie mehr ein Wort davon, Lili mia, nie wieder, versprochen?«

Nie wieder ein Wort davon ...

Als ich mich beruhigt hatte, sprang er auf und sagte, all das liege nun hinter mir, sei Vergangenheit. Aber er sei mit Madre Leonora übereingekommen, dass ich hier meine Freiheiten brau-

che. Das Kloster ist groß, und es gibt ein eigenes Refektorium für die Nonnen von adligem Stand. Diese können auch regelmäßig in der Bibliothek studieren und schreiben und den Tätigkeiten nachgehen, die ihnen am Herzen liegen. Sie haben einen Schlüssel zu ihrer Zelle, können sich frei bewegen und versammeln sich in Madre Leonoras Parlatoio, wo ihnen sogar das Gespräch erlaubt ist.

Als Madre Leonora wiederkam, gab sie mir den Schlüssel zu meiner Zelle, küsste mich auf die Stirn und sagte, wie glücklich sie sei, dass ich ihre Gemeinschaft gewählt habe. Sie sprach von den Abenden in ihrem Parlatoio, von den Mahlzeiten in einem anderen Refektorium, vom Garten, den ich ja schon kenne und in den ich immer gehen könne. Suor Matilda, die Gärtnerin, werde mich in die Geheimnisse einweihen. Und von der Dolceria sprach sie, der Backstube – und ihrer Hoffnung, dass ich schon bald dort backen würde. Der Ruhm meiner Dolci sei bis zu ihnen gedrungen ...

Papà versprach wiederzukommen, so oft er könne.

Und als er abgereist war, verriet mir Madre Leonora, dass er dem Kloster ein Teleskop geschenkt hat. Wie glücklich sie sei, mit mir zusammen die Sterne in all ihrer Pracht bewundern zu können. Ob mein Stern noch da ist? Der, den Papà mir einst gezeigt hat und der meinen Namen trägt? Die Sterne sind frei dort oben am Himmel ... Wir hingegen sind abhängig von zu vielen Dingen, von Macht, von Geld, von Gunst.

Was ist geschehen? Reicht Papàs Einfluss bis nach Catania? Aber wieso reicht er nicht, mich aus dem Kloster zu befreien? Ist Dein Vater mächtiger? So wird es sein. Mein Vater hat mir einige Freiheiten erkauft, aber die Freiheit, die ich suche und nur in der Liebe zu Dir finden kann, die kann er mit seinem Geld nicht bezahlen. Der Principe Moncada ist mächtiger. Und er duldet mich nicht länger in derselben Stadt, in der er seinen Sohn verheiraten will. Madre Angelica hat uns an ihn verraten. Ich hätte es wissen *müssen, dass sie nichts duldet oder schützt, was ihm missfallen könnte. Es reichte ein Wort zu meiner Mutter. Meine Mutter mit ihrer Frömmigkeit und der Angst vor allem, was Sünde sein könnte. Meine Mutter mit ihrer Angst vor meinem Fuß, dem Zeichen des Teufels. Auch meine Mutter duldet mich nicht mehr in derselben Stadt, auch meine Mutter will das Teufelskind loswerden. Das wusste Madre Angelica, die Engelsgleiche. Sie wusste, dass es reichen würde, meiner Mutter von der Sünde ihrer verlorenen Tochter zu berichten, um mich loszuwerden. Dein Vater wird gefordert haben, dass ich verschwinde, als sie es ihm gesagt hat. Und sie hat es ihm gesagt, als ihr klar wurde, dass wir es ernst meinen. Und dass ihm das nicht gefallen, dass er einen solchen Schritt niemals hinnehmen würde. Dass sich sein Zorn vielleicht auch gegen sie richten würde.*

Sie ist den einfachsten Weg gegangen. Damit alles so bleibt, wie es ist.

Ira, der Zorn, ist eine der sieben Todsünden. Ich bin zornig, mein Geliebter, und mein Zorn wird einen Weg zu Dir finden.

Lili

März 1838

Mein Geliebter,

im Garten blühen die Blumen, der Sommer kündigt sich an mit Sonnenstrahlen, die den schwarzen Rand des Brunnens im Klostergarten glühen lassen, aber noch immer kein Zeichen von Dir. Und noch immer habe ich das Kloster nicht verlassen, habe keine Möglichkeit gefunden, diesem Gefängnis zu entfliehen.

Ein hohes Fieber im Januar hat mir Hoffnung gegeben. Der Arzt kam jeden Tag, er äußerte sich besorgt, Madre Leonora saß stundenlang an meinem Bett, und einmal hörte ich, wie der Arzt ihr zuflüsterte, ob man nicht meinen Vater, meine Mutter rufen solle. Mich an einen anderen, luftigeren Ort bringen solle. Nichts geschah, und das Fieber sank irgendwann. Ich war schwach, saß viel im Garten und hing meinen Gedanken nach, mehr nicht. Kein Ausweg, keine Fluchtmöglichkeit, die Klostermauern schienen noch höher, als wären sie gewachsen – es ist aussichtslos. Ich würde verzweifeln, wären da nicht einige Ablenkungen, die mich beschäftigen und das Elend eines Lebens ohne Dich ein wenig mildern, jedenfalls für einige Augenblicke.

Madre Leonora sucht mir häufig Bücher aus der Bibliothek, die sie gern gelesen hat. So habe ich meinen Ovid wiedergefunden. Und der Garten spendet mir Trost.

Auch hier gibt es eine Dolceria, und ich habe wieder angefangen zu backen. Es ist ja Madre Leonoras größter Wunsch. Unsere Rezepte kennen sie hier nicht, und sie staunen über meine cassatelle, *meinen* trionfo di gola *und die prächtigen Marzipanfrüchte.*

Hier bäckt man im Februar, zum Fest der heiligen Agata ein seltsames Gebäck: Jungfrauenbrüste, minni di virgini. *Man hat der heiligen Agata mit glühenden Zangen den Busen abgerissen, als sie ihrem Glauben nicht abschwören wollte. Daran erinnert das Backwerk. Es ist mit Ricottacreme gefüllt, und die schmeckt hier seltsam fad. Meine* minni di virgini *solltest Du kosten. Schneeweißer Zuckerguss über dem Halbrund der kleinen Kuchen, gefüllt mit leichter, süßer Ricotta und eine rote, kandierte Frucht als Spitze. Die Nonnen kichern, wenn sie meine* minni *sehen, die echten Busen täuschend ähnlich sind.*

Ja, meine Jungfrauenkuchen sind schmerzlich süß und weich, denn sie sind voller Leidenschaft ... wenn ich sie forme, denke ich nur an Dich, wenn ich den Teig knete, der geschmeidig sein muss, genügend Ei und genügend süßen Marsala, aber nicht zu viel, sonst wird der Teig zu flüssig. Die Ricottacreme ebenso, in die Hunderte kleiner Schokoladenstücke kommen. Die Schokolade stammt aus einem Kloster in Modica, von dem man auch in Palermo sprach. Aber bekommen haben wir diese glatte, dunkle und intensiv schmeckende Schokolade nie, zu weit weg war Modica von Palermo. So nahmen wir mit der etwas zähen, durch zu viel Zucker körnigen Schokolade aus einer Manufaktur in Palermo vorlieb. Hier nun habe ich sie endlich kosten können, die Schokolade, die selbst auf dem Kontinent gerühmt wird. Modica muss eine wunderschöne Stadt sein, und sie liegt nicht einmal eine halbe Tagesreise von Catania entfernt. Dort hütet man das Geheimnis dieser Schokolade, die aus meiner Ricottacreme einen süßen Traum macht. In einem großen Mörser zerstoße ich die Schokolade in Splitter, die ich in die Creme gebe. Nicht zu viele, damit die Creme luftig und leicht bleibt. Nicht zu wenige, damit man die Schokolade bei jedem Bissen schmeckt ... Madre Leonora hat meine minni di virgini probiert und mich gebeten, so viele wie möglich davon zu backen. Das habe ich getan, ich habe Tag und Nacht gebacken, unterbrochen nur von den Gebeten.

Madre Leonora hat sie, in Seidenpapier eingeschlagen, am Festtag der heiligen Agata an »wichtige Gönner«, wie sie es nannte, gegeben. Männer wie Deinen Vater. Familien, die das Kloster unterstützen, damit ihre Töchter darin verschwinden. Aber sie war voll des Lobes, hat mich auf die Stirn geküsst und mir versprochen, mich im darauffolgenden Jahr mitzunehmen zu der großen Prozession auf der Piazza del Duomo, ganz in der Nähe des Klosters, die ich doch nur einmal in der Dunkelheit gesehen habe, als wir hier angekommen sind.

Und wenn Du bis dahin keinen Weg zu mir gefunden hast, mein Geliebter, ist das vielleicht meine Hoffnung, mein letzter Ausweg, um in der Menschenmenge der Prozession zu verschwinden ...

Ich gebe die Hoffnung nicht auf, ein Zeichen von Dir zu erhalten, zu wissen, was ich ahne: dass Du an mich denkst.

Lili

Oktober 1838

Seit einem Jahr bin ich nun hier. Fern von allem, was ich kenne und was mir lieb ist ... Wie ich dies Leben aushalte? Über meinen Büchern, im Klostergarten und in der Backstube. So bin ich abgelenkt von dem einzigen Gedanken, der mich beherrscht: Was tut mein Geliebter? Wieso findet er keinen Weg zu mir?

Zwölf Monate, Vollmond, Neumond, Halbmond, wieder und wieder, Herbst, Winter, Frühling, Sommer, schon wieder Herbst, und kein Wort, kein Hinweis, dass er an mich denkt, dass er einen Weg zu mir sucht.

Und wäre es denn möglich? Könnte er jemanden finden, der mir seine Briefe bringt? Natürlich könnte er. Es hat eine Weile gedauert, bis ich verstanden habe, wie die Nonnen hier leben. Madre Leonora und ihre Vertrauten, eine Handvoll Frauen aus den besten Familien Catanias. Da ist der Arzt, ein älterer, dicklicher Mann, der immer schwitzt. In seinem Arztkoffer sind nicht nur seine Geräte, sondern manchmal auch kleine Zettelchen oder Briefe. Dann der Mann, der von April bis Oktober einmal in der Woche die riesigen Eisblöcke bringt, die die Laienschwestern kleinhacken müssen. Auch er bringt Nachrichten von draußen. Vor allem aber zwei der Laienschwestern, die nicht in Klausur leben und auf den Märkten Lebensmittel einkaufen. In ihren Körben findet sich allerlei, was eigentlich nicht ins Kloster gehört. Und natürlich gibt es auch hier einen Principe, der Madre Leonora besucht, zusammen mit seinem Sohn. Kein Kloster ist eine Insel und vollkommen verschlossen. Das war in Palermo so, und das ist auch hier so ...

So viele Wege – aber keinen davon beschreitet er.

Oft stehe ich am Brunnen im Garten und schaue in das schwarze Auge. Die Tiefe ist unergründlich, sie zieht mich hinab. Wenn Madre Leonora mich sieht, führt sie mich weg, in ihr Zimmer oder die Bibliothek, und wir sprechen über Dichter – vor allem Ovid. Madre Leonora ist freundlich und klug, aber ihre wimpernlosen Augen sind nicht gütig. Längst weiß ich, dass mein Vater mir auch hier meine Freiheit erkauft hat. Es ist ein Handel, so wie gehandelt wurde, als Lucia geheiratet hat. Hat Corrados Vater auch gehandelt? Was hat er für seinen Sohn und die Familie ausgehandelt?

In manchen Nächten verzweifle ich, dann wieder schöpfe ich Hoffnung. Ich muss Geduld haben und Vertrauen. Um nicht wahnsinnig zu werden, verbringe ich so viel Zeit wie möglich im Garten und in der Dolceria.

Der Garten blüht und bringt reiche Ernte. Suor Matilda, die Gärtnerin, die mich anfangs skeptisch musterte, schaut mich inzwischen mit Respekt an. Das hätte sie von der Fremden nicht erwartet.

Sie ist eine wunderliche alte Frau: Aus den Kräutern, den Samen, aus den Rinden der Bäume und den Blüten stellt sie Tinkturen, Aufgüsse und Pasten her, die sie bei allerlei Leiden den Kranken verabreicht.

Suor Matilda kommt aus einem Dorf am Fuße des Ätna, wo der Boden noch fruchtbarer ist als der bei uns im Kloster. Sie sagt, es sei der Berg und das, was er ausspuckt, das Pflanzen und Früchte wachsen lässt. Und in der Tat gedeiht hier alles besser, wächst höher und blüht prächtiger als daheim in Palermo.

Aus ihrem Dorf hat sie allerlei Geheimnisse mitgebracht. Sie muss aus einer einfachen Familie stammen, ihre Mutter hat mit ihren Tinkturen und Pasten Geld verdient, wo man sich einen Arzt nicht leisten konnte. Häufig helfen ihre Mittel besser als die des Arztes, den Madre Leonora immer wieder ruft. Dann kichert Suor Matilda. Ihre Kräuterecke, in der auch Pflanzen, Sträucher und Bäume wachsen, die ich noch nie gesehen habe, ist ihr Reich. Meines ist der restliche Garten: der Obstgarten mit Zitronen-, Zedernfrucht- und Orangenbäumen, Aprikosenbäumen, aber auch

Palmen und ein kleiner Rosengarten mit den schönsten Sorten, die intensiv duften und die die Bienen anziehen und in dem ich viel Zeit verbringe. Vieles habe ich gepflanzt: Oleanderbüsche und die Pomelien, die wir in Palermo so lieben und die sie hier nicht kennen. Unter großen Mühen hat mein Vater mir zwei kleine Pomelien schicken lassen. Vielleicht blühen sie schon im kommenden Jahr, jeweils eine weiße, große Blüte.

Inzwischen helfen mir ein paar Laienschwestern bei der Arbeit. Waisenmädchen aus den umliegenden Dörfern, die meisten von den Hängen des Ätna. Verschlossene, ängstliche Gesichter, die meisten haben große, dunkle Augen und dichte schwarze Augenbrauen. Ich verstehe sie kaum, so fremd ist ihr Dialekt. Eigentlich dürfen wir kein Wort miteinander wechseln, aber die Arbeit im Garten ist eine Entschuldigung, um die eigene Stimme und die der anderen wenigstens bei den Anweisungen einmal wieder zu hören ...

Suor Caterina begleitet mich immer noch häufig, und sie hat ihr Schweigen nie gebrochen. Ich kenne ihre Stimme nicht, und manchmal denke ich, sie ist taubstumm. Sie sperrt mich nicht mehr ein, ich habe ja den Schlüssel zu meiner Zelle, aber immer noch hat sie ein Auge auf mich. Nun speise ich in einem anderen Refektorium als sie, aber in ihrem Blick ist kein Neid. Sie gehört zu den Nonnen, die sich in ihr Schicksal ergeben haben oder es einfach annehmen. Vielleicht sind sie die glücklichsten von uns allen.

Außer Madre Leonora gibt es noch einige andere Nonnen, mit denen ich spreche: Suor Assunta, die so schön singen kann. Suor Addolorata, die viel lacht und von mir in der Dolceria alle Geheimnisse erfahren will, die Geheimnisse des Klosters der heiligen Caterina in Palermo. Sie und Suor Marianna, ein kleines und sehr junges – jünger als ich – Mädchen aus Messina, die ihre Familie hierher geschickt hat, sind immer mit mir zusammen in der Dolceria. Wir backen gemeinsam, und ich zeige ihnen alles, was ich kann. Gern habe ich fast all das verraten, was im Kloster der heiligen Caterina seit Jahrhunderten geheim gehalten wird. Ira, der Zorn, sucht mich jeden Tag heim, und mit dem Zorn kommt der Wunsch nach Rache. Die Geheimnisse der Dolceria, auf die Madre Angelica so stolz war – nun sind sie nicht mehr geheim. Nur den trionfo di gola, *das Rezept für die Ricottacreme und die Farbe meiner Marzipanfrüchte, Rot, Grün, Gelb und Blau, behalte ich für mich. Das ist neben dem Geld meines Vaters mein Vermögen, meine Sicherheit.*

Inzwischen hat sich meine Kunstfertigkeit in der Dolceria herumgesprochen, und der Adel der Stadt fragt Madre Leonora nach unseren cannoli, *den* trionfo di gola, *der* frutta martorana *in leuchtenden Farben zu Allerseelen, meinen Osterlämmern, dem Herz Jesu zu Weihnachten, vor allem aber nach den* minni di virgini *zu Ehren der heiligen Agata. Die wir nur im Februar, zu ihrem Festtag backen.*

Madre Leonoras wimpernlose Augen leuchten, wenn sie mir im Parlatoio davon erzählt, wie sie darum gebeten wird, doch zu diesem oder jenem Anlass ein großes Tablett mit den Leckereien zu schicken.

Mit Suor Assunta und Suor Marianna rede ich Französisch wie mit Maman, mit Madre Leonora häufig Lateinisch. Sie liebt ihre Bücher, bestellt in London, Paris und Rom ständig neue und ist aufgeregt, wenn die schweren Pakete mit den in Leder gebundenen Bänden kommen. Vielleicht ist das ihr Geheimnis: Sie will in Ruhe in ihrer Bibliothek all die Bücher lesen und studieren, die ihr Herz begehrt. Ovids Metamorphosen, *die* Poetik *des Aristoteles, die Tragödien des Sophokles. Die Franzosen: Montaigne und Diderot. Verborgen hat sie vor mir eine Schrift von Chateaubriand, monatelang, bis sie sie mir endlich gab:* Geist des Christentums. *Ein solches Buch gehört nicht in eine Klosterbibliothek, du wirst verstehen, warum, sagte sie mir. Und ich verstand –* ·

denn da zweifelte jemand an seinem Glauben, wollte, aber konnte doch erst nicht die Glaubenslehren annehmen. Das Buch hat einen verborgenen Platz in der Bibliothek. Wie viele Geheimnisse birgt diese große, alte Bibliothek, deren dunkles Holz im Schein der Kerzen schimmert?

Madre Leonora liebt auch Reiseberichte aus fernen Ländern: Der Ankunft von Alphonse de Lamartines Voyage en Orient *hat sie entgegengefiebert. Sie hat eine Freiheit innerhalb dieser schwarzen Mauern gefunden, die sie draußen nicht hätte, dessen bin ich mir sicher.*

Aber ich? Corrado ist meine Freiheit und mein Leben, alles andere ist ein Gefängnis. Und wenn Corrado keinen Weg zu mir findet, muss ich einen zu ihm finden. Das Fest der heiligen Agata im Februar ist meine Gelegenheit, wenn Madre Leonora mich mit in den Dom nimmt, werde ich fliehen ... Die ganze Stadt wird auf den Beinen sein. Ein paar Monate habe ich Zeit für meinen Plan: Irgendwo in der Nähe muss Kleidung für mich bereitliegen. Ich muss das weiße Gewand möglichst schnell ablegen und etwas Unauffälliges anziehen, um aus der Stadt fliehen zu können. Als Mann am besten. Ein Mann kann sich allein bewegen, er fällt nicht auf.

Dann muss ich zurück nach Hause gelangen, egal, wie. Es wird ein langer beschwerlicher Weg sein, voller Gefahren. Aber ich muss ihn gehen.

November 1838, I Morti

Allerseelen, das Fest der Toten – und meine Toten sind weit, weit weg von hier. Wir besuchten ihre Gräber an diesem Festtag, als ich ein Kind war. Inzwischen liegen auch Grandmère und zwei von Lucias Kindern in der Familiengruft auf dem Friedhof Sant'Orsola. Werde ich je an ihrem Grab stehen? Mein Vater hat mir geschrieben und von den Todesfällen berichtet. Kein Wort von meiner Mutter, für sie bin auch ich tot, schlimmer noch: Es gibt mich nicht mehr.

Der Brunnen im Klostergarten kommt mir noch tiefer und unergründlicher vor als sonst, sein schwarzes Auge blickt mich an. Oft stehe ich dort, jetzt, wo auch im Garten nicht viel zu tun ist. Bald leuchten wenigstens die Zitronen, Zedernfrüchte und Orangen gelb und rot an den Bäumen, ein wenig Farbe in dem Dunkel, das uns umgibt.

Seit zwei Tagen ist Unruhe in der Stadt, die man bis ins Kloster hinein spürt. Die wenigen Leute, die von außen kommen, tragen sie zu uns herein. Madre Leonora hat mich gestern Abend mitgenommen auf den Turm unserer Kirche. Von dort aus sah man es: Die Spitze des Berges glühte rot in der Dunkelheit. Der Himmel war wolkenverhangen, die Stadt nachtschwarz, und das Rot sah wütend aus, ein Werk des Teufels. Dünne, leuchtende Linien zogen sich an den Flanken des Berges hinab – schon hat die tödliche Glut des Vulkans zwei kleinere Dörfer verschlungen. Wir haben einige Mädchen aufgenommen, die Waisen geworden sind. Sie haben furchtbar geweint und geschrien, waren über und über mit einer rußartigen Staubschicht bedeckt. Kein Ruß, hat Madre Leonora gesagt, kein Staub, sondern das, was der Berg ausspuckt. Es war kaum abzuwaschen, sie haben mit Bürsten geschrubbt und gerieben, aber unter den Fingernägeln war es immer noch zu sehen.

Es graut mir vor dieser Schwärze und dem leuchtenden Rot, gerade heute, am Fest der Toten.

Ob Corrado schon zu ihnen gehört und in der großen Gruft der Moncada liegt? Wie anders kann ich mir sein Schweigen erklären?

Nachts kann ich kaum schlafen, ich liege wach oder wälze mich hin und her. Wenn ich einschlafe, träume ich Schlimmes: von der Glut, die der Berg speit und die Corrado verschlingt, von der schwarzen Stadt, vom dunklen Auge des Brunnens, das mich hinabzieht.

Madre Leonora sagt, dass es allen so geht, wenn der Berg zum Leben erwacht. Die Luft sei dann unrein und mache krank. Wir sollten den Garten meiden und im Haus bleiben, die Fenster fest verschließen.

Ich höre die anderen, wie sie nachts wach liegen und sich ebenso hin und her werfen wie ich. Alle haben tiefe Ringe unter den Augen, das Schweigen ist feindseliger als sonst und die Gespräche in Madre Leonoras Parlatoio hitzig und laut. Ich rette mich in die Dolceria, seit Wochen treibe ich meine Mädchen an, Mengen von Mandeln kleinzustoßen. Kilo um Kilo für alle nur denkbaren Marzipanfrüchte. Allein das lenkt mich ab, lässt mich die Toten und Corrado, die schwarze Stadt und den unheilvollen Berg, vor allem aber das Auge des Brunnens vergessen.

Die Tage werden nun noch häufiger durch Gebete unterbrochen. Wir flehen die heilige Agata an, die Stadt – wie schon einmal – vor dem Berg und seiner Wut zu retten.

All die Heiligen dort oben im Himmel – ob irgendwer unser Flehen hört? Ob ihr unsere Tränen seht und unseren Gebeten lauscht? Schon lange glaube ich nicht mehr daran. Der todbringende Berg ist das Schicksal dieser dunklen Stadt, und damit ist sie allein. Aber sie ist Teil von ihm: Als die bebende Erde Catania dem Erdboden gleichmachte, bauten die Menschen hier sie mit schwarzem Gestein wieder auf, dem Gestein des Berges. Der Berg, er schenkt Leben und nimmt Leben. Seine Macht ist größer als die einiger Heiliger, die die Stadt längst vergessen haben. Die uns vergessen haben.

Weihnachten 1838

Das Weihnachtsfest naht, die Geburt unseres Herrn Jesu. Heute hat Madre Leonora mir ein großes Geschenk gemacht – sie hat mir den Besuch meines lieben Papà angekündigt. Er kommt nach den Festtagen, und wir können ein paar Stunden gemeinsam verbringen. Ob er mir Nachricht bringt? Ob Corrado mit ihm gesprochen hat und er mich aus diesem Gefängnis befreit?

Madre Leonora sagte mir, er habe ihr geschrieben, er müsse zu seinem Cousin nach Messina, dem es schlecht gehe. Wir haben Verwandte in Messina, aber Papà hat sie noch nie besucht. Sicher ist dies nur ein Vorwand, sicher bringt er mir Nachricht, sicher hat er eine Lösung gefunden. So lange hat es gedauert, aber nun ist Rettung nahe, ich spüre es, ich weiß es ...

San Silvestro 1838
Papà war hier und ist zurück nach Palermo gereist. Wie ich mich gefreut habe, sein liebes Gesicht zu sehen, in das sich viele Falten gegraben haben. Silberne Fäden ziehen sich durch die schwarzen Haare, und müde sah er aus, so müde. Aber er hat sich Mühe gegeben, mich aufzuheitern: Rosenpflanzen hat er mir geschenkt, Sorten, die ich noch nicht kenne und die einer seiner Brüder von einer Reise nach Paris mitgebracht hat: Petite Lisette, Quatre Saisons und Félicité Parmentier. Félicité Parmentier ist zartrosa, mit üppigen, prall gefüllten Blüten, die so stark duften, dass einem schwindelig werden kann. Ihre Schönheit tröstet mich ein wenig. Dann hat mein lieber Papà erzählt: Vieles ist passiert, das Leben da draußen ist weitergegangen, und es schmerzt mich, dass ich weit weg bin von allem, dass ich nicht Anteil nehmen kann, sondern verschlossen in einer Welt lebe, in der mir nur weniges lieb ist. Maman geht es nicht gut, sie kann häufig das Bett nicht verlassen. Das Herz, sagt Papà, es ist ihr alles zu viel, jede Aufregung schwächt sie. Außer dem Priester möchte sie kaum mehr jemanden sehen. Sie würde sich im Kloster wohlfühlen, in der Abgeschiedenheit. Es ist das Leben, das sie sich immer gewünscht hat. Nun muss ich es führen, während sie gezwungen ist, in ei-

ner Welt zu bleiben, die sie ängstigt. Lucia hat nun endlich einen kleinen Jungen bekommen, der gesund ist. Sie lässt ihn nicht aus den Augen, will ihn weder der Amme noch dem Kindermädchen geben. Nachts sitzt sie an seinem Bett und wacht über seinen Schlaf.

Ottavio ist groß geworden, und er reitet wie der Teufel, sagt Papà. Mein kleiner Bruder, der schon immer wild war. Mamma darf natürlich nichts davon wissen, sie würde sich furchtbar aufregen.

Kein Wort von Corrado. Wie habe ich darauf gewartet, auf den einen Satz, den Gruß, die Befreiung. Ganz zum Schluss, kurz bevor er gehen musste – und wer weiß, wann ich ihn wiedersehe –, konnte ich nicht anders, ich musste ihn fragen, ob er Nachricht für mich habe. Er schwieg und hat mich traurig angesehen. Mein Herz klopfte so stark, dass ich meinte, es würde zerspringen. Und wäre es doch zersprungen ... Aber Papà schüttelte nur den Kopf und schwieg eine Weile. Wollte er etwas sagen? Einen Moment lang sah es so aus, aber dann sagte er nichts. Eine Weile saßen wir schweigend da, dann begann er, von Bagheria zu erzählen. Wie weit weg sind die Sommer in Bagheria, die unbeschwerte, fröhliche Zeit. Tränen stiegen mir in die Augen. Eine andere Welt, ein anderes Leben, dabei ist das alles keine zehn Jahre her. Auch Don Arturo ist gestorben, und Piero ist zurückgekehrt und hat die Aufgaben seines Vaters übernommen. Als Papà von einer Frau und drei kleinen Kindern erzählte, versetzte es mir einen Stich. Piero, wie lange habe ich nicht mehr an ihn gedacht, an die Sommer mit ihm. Auch Piero gehört in eine andere Welt, die nicht länger meine ist.

Dann reiste Papà ab – ohne Nachricht, ohne ein Zeichen. Und ich bleibe ohne Hoffnung allein zurück, mit dem Blick in eine Zukunft hier in der schwarzen Stadt.

27. Januar 1839

Gestern Nacht habe ich endgültig einen Entschluss gefasst: Ich werde zum Fest der heiligen Agata fliehen – so wie ich es geplant hatte, bevor Papà kam.

Heute habe ich eine der Laienschwestern beiseitegenommen, die für uns auf den Markt geht. Pina heißt sie, sie hat ein gutmütiges, rundes Gesicht, sie versorgt uns und noch zu Hause die sieben Kinder ihrer Schwester, die krank ist. Obwohl sie immer in Bewegung ist und sich keine Minute der Ruhe gönnt, ist ihr Körper mächtig und rund, und sie schnauft, wenn sie die großen Körbe mit den Lebensmitteln ins Kloster schleppt. Ich habe sie nicht eingeweiht, sondern ihr erzählt, dass ich Madre Leonora mit einer Kostümierung für Karneval überraschen will. Im vergangenen Jahr haben ein paar wenige Schwestern – Madre Leonoras engste Freundinnen und sie – sich verkleidet und einen Abend im Parlatoio vergnügt. Ein harmloser Spaß, aber es wurde vor allen anderen verheimlicht, es passt nicht in die düstere Strenge der Klostermauern. Sie legt fest, wer daran teilnehmen darf. Mir hat es Suor Marianna erzählt, leise, hinter vorgehaltener Hand. Sie war selbst nicht dabei, aber eine andere hat es ihr erzählt. Heimlichkeiten, Flüsterstimmen, Neid, Missgunst – das ist das Leben in Madre Leonoras Reich.

Ich habe Pina viel Geld gegeben, damit sie mir die Kleider eines Bäckers näht. Einen weißen Kittel, dazu eine dunkle Hose und die Mütze. Für unsere Karnevalsfeier, und es müsse geheim bleiben, kein Wort zu niemandem. Sie hat gelächelt, verständnisvoll und gutmütig. Ich kann die Kleider unter meinem Gewand verbergen, wenn wir in den Dom gehen, um das Ende der Prozession zu Ehren der heiligen Agata zu erleben. Dann schleiche ich mich im Gedränge davon, verlasse die Stadt, so schnell ich kann, und ziehe mich um. Auf der Piazza vor dem Dom werden sich große Menschenmassen versammeln, sie werden alle Gassen der Innenstadt *füllen, und wenn ich ein paar Meter von Madre Leonora entfernt bin, hat sie keine Möglichkeit mehr, mir zu folgen oder mich zu finden. Vielleicht wird es ihr nicht einmal sofort auffallen, dass ich weg bin.*

Heute habe ich mir die langen blonden Haare abgeschnitten. Nachts, im Licht der Sterne, vor dem Fenster, in dem ich mein Antlitz nur verschwommen sehen konnte. So dass ich mit Kittel und Hose als Junge durchgehen kann. Etwas Kohle werde ich mir ins Gesicht schmieren, damit die Wangen nicht zu weiß sind und man nicht bemerkt, wie glatt sie sind. Die Mütze ziehe ich mir tief ins Gesicht, ich werde nicht auffallen.

Mein Vater hat mir Geld gegeben, das werde ich mitnehmen. Ich werde die Küste entlanggehen, erst nach Messina und von da aus nach Palermo. Dort entlang, wo sich ein Dorf an das andere reiht, nicht durch das Landesinnere, wo ich Banditen und Gesindel schutzlos ausgeliefert bin. Wie lange wird es dauern, nach Palermo zu kommen? Wochen, Monate? Ich weiß es nicht. Mit der Kutsche dauert es mehrere Tage. Aber als Bäckergeselle kann ich keine Kutsche mieten, keiner darf wissen, dass ich so viel Geld am Leib trage.

Es ist ein verzweifelter Plan, aber ich habe keinen anderen. Ich weiß nicht mehr weiter, und wenn ich auf dem Weg nach Palermo sterbe, dann ist das besser, als hier Monat für Monat auszuharren, zu warten auf eine Nachricht, die niemals kommt.

1. Februar 1839

Übermorgen. Übermorgen ist es so weit, ich werde dieses Kloster verlassen. Seit Tagen backe ich mit meinen Laienschwestern und mit Suor Marianna und Suor Teresa unzählige minni di virgini zum Fest der heiligen Agata. Ich habe Tag und Nacht gearbeitet, unterbrochen nur von den Messen und Gebeten. Das war mein Glück – es hat mich abgelenkt von der bevorstehenden Flucht und der Angst davor, nicht zurück nach Palermo zu finden oder – noch schlimmer – zu erfahren, dass Corrado nicht mehr lebt. Mich nicht mehr liebt, mich vergessen hat. Nein, das kann nicht sein, es ist unmöglich. Nichts kann unsere Liebe lösen, sie ist auch ohne das Sakrament der Ehe ein heiliger Bund, ein ewiger Bund. Wir können nicht ohneeinander leben.

15. März 1839
Ich war tot. Ich bin tot, ich bin gestorben und in die Unterwelt hinabgestiegen. Dann hat man mich mit Macht zurückgezogen auf diese Welt, die düster ist wie diese Stadt, schwarz und feindselig und bedrohlich. Wieso haben sie mich nicht gehen lassen, wieso haben sie mich nicht dort gelassen, wo das Vergessen mich umfangen hätte, gnädig und milde? Der Tod hätte keinen Schrecken für mich gehabt, sanft hätte er mich fortgeführt aus diesem Tal der Tränen in eine Welt, die vielleicht nicht besser, aber auf keinen Fall schlechter sein kann als diese hier.

Wochenlang lag ich mit hohem Fieber und ohne Bewusstsein in meiner Zelle. Der Arzt wachte Tag und Nacht bei mir, auch Papà war da, sie haben alles getan, um das Fieber zu senken, um mich zu halten, hier, wo mich nichts mehr hält, wo mich alles anekelt. Langsam, ganz langsam bin ich aufgetaucht aus dem Fieberwahn, der voller Geister war, die mich fortzogen. Lange hat es gedauert, eh mir klar wurde, was geschehen ist. Ehe ich verstanden habe, wirklich begriffen habe, dass es keine Hoffnung mehr gibt, dass alle Liebe eine Täuschung war. Lüge. Verrat. Betrug. Jetzt, wo ich wieder bei Kräften bin, ist die Trauer und Verzweiflung einem mächtigen Zorn gewichen. Zorn und Hass und dem Verlangen nach Rache. All die Gebete und Messen, die vielen Rosenkränze können die Rache nicht aus meinem Herzen vertreiben, sie bestimmt meine Gedanken von früh bis spät.

Rache.

26. April 1839

Donna Bianca Asmari, Duchessa di Maqueda. Erst jetzt kann ich diesen Namen niederschreiben, ohne dass es mir das Herz zerreißt vor Hass. Die Maqueda sind ein altes Geschlecht, das im Lauf der Geschichte bei Hofe eine wichtige Rolle gespielt hat. Sie sind spanischer Abstammung und seit Jahrhunderten in Palermo ansässig. Lucia hat manchmal nach den Bällen, auf denen sie tanzen durfte, von Bianca Asmari erzählt, von ihrer Garderobe und den kunstvollen Frisuren, zu denen ihr tiefschwarzes, glänzendes Haar aufgetürmt wurde. Natürlich habe ich sie nie zu Gesicht bekommen.

Dass Donna Bianca die Nichte des Principe Biscari ist, wusste ich nicht. Eine gelungene Verbindung: die Maqueda und die Biscari. Die mächtigsten Familien Palermos und Catanias. Donna Bianca ist in Palermo aufgewachsen, ihre Mutter ist die Schwester des Principe Biscari.

Der Principe von Biscari ist ein Vertrauter Madre Leonoras, jener Mann, der als Einziger Zugang zum Kloster hat, weil einer seiner Urahnen es gegründet hat. Die Schwester des Principe liebt ihren Bruder über alles und fährt jedes Jahr mit ihrer Tochter nach Catania, um das Fest der heiligen Agata mit ihm zu feiern. Einen Monat verweilen sie dann in Catania.

Die Stadt spricht darüber, jedes Jahr werden Mutter und Tochter erwartet und wie Verlorene gefeiert. In diesem Jahr spricht man darüber, weil Donna Bianca nicht wie sonst nur mit ihrer Mutter gekommen ist. Nein, sie ist mit ihrem Ehemann nach Catania gereist, der den Principe Biscari, ihren Onkel, kennenlernen soll. Und zur heiligen Agata beten soll, wie sie, seine Frau, es von ihrer Kindheit an getan hat. Sie, Donna Bianca Asmari, und ihr Ehemann, Spross einer anderen großen sizilianischen Familie, der zukünftige Principe Moncada, waren der Mittelpunkt der großen Messfeier zu Ehren der heiligen Agata im Dom von Catania.

Es ist eine Verbindung, über die ganz Catania spricht. Beide sind jung und schön. Und unermesslich reich. Ihre Verbindung zeugt vom Geschick der Eltern, aber man erzählt sich auch, dass die schöne Donna Bianca Corrado Moncada liebt. Sie waren zum Greifen nah. Ihre Augen sind olivgrün, sie stehen eng zusammen, das Gesicht ist schmal, die Nase klein, die Haut recht dunkel und glatt und glänzend. Sie hat ein Muttermal auf der Wange. Ihr Gesicht geht mir nicht mehr aus dem Kopf, ständig sehe ich es vor mir. Es ist das Gesicht, in das er jeden Tag, jeden Augenblick blickt. Das Gesicht der Frau, die er gewählt hat. Die man für ihn ausgewählt hat und die zu ihm passt.

Ich sehe ihr Gesicht vor mir und denke an nichts anderes als an Rache. Der Zorn reißt an mir, er frisst sich durch meine Eingeweide, er beherrscht mich Tag und Nacht. Dumm war ich, ein kleines Mädchen, das nichts verstanden hat. Obwohl Madre Leonora mir Tag für Tag vorlebt, nach welchen Regeln das Spiel gespielt wird. Ich habe gedacht, diese Regeln gelten nicht für mich. Für uns, für Corrado und mich. Ich habe gedacht, unsere Liebe ist stärker. Wie oft muss er über mich gelacht haben. Eine Närrin war ich und habe es nicht erkannt. Jetzt weiß ich es.

Ich bin tot. Er soll es auch sein.

12. Mai 1839

Ob er mich gesehen hat? Ob er bemerkt hat, dass ich ohnmächtig wurde, dass man einen Weg bahnen musste, um mich aus der Kirche zurück ins Kloster zu bringen? Ich weiß es nicht, so wie ich nicht weiß, wie lange es gedauert hat, bis man die Menschen zurückgedrängt hat, um mich wegtragen zu können.

Es war Madre Leonora, die mir die beiden gezeigt und gesagt hat, wer sie sind. Ihre wimpernlosen Augen waren ausdruckslos, ich konnte in ihnen nichts lesen. Ob sie weiß, was Corrado und mich verbindet? Hat meine Mutter mit ihr gesprochen, ihr erzählt, warum man mich hierhergeschickt hat? Nie hat sie danach gefragt, nie gezeigt, dass sie weiß, weshalb ich hier bin. Aber die Kleidung, die ich unter meiner Tracht verborgen hatte, die Kluft eines Bäckergesellen, sie war verschwunden. Es ist mir erst viel später eingefallen – Madre Leonora muss sie entdeckt und verschwinden lassen haben. Sie wird alles verstanden haben, spätestens, als sie diesen Fund machte. Und noch einmal wird ihr ein solcher Fehler nicht passieren, das habe ich ihr angesehen. Sie kann es sich nicht leisten.

Ich war einfältig und dumm. Ein Krüppel, über den man sich lustig gemacht hat. Den man fortgeschickt hat, als ruchbar wurde, dass die Vergnügungssucht des jungen Principe seine Ehe gefährdet. Eine Ehe, die die Besitztümer des Principe Moncada vergrößert und bereichert und drei Familien verbindet – die Moncada, die Maqueda und die Biscari. Ländereien, Palazzi, Gärten, Klöster, Schätze: Wer würde das gefährden wegen eines in ein Kloster gesperrten Krüppels, einer Frau, die enterbt würde, hätte sie den Schleier abgelegt und wäre in die Welt zurückgekehrt. Deren Erbe, selbst wenn sie es erstritten hätte, einen Bruchteil dessen betragen hätte, was eine Maqueda – zudem einziges Kind ihrer Eltern – mitbringt?

Sie haben mich alle verraten, das verstehe ich jetzt: Madre Angelica, Madre Leonora, meine Mutter, selbst mein geliebter Papà – o Papà, wie konntest du mir das antun? Aber du, du bist der Einzige, der es aus Liebe getan hat, weil du wusstest, dass man mich täuscht und betrügt, und weil du glaubtest, ich könnte hier meinen Frieden und eine Freiheit finden, die die Welt da draußen mir nicht bietet. Wenn du wüsstest, Papà, wie eng diese Mauern sind ...

Vor allem aber hat er mich verraten, er, dessen Namen ich kaum mehr in den Mund nehmen kann. Er hat mich verraten, getäuscht und getötet.

Heute habe ich eine Stunde lang am Brunnen gestanden und in die Tiefe geblickt. Wieder hat sie mich gerufen, hat ihre schwarze Hand nach mir ausgestreckt. Das dunkle Auge des Brunnens ist mein einziger Trost, die einzige Hoffnung, dieser Qual zu entkommen und den einzigen Frieden zu finden, den ich mir wünsche: Schlaf und Vergessen, den Tod. Nichts hält mich mehr hier, dachte ich.

Aber das stimmt nicht. Etwas hält mich, etwas muss geschehen, bevor ich diese Welt verlasse. So kann ich nicht gehen, so kann ich nicht sterben. Er muss auch gehen. Mein Stolz duldet diese Schmach nicht, duldet den Betrug und die Täuschung nicht.

Grandmère hat mich gescholten wegen meines Dünkels, wie sie es nannte, ein Stolz, der einem Mädchen nicht zu Gesicht steht, wie sie sagte. Ich habe nie den Blick gesenkt, habe nie klein beigegeben. Maman hat manchmal geweint, sie hat gesagt, das sei der Einfluss des Teufels, so wie der verkrüppelte Fuß ein Zeichen des Teufels ist.

Mag sein – mich kümmern weder Teufel noch Engel. Beide sind mir nie zu Hilfe geeilt. Sie werden es auch jetzt nicht tun – ich selbst muss es tun, ich selbst muss Rache üben und ein Leben beenden, das ebenso wenig wie das meine fortgeführt werden kann.

Mir bleiben neun Monate, bis das Fest der heiligen Agata wiederkehrt und damit auch ihn wieder in die Stadt führt. Neun Monate, die Zeit, die ein Kind braucht, das Licht der Welt zu erblicken. Mein Kind ist die Rache, es ist hungrig und wild, und es bringt Verderben. Ich will es nähren und pflegen.

Und dann wird nichts mehr sein – er nicht und ich nicht.

15. Juli 1839

Ricinus communis. Der Wunderbaum, dessen Blüten von einem betörenden Purpurrot sind. Jetzt blüht er wieder im Garten des Klosters. Und trägt er seine leuchtend roten, stacheligen Früchte,

Kapseln, in denen sich seine Samen befinden. Sie sehen aus wie Bohnen, sie glänzen rotbraun.

Wenig habe ich mich um ihn gekümmert. Er braucht keine Pflege, bei reichem, schwerem Boden wie dem in unserem Garten gedeiht er prächtig, er schießt in die Höhe. Zwei Pflanzen haben wir, und laut Suor Matilda gibt es sie hier, so lange sie sich zurückerinnern kann. Das ist lang – sie ist uralt, auch wenn sie selbst nicht so genau weiß, wie alt genau.

Diesen Wunderbaum mit seinen roten Früchten hütet sie. Er steht in ihrem Reich, jenem Teil des Gartens im Schatten der Klostermauer, über den sie herrscht und für den ich mich nie interessiert habe. Bislang nicht. Seltsame Kräutlein und unangenehm riechende Pflanzen stehen da. Was sie mit ihnen anstellt, ist ihr Geheimnis. Manche von Suor Matildas Aufgüssen verbreiten einen schwefligen Gestank, einige Tinkturen sind von einem dunklen Braun, dann wieder brodeln in ihren Töpfen seltsame Essenzen. Ich habe das nie weiter beachtet, sie ist eine wunderliche alte Frau, die vor allem zu sich selbst spricht, weil sie sonst eigentlich mit niemandem reden darf. In früheren Zeiten hätte man sie wohl für eine Hexe gehalten ...

Auf die beiden Wunderbäume ist sie stolz. Einmal, am Anfang, sagte sie mir, dass diese Pflanzen auch Christuspalmen genannt werden, dass sie heilig sind und in der Bibel vorkommen. Aber dass man sich auch vor ihnen in Acht nehmen müsse. Es klang wie eine düstere Prophezeiung. Wenn sie aus den kleinen Bohnen Öl herstellt, schickt sie alle Mädchen weg, und auch mich hat sie immer gebeten zu gehen. Sie bekreuzigt sich, bevor sie die Samen zerstößt, um dieses Rizinusöl zu gewinnen, das sie denen verabreicht, die sich den Magen verdorben haben oder an Übelkeit leiden. Einer jungen Schwester hat sie es auch auf eine Warze an der Hand gestrichen, und nach kurzer Zeit war die Warze verschwunden.

Gestern beobachtete ich, wie sie sich bekreuzigte, als sie die kleinen Bohnen des Wunderbaums zerstieß. Die Reste warf sie voller Ekel in einen Korb in der Ecke des Gartens, wo wir Abfälle und Unkraut sammeln. Am nächsten Morgen ging ich in der Früh in den Garten und fand den Korb umgestoßen. Lou, der kleine Hund von Madre Leonora, den sie über alles liebt, lag tot daneben. Als ich ihr die Nachricht vom Tod ihres Lieblings brachte, war Madre Leonora außer sich. Seitdem beschäftigt sie sich mit diesem Tod und seiner Ursache. Der Hund war gesund, sagte sie immer wieder, Lou war kerngesund, erst drei Jahre alt. Ich maß dem keine Bedeutung bei, bis ich Suor Matilda im Garten begegnete und sie zu zittern begann, als sie mich sah. Ich verstand erst nicht, was sie fürchtete, ich war in Gedanken versunken und muss wohl die Stirn gerunzelt haben, wie ich es in letzter Zeit häufiger tue. Da zog sie mich am Gewand in eine Ecke des Gartens, lehnte sich an einen der Zitronenbäume und begann zu schluchzen.

Ihre Schuld, alles sei ihre Schuld, sie habe nicht aufgepasst und nun sei Lou tot. Wenn ich sie an Madre Leonora verriete, würde ein Unglück geschehen, das würde ihr die ehrwürdige Mutter nie verzeihen – und wie sollte sie auch? Diese Unachtsamkeit, ihre Gedankenlosigkeit und Dummheit.

Ich verstand immer noch nicht. Dann erklärte sie es mir – damit ich für sie schwieg, sie nicht verriet. Denn ich hatte sie gesehen, hatte gesehen, wie sie die Samen des Wunderbaums zerkleinerte und das Öl gewann. Ich hatte gesehen, wie sie die Reste – sich bekreuzigend – in den Korb legte. Was sie nicht wusste, war, dass ich gar nicht verstanden hatte, was sie da getan hatte. Ich hätte sie gar nicht verraten können – aber das ahnte sie nicht und hat meine gerunzelte Stirn als Missbilligung gedeutet. Jetzt kenne ich ein Geheimnis, das ich vorher nicht kannte. Ein Geheimnis, das mir nützlich sein kann.

Und Suor Matilda verraten? Wieso sollte ich das tun? Damit Madre Leonora eine Genugtuung hat, die ihr den toten Hund nicht wiederbringt? Madre Leonora, die mich verraten hat wie die anderen auch ...

Außer Suor Matilda und mir weiß keiner davon. Ich werde dafür sorgen, dass das so bleibt. Wie der Hund gestorben ist, bleibt unser Geheimnis.

13. August 1839

Ich verbringe nun viel Zeit mit Suor Matilda in ihrer Welt. Die Welt der Kräuter und Heilpflanzen, der Geheimnisse der Natur. Nein, sie ist keine Hexe, und ihr Wissen kein Hexenwerk. Sie ist eine kluge Frau, die die Natur, die Pflanzen und deren Wirkung, gut kennt und zu nutzen weiß. Bereitwillig teilt sie alles Wissen mit mir. Ich höre ihr zu – manchmal täusche ich die Aufmerksamkeit nur vor, manchmal lausche ich ihr wirklich, wenn sie von Krankheiten, Leiden und Missbildungen erzählt, die sie lindern kann.

Aber eigentlich interessiert mich nur eins: der Wunderbaum. Sein Geheimnis. Bis Oktober blüht er noch und trägt die stachligen Kapseln, in deren Inneren die Samen liegen. Aus den Bohnen gewinnt Suor Matilda ihr Öl. Das ist wohl gar nicht so leicht. Sie zerstößt die harten Samen sorgfältig in einem Mörser. Zurück bleiben die Samenreste, die sie nie berührt, sondern gleich wegwirft, vor denen sie mich wieder und wieder warnt. So wie dem Hund ergeht es jedem, der damit in Berührung kommt. Sie erzählt Geschichten aus ihrem Dorf, von einem Mädchen, das eine Kapsel geschluckt hat und tot umgefallen ist. Sie übertreibt, wie sie immer übertreibt. Aber mir reicht das Körnchen Wahrheit, mehr brauche ich nicht.

Der seltsame Baum blüht mehrmals im Sommer, immer an anderer Stelle – und jedes Mal reifen dort Früchte. Sieben der selt-

samen Samen habe ich bereits gesammelt. Sie liegen verborgen in der kleinen elfenbeinernen Kiste, in der ich Papàs Briefe aufbewahre. Nachts, wenn ich wach liege, öffne ich die Kiste und betrachte sie. Im Schein der Kerze glänzen die kleinen Bohnen verheißungsvoll. Aber ich will sichergehen, dass ich mein Ziel erreiche. Ich möchte möglichst viele Samen sammeln, je mehr, umso besser. Ohne dass Suor Matilda Verdacht schöpft. Aber wie? Weiß sie nicht, was ich plane, wenn sie eines Morgens den Wunderbaum ohne Samenkapseln vorfindet? Nie und nimmer reichen mir sieben der kleinen Bohnen.

2. September 1839
Ein Sturm kam mir zu Hilfe, einer jener Stürme, die vom Ende des Sommers künden, vom Ende jener glühend heißen Tage, die sich seit Monaten aneinanderreihen, einer wie der andere, und die Insel verbrennen und ausdörren.

Am Morgen war die Luft seltsam still und schwer, man hätte sie schneiden können. Dichte Wolken zogen im Lauf des Nachmittags auf und bedeckten den blauen Himmel der letzten Monate, ein ungewohntes Bild. Madre Leonora ließ alle Fenster fest verschließen. Nach der Vesper begann es zu blitzen, zu einer Zeit, da es eigentlich noch nicht dämmert, aber durch die Wolken düster wirkte. Grau-gelb sah der Himmel aus, und in der Ferne war ein Grollen zu hören. Wind peitschte gegen die Fenster, bald fielen die ersten, dicken Regentropfen. Zwei Stunden später war es stockdunkel. Wie immer gingen die Schwestern früh in ihre Zellen.

Ich wartete ungeduldig, ging auf und ab in meinem kleinen Reich, bis es nahe Mitternacht gewesen sein musste. Der Sturm tobte weiter, und da schlich ich mich aus meiner Zelle. Die langen Gänge und Flure waren verlassen und dunkel. Ich hatte nicht einmal eine Kerze mitgenommen, um keine Aufmerksamkeit zu er-

regen. Das Kloster kenne ich inzwischen gut und finde den Weg auch in der Dunkelheit.

Vorsichtig öffnete ich die Pforte zum Garten, die manchmal quietscht, wenn man sie zu weit aufreißt. Ich machte sie nur einen Spalt breit auf und schob mich hindurch. Der Wind packte mein Gewand, Regen schlug mir ins Gesicht und durchnässte mich innerhalb von Sekunden. Als es blitzte, duckte ich mich hinter einen Busch. Der Sturm hatte bereits einiges angerichtet, Äste abgerissen und zu Boden geschleudert. In der Nähe des Rizinus stehen zwei Zitronenbäume. Mit aller Kraft riss ich die größten Äste ab, die ich fassen konnte. Es dauerte eine lange Zeit, denn immer wieder schrak ich zusammen, meinte, Geräusche zu hören oder ein Fenster sich öffnen zu sehen, ließ den Ast los und kauerte mich hinter einen Busch. Immer täuschte mich der Sturm, sein Brüllen und wütendes Rütteln und die Geräusche der Nacht.

Als ich die Äste endlich in den Armen hielt, legte ich sie einen Moment lang beiseite, um alle Samenkapseln zu pflücken, die an den beiden Rizinuspflanzen hingen. Dann nahm ich die Äste und schlug auf die Pflanzen ein, bis sie verwüstet auf dem Boden lagen. Die Äste legte ich darüber. Dann knickte ich wahllos kleinere Äste an den Bäumen ab und stellte zufrieden fest, dass der Sturm in den Rosensträuchern getobt und kaum ein Blütenblatt übrig gelassen hatte ...

Suor Matilda wird keinen Verdacht schöpfen, sie wird sich ob der Zerstörung ihrer Wunderbäume grämen, aber sie wird neue pflanzen. Das hat sie mir erklärt: Diese Pflanzen wachsen schnell, bald schon wird sie neue Samen ernten können, um ihr Rizinusöl herzustellen.

Voller Genugtuung kehrte ich mit meiner Beute in meine Zelle zurück.

Zwei oder drei Stunden musste ich im Gewitter verbracht haben und zitterte vor Nässe und Kälte. Frierend, aber voller

Triumph legte ich die gewonnenen Samen in die Kiste zu den anderen. Fünfundzwanzig Stück zu jenen sieben, die ich schon hatte. Wenn ich Suor Matilda Glauben schenken kann, ist das mehr als genug. Selbst wenn ich ihrem Hang zur Übertreibung Rechnung trage, habe ich genügend Samen, um meinen Plan auszuführen.

Draußen tobte der Sturm weiter, während ich mich zu trocknen versuchte, zitternd unter die dünne Decke legte und in einen Schlaf finden wollte, der sich nicht einstellte. Meine Gedanken rasten, versuchten, die Zeit zu überbrücken bis zum Februar, bis zu dem Tag, der all dem hier ein Ende setzen wird. An nichts anderes denke ich mehr, es existiert nichts mehr und niemand. Selbst den letzten Brief meines Vaters habe ich unbeantwortet gelassen. Ich bin nicht mehr die, die ich war. Mir bleibt hier nichts mehr zu tun, außer meinen Plan auszuführen und all das zu beenden. Erst dann werde ich Frieden finden und Ruhe.

3. Februar 1840

Es ist vollbracht. Tag um Tag habe ich in der Dolceria gestanden und noch einmal das getan, was mich in so vielen Jahren getröstet hat, was mir lieb war und mich mit Stolz erfüllt hat: Die schönsten Leckereien habe ich gebacken. Zu Ehren der heiligen Agata die minni di virgini. Principe Biscari hat ein Tablett bestellt, er hat darauf hingewiesen, dass er sich jene wünscht, die im vergangenen Jahr so gelobt wurden, die köstlicher waren als jemals zuvor. Madre Leonora hat mir voller Stolz davon erzählt und mich angehalten, mir alle Mühe zu geben, gleich, wie lange es dauert.

Ich habe es mit größter Sorgfalt vorbereitet, habe mich in die Backstube eingeschlossen, um allein und ungestört die schönsten Jungfrauenbrüste zu backen, die der Principe je gesehen hat. Für seine geliebte Enkelin, die guter Hoffnung ist, und deren Ehemann, die Ehrengäste zum Fest der heiligen Agata.

Die luftigste, leichteste Ricottacreme habe ich geschlagen, durchsetzt mit kleinen Schokoladenstückchen aus Modica, bitter und süß zugleich. Ich habe die bittersten genommen, die, deren Geschmack am intensivsten ist. Um jenen anderen Geschmack zu überdecken, sollten die fein gemahlenen Samen denn einen haben. Ich kann es nicht ausprobieren, noch ist es nicht so weit, diese Welt zu verlassen. Aber Suor Matilda jammerte, die Samen seien ohne Geschmack, sonst hätte der Hund vielleicht nicht alles gefressen.

Heute früh hat der Principe das Tablett abgeholt, sechs Jungfrauenbrüste lagen darauf, in schweres Seidenpapier eingeschlagen. Morgen nach der Prozession, nach dem festlichen Dinner wird man sie servieren und dem glücklichen Paar anbieten.

Mein Werk ist getan. Sobald die Kunde von einem schrecklichen Unglück hinter die Klostermauern dringt, werde ich den Lockrufen des schwarzen Brunnens nicht länger widerstehen.

5. Februar 1840

Es ist vorbei. Es ist alles vorbei. Die Stadt spricht von nichts anderem. Nur ich bin ganz ruhig. Heute Nacht beende ich alles.

6. Februar 1840

Ich bin nicht gegangen. Pina brachte mir gestern Abend einen Brief. Wie lange habe ich auf ein Zeichen gewartet. Jetzt ist es zu spät.

Was habe ich getan?

26

Als es an der Tür klopfte, schrak Ada hoch. Sie sah auf die Uhr – schon so spät? Es war bereits acht, das musste Emiliano sein. Sie hatte die letzten Stunden auf dem kleinen Sofa des Pensionszimmers in Lilis Tagebuch vertieft zugebracht und die Zeit und alles um sich herum vergessen.

Im Badezimmer warf sie einen flüchtigen Blick in den Spiegel: Eigentlich hätte sie sich umziehen und in Ruhe schminken wollen. Dazu war es nun zu spät. Sie zog Lippenstift nach, fuhr sich durch die Haare und lief zur Tür. Einen Moment hielt sie inne, holte tief Luft, dann öffnete sie.

Emiliano. Als er sie in die Arme schloss, war das Gefühl wieder da, seine Präsenz, sein Geruch, seine Wärme. Als wäre kein Tag seit ihrer letzten Begegnung vergangen. Er füllte jeden Raum, er war auf eine Art da, wie sie es bei wenigen Menschen erlebt hatte. Vielleicht weil er sich in seiner Haut wohlfühlte, ohne arrogant zu sein. Er strahlte Lebensfreude und ... ja, was war es eigentlich? Wohlbefinden aus und eine Neugier, wie sie sonst nur ganz junge Menschen hatten.

Auch seine Augen strahlten, seine hellbraunen Augen. Im linken hatte er zwei ganz kleine gelbe Einsprengsel, die sie jetzt suchte. Die Fältchen um die Augen waren sichtbarer als bei ihrer letzten Begegnung, es war ein richtiger Kranz geworden, und sie wiesen nach oben, als hätte er viel gelacht. Auch durchzogen einzelne silberne Fäden das feine, dunkelbraune Haar.

Jetzt zog er sie wieder an sich, dann küsste er sie, erst auf die

Wange, dann auf den Mund. Sie merkte, dass es das war, was sie gewollt, was sie sich gewünscht hatte, ohne es sich einzugestehen. Was immer zwischen ihnen geschehen war, sie sehnte sich immer noch nach seinen Küssen, nach seinem Lächeln, nach der tiefen Stimme und seinen Armen, die sie fest umschlangen.

»Ada, Ada, endlich …«

Sie löste sich aus seiner Umarmung, trat einen Schritt zurück und sah ihn prüfend an. Vielleicht hatte sie auch die Stirn gerunzelt, denn jetzt legte er den Zeigefinger auf die Lippen, hakte sie unter und zog sie aus dem Zimmer.

»Komm, wir gehen in die Bar Centrale. Danach habe ich einen Tisch im Bell'Antonio reserviert.«

Zwischen ihnen war keine Fremdheit oder Scheu. Schnell fanden sie in die alten Gespräche, Gespräche, die sie sonst mit keinem führte: Was sie gerade übersetzte, die sprachlichen Eigenheiten des Autors, Schwierigkeiten im letzten Kapitel. Es war ihr gemeinsamer, exklusiver Raum, den sie immer geliebt und so vermisst hatte. Und jetzt war sie zurück an jenem Ort, den sie seitdem mit niemandem mehr betreten hatte.

Ada war bei Simenon geblieben, Emiliano hatte Highsmith verlassen und übersetzte gerade einen Roman von Ford Madox Ford, von dem er schwärmte. Seine Augen strahlten noch mehr als sonst, als er ihr sagte, wie einzigartig dieser Roman sei, dass er dort mehr über Herzensangelegenheiten – er verwendete diesen merkwürdig altmodischen Begriff, und sie wusste, dass das kein Zufall war – erfahren hatte als in dem, was man das wahre Leben nennt. Als in seinem Leben jedenfalls. Jede andere wäre beleidigt gewesen, aber sie verstand genau, was er meinte.

Der Roman habe ihm aber gutgetan, sagte er, auch für das echte Leben, er habe ihm geholfen, gewisse Dinge besser zu verstehen. Plötzlich wurde er ernst und nahm ihre Hand.

»Ada, ich weiß, dass es so zwischen uns nicht weitergehen

konnte. Dass du keine andere Wahl hattest, als zu gehen. Ich hätte das nie fertiggebracht ...«

»Weder das eine noch das andere hättest du fertiggebracht.« Sie hörte, wie bitter sie klang.

»Aber jetzt ist alles anders. Wir können von vorn beginnen, zusammen!«

»Wieso eigentlich? Was ist jetzt anders als damals? Was hat dich gelähmt, das dich jetzt freigegeben hat?« Sie verstand ihn nicht, hatte diese Seite an ihm nie verstanden.

»Die Kinder sind groß, auch Giovanna sieht ein, dass wir keine Zukunft haben, kein Interesse mehr aneinander.«

Konnte das sein? Die Kinder waren damals bereits Teenager gewesen, aber natürlich hatte er ihr immer wieder erklärt, dass genau dies die Zeit sei, wo sie beide Eltern am dringendsten brauchten. Dass es leichter gewesen wäre, wenn sie sich kennengelernt hätten, als die beiden noch ganz klein waren. Sie hatte das damals für eine Ausrede gehalten und glaubte das immer noch. Aber da sie selbst keine Kinder hatte, hatte sie ihre Meinung dazu immer für sich behalten.

»Und Giovanna hat dich einfach gehen lassen? Du bist eines Morgens aufgewacht, hast gesagt, dass du nicht mehr willst, dann hat sie gesagt, dass sie auch keine Zukunft mehr sieht, ihr habt noch einen Kaffee getrunken und das war's?« Erinnerungen kamen hoch. An Kontrollanrufe, an halb geführte Trennungsgespräche – aber hatte er sich das vielleicht nicht nur ausgedacht? In seinen Erzählungen war Giovanna eifersüchtig, impulsiv und besitzergreifend. Vor allem aber eins: unter keinen Umständen bereit, ihre Ehe aufzugeben.

Jetzt lachte er. Sie spürte den Funken Unsicherheit.

»Wie auch immer, wir sind getrennt, ich bin ausgezogen. Alles ist möglich. Komm nach Catania, Ada, lass uns neu anfangen.«

»Mein Leben ist in Palermo. Wieso sollte ich herkommen? Ich habe einen Freund. Wir wollen heiraten.«

Wollten sie das? Luca hatte nie darüber gesprochen. Er hatte eine gemeinsame Wohnung suchen wollen, aber sie hatte gezögert. Die Ruhe und Abgeschiedenheit einer eigenen Wohnung waren sehr wichtig für ihre Arbeit. Noch hatte sie nicht herausgefunden, ob er das akzeptieren und ihr diese Ruhe lassen konnte. Es hatte ja auch keinen Grund gegeben, sie wohnten in einem Haus, sie in der zweiten Etage, er in der vierten. Dann hatte sie nicht mehr darüber nachgedacht. Und auch übers Heiraten hatte sie persönlich nie nachgedacht. Genau genommen wusste sie nicht, worüber Luca nachdachte, gestand sie sich ein.

»Heiraten? Wen denn?« Emiliano war überrascht, beinahe entsetzt. Sie sah ihm an, dass er damit nicht gerechnet hatte.

Sie legte eine Hand auf seinen Arm. »Ich bin drei Tage hier, Emiliano. Gib uns wenigstens den ersten Abend, lass uns über etwas anderes reden.«

Einen Moment zögerte er, dann wechselte er das Thema.

Es wurde ein langer Abend, und Ada schaute nicht auf die Uhr. Sie erzählte Emiliano alles über das Kloster an der Piazza Bellini, von seinen Bewohnerinnen, vor allem aber von Lilis Tagebuch. Er hörte zu, und sie erinnerte sich daran, wie besonders er zuhörte: ganz konzentriert, als gäbe es die Welt nicht mehr, sondern nur ihre Worte.

Als das Bell'Antonio schloss und der Kellner ihnen unaufgefordert die Rechnung auf den Tisch legte, waren sie die letzten Gäste. Sie hatte die frischen Seeigel und die *zuppa di pesce* achtlos gegessen und viel zu viel von einem guten, sehr kühlen und mineralisch schmeckenden Weißwein von den Hängen des Ätna getrunken, was Ada erst merkte, als sie auf die Straße traten.

»Komm, lass uns zum Kloster gehen, in dem deine Lili gelebt hat.«

Die Nacht war lau, beinahe warm, und die Straßenlaternen warfen ein warmes, gelbliches Licht auf die schwarzen Fassaden der Palazzi und Kirchen. Sie dachte an Lilis Tagebuch, an das Unbehagen, das Catania in der jungen Frau ausgelöst hatte. Ihr selbst war das Dunkle nicht unheimlich, es hatte einen besonderen Glanz. Sie warf einen Seitenblick auf Emiliano. Vielleicht ging dieser Glanz für sie auch von ihm aus. Für Ada war Catania Emiliano, so wie für Lili diese Stadt Verbannung und den Verlust des Geliebten bedeutet hatte.

Sie waren keine zehn Minuten gegangen, als Emiliano auf zwei große Gebäude rechts und links der Straße zeigte, die durch einen steinernen Übergang miteinander verbunden waren. Schwarz, kleine Fenster, daneben eine mächtige Kirche. Die beiden Gebäude wirkte riesig, die Straße dazwischen klein. Während die Fassaden der zahllosen barocken Palazzi durch weißen Stuck und die vielen schmiedeeisernen Balkone verspielt und dadurch leicht wirkten, war die Fassade des Klosters schlicht und schwarz, die Fenster klein. Es wirkte wie eine Trutzburg, und Ada konnte ein wenig nachvollziehen, was Lili bei ihrer Ankunft empfunden haben musste.

»Hier in Klausur leben zu müssen, wenn man sich ein ganz anderes Leben vorgestellt hat, ist eine schreckliche Vorstellung«, sagte sie.

»Und die Nonnen leben heute noch so. Es ist eins der wenigen Klöster auf der ganzen Insel, in denen die Klausur noch eingehalten wird. Zum Glück gibt es E-Mails.« Emiliano grinste. »Und in den Ordensregeln ist offensichtlich dazu nichts zu finden.«

»Ich kann mir das Kloster also trotzdem anschauen?«, fragte Ada.

»Nein, das geht leider immer noch nicht. Aber es gibt eine Art Gesprächsraum, einen großen Beichtstuhl, in dem dich die Äbtissin empfangen wird. Ihr könnt durch ein Gitter miteinander sprechen.«

Ada war ein wenig enttäuscht. Zu gern hätte sie Lilis Dolceria, vor allem aber den Klostergarten und den Brunnen gesehen.

»Wie schade, ich dachte ...«

»Normalerweise wäre auch das nicht möglich gewesen. Aber als ich den Namen deiner Lili genannt und geschrieben habe, dass du zu ihr forschst und in Palermo ein Tagebuch gefunden hast, bekam ich innerhalb von fünf Minuten eine Mail, dass ihr euch treffen könnt. Das kann ja nur bedeuten, dass sie an Lili interessiert sind und etwas über sie wissen.«

»Oder von mir wissen wollen, was in dem Tagebuch steht.«

»So oder so gibt es eine Geschichte zu Lili auch hier im Kloster. Hat sie sich umgebracht?«

»Das weiß ich nicht, sie hatte es jedenfalls vor, aber das Tagebuch bricht mit dem Eintreffen des lang ersehnten Briefes ab.«

Sie waren vor der Kirche stehen geblieben, jetzt zog Emiliano sie an sich und küsste sie. »Morgen weißt du mehr. Kommst du mit? Du musst doch meine neue Wohnung sehen. Und die Terrasse, die wird dir gefallen. Ich habe noch eine gute Flasche Wein im Kühlschrank ...«

Ada zögerte einen Moment, aber es war nur ein Augenblick. Dann folgte sie ihm, sie gingen zurück zu ihrer Pension, wo Emilianos Vespa stand. Er mochte keine Autos und bewegte sich am liebsten auf seiner Vespa durch die Stadt. Sie fuhren ein kurzes Stück durch enge, dunkle Gassen, dem Berg entgegen die Via Etnea entlang, dann durch ein paar Seitengässchen. Die Fassade des Barockpalazzo, zu dem er sie führte, war breit und prächtig, und sie traten durch ein großes Tor in einen Innenhof voller Autos und ein paar blühender Oleanderbüsche, die in großen Kübeln an den Seiten standen. Eine geschwungene Freitreppe führte in den ersten Stock, und von da aus liefen sie eine kleinere bis in die dritte Etage hinauf. Seine Wohnung war nicht groß, zwei Zimmer, eine kleine Küche, aber dann eine Loggia und daran angrenzend eine große Terrasse. Wie Lucas Wohnung, dachte sie, und doch anders. Der barocke Palazzo war auch hier oben weitläufiger als das alte baufällige Haus in der engen Gasse in Palermo, in dem sie und Luca wohnten. Und Emiliano legte viel mehr Wert auf seine Wohnung, sie war eingerichtet. Luca hatte einfach ein paar Möbel hineingestellt, es interessierte ihn nicht, weil er ästhetische Fragen für überflüssig, weil unpolitisch hielt. Die Welt musste gerettet werden oder zumindest Palermo. Flüchtlinge, Korruption, Wahlbetrug, das waren die Themen. Ob das Licht im Wohnzimmer stimmte oder dort ein kleiner Sessel fehlte, war ihm egal, und ein Gespräch darüber brach er ungeduldig ab.

Emiliano hingegen hatte nicht überstürzt ein paar Möbel mitgenommen, das sah Ada, hier waren alle Stücke sorgfältig ausgewählt. Auch waren seine unzähligen Bücher nach Sprachen geordnet in die Regale geräumt, und auf der Terrasse blühte es in unzähligen Terracottatöpfen. Sie war vor dem Bücherregal stehen geblieben, aber er zog sie nach draußen, wo er eine Flasche Wein auf einen kleinen Tisch gestellt hatte. Windlichter standen auf dem Boden und warfen ein warmes Licht auf die Terrasse. Ada schaute über die dunklen Dächer hin zum Ätna, dessen Umrisse vor dem Nachthimmel zu erkennen waren. Seine Spitze war schneebedeckt, was Ada unwirklich vorkam. Schnee war ihr fremd, er passte nicht hierher, nicht zu ihrem Sizilien jedenfalls. Aber Catania war eine andere Welt, auch das hatte sie bei jedem Besuch gedacht.

Als sie zwei Stunden später die Windlichter löschten, war die Flasche Wein leer. Seine Scheidung und ihre Beziehung zu Luca hatten sie gemieden, aber sonst hatten sie wie damals über alles gesprochen, was ihnen in den Sinn kam, denn was immer es war – mit Emiliano darüber zu sprechen verwandelte auch Banalitäten in spannende Themen. Jetzt zog er sie an sich.

»Bleib hier«, flüsterte er ihr ins Ohr. Kurz dachte sie an Luca. Ob er etwas ahnte? Sie zögerte erneut nur einen Augenblick, dann legte sie die Arme um Emilianos Hals.

27

Als sich das schwere hölzerne Portal des Klosters hinter Ada schloss, verspürte sie eine Art von Beklemmung. Sie drehte sich noch einmal um und schalt sich dann: Sie war nicht Lili, keiner wollte sie hier einsperren. Sie konnte jederzeit gehen. Eine alte Nonne führte sie schweigend in einen kleinen Raum, in dem dieser seltsame Beichtstuhl stand, von dem Emiliano gesprochen hatte. Die Nonne wies auf die kleine Tür an einer Seite. Innen war es stickig, es roch nach altem Holz und Kerzenwachs. Als sich ihre Augen an die Dunkelheit gewöhnt hatten, sah sie das engmaschige hölzerne Gitter, hinter dem sie nur schemenhaft den Umriss eines Kopfes ausmachen konnte.

Die Stimme der Äbtissin klang überraschend hell und jung, sie begrüßte Ada überschwänglich und sagte, sie freue sich sehr, dass Ada den Weg hierher gefunden habe.

Schnell kamen sie auf Lili zu sprechen. Suor Crocefissa, Carolina Annunziata Crocefissa Beatrice Filangeri di Cutò, ja, natürlich sagte der Name Madre Teresa etwas. Sie studiere seit langem die Geschichte des Klosters und das Schicksal seiner Schwestern. In der Abgeschiedenheit seien ihr die Bibliothek und die Jahrbücher des Klosters eine willkommene Ablenkung, sagte sie, verbesserte sich aber schnell: eine schöne Ergänzung zum Gebet.

»Es ist im Lauf der Jahrhunderte selten passiert, dass jemand von so weit her in unser Kloster gekommen ist. Heute klopfen manchmal Frauen vom anderen Ende Europas an unsere Pforten, aber bis vor ein paar Jahrzehnten war der Radius äußerst klein. In dieses Kloster traten Damen der feinen Gesellschaft Catanias und der Provinz ein, hierher schickte man Waisenmädchen oder Halbwaisen aus den umliegenden Dörfern. Palermo war das andere Ende der Welt, niemand hatte die Stadt jemals gesehen zu Suor Crocefissas Zeit. Sie kam als Fremde, und sie ist wohl fremd geblieben. Die kurze Zeit, die sie bei uns war.«

»Kurz?« Also hatte Lili ihren Plan in die Tat umgesetzt.

»Sie ...«, die Äbtissin zögerte, »sie hat sich das Leben genommen.«

»Der Brunnen?«

»Woher wissen Sie das? Ja, sie hat sich in den Brunnen gestürzt. Suor Crocefissa fasziniert mich, obwohl dieser Selbstmord eine Todsünde war und für das Kloster eine Katastrophe.«

Suor Crocefissa, der Name klang fremd, Ada brachte ihn nicht zusammen mit der Lili des Tagebuchs.

»1840, im März. In der Stadt herrschte Unruhe, ein Unglück nach dem anderen hatte sie heimgesucht. Mehrere Todesfälle zum Fest der heiligen Agata, darunter der Schirmherr unseres Klosters, seine Schwester, deren Tochter und deren Mann, ein Adliger aus Palermo. Ein Ausbruch des Ätna, dann eine Choleraepidemie. Die Erde bebte in der Nacht, als sich Suor Crocefissa in den Brunnen stürzte. Die Schwester, die die Annalen geführt hat, hat festgehalten, dass die arme Sünderin aus Palermo den Berg nicht ausgehalten hat, die Dämpfe und die bebende Erde, und dass Gott ihr vergeben möge.«

Also hatte man eine Erklärung gefunden, hatte die Todsünde wenigstens teilweise entschuldigt.

»Wo hat man sie begraben?«

»Nicht hier, in Palermo. Ihr Vater hat sie abgeholt, um seine Tochter nach Hause zu bringen.«

»Und dabei muss er auch ihr Tagebuch mitgenommen haben.«

»Wo sind Sie darauf gestoßen?«

Ada wurde rot und war zum ersten Mal froh, dass die Äbtissin sie nicht sehen konnte. »In der Bibliothek ihres Klosters in Palermo.«

»Seltsam«, sagte Madre Teresa. »Wie es wohl dorthin gekommen ist?«

Ada schwieg. Sie konnte sich vorstellen, dass Madre Angelica dafür gesorgt hatte, das Tagebuch verschwinden zu lassen. Irgendwie musste sie von seiner Existenz erfahren haben.

Jetzt räusperte sich die Äbtissin und redete weiter: »Suor Crocefissa muss eine ganz besondere Frau gewesen sein, sie hat dem Kloster viel hinterlassen: Rezepte, nach denen wir heute noch backen und die von Generation zu Generation weitergegeben werden. Im Garten hat sie Rosen gepflanzt, Sorten, die vorher in Catania unbekannt waren. Ihr Vater hat sie mitgebracht, er hat die beschwerliche Reise nicht gescheut und sie besucht.«

»Woher wissen Sie das? Ist das alles verzeichnet?«

»Ja, die Annalen sind sehr ausführlich; es gibt sogar ein Gartenbuch, in dem die Rosensorten verzeichnet sind. Nur die Rezepte sind nie niedergeschrieben worden, aber zu den Festen wurde Buch geführt: was gebacken wurde und wer es bekam. Einige wenige Principe, Priester, der Bischof.«

»Ob ich mir die Jahrbücher anschauen dürfte?«

»Ich lasse sie Ihnen in diesen Raum bringen.« Damit verabschiedete sie sich, Ada sah, wie ihr Umriss die Kammer verließ.

Ada saß zwei Stunden gebeugt über ein großformatiges, in dunkles Leder gebundenes Buch, in dem mit gestochen scharfer Handschrift alles vermerkt war: sämtliche Ereignisse in der Stadt und im Kloster.

Sechs *minni di virgini* waren am 3. Februar 1840 in den Palazzo Biscari geschickt worden. Die Hand der Schreiberin hatte nicht gezittert, ihre Buchstaben waren so gleichmäßig wie immer, als sie am 5. Februar 1840 festgehalten hatte:

»Ein großes Unglück hat unsere Stadt ereilt, eine Strafe Gottes, die wir annehmen müssen: Unseren geliebten Principe Biscari hat der Tod ereilt nach kurzer, schwerer Krankheit, ebenso seine Schwester und seine Nichte, die guter Hoffnung war. Ihr Ehemann, Principe Moncada, nahm sich mit einem Pistolenschuss das Leben. Gott sei seiner armen Seele gnädig.«

Lilis Tod war auf den 6. März datiert. Wie musste sie gelitten haben in den Wochen zwischen Corrados und ihrem Selbstmord.

In Gedanken versunken blinzelte Ada, als sie aus dem Kloster auf die helle Straße trat. Es war später Vormittag und die Straßen voller Leben. Corrado hatte versucht, Lili zu schreiben, hatte vielleicht Brief um Brief abgeschickt, aber keiner hatte sie erreicht. Nur dieser eine. Sie dachte an Lilis Beschreibung von Madre Leonora, und dass sie ihr nie vertraut hatte, trotz aller Freundlichkeit.

Sie schaute auf die Uhr. In einer halben Stunde war sie mit Emiliano zum Mittagessen verabredet.

Sie wollten sich in einer Osteria an einer kleinen Piazza treffen. Unter bunten Schirmen standen einfache Holztische auf der Straße. Weil sie zu früh war, zog sie ihr Handy aus der Tasche. Sie hatte es nicht mehr angeschaltet seit Lucas Anrufen, und jetzt zögerte sie. Es war albern, sie musste es anmachen. Wenn Luca etwas zugestoßen war? Wenn es Matteo oder seiner Mutter nicht gut ging? Heiß überkam sie das schlechte Gewissen, dass sie alle Gedanken an Luca und die Situation in Palermo von sich geschoben hatte. Es ging um Drogen, um versuchten Mord, um Raub ...

Sie schaute auf die Uhr, es war schon zehn Minuten über der Zeit. Als sie das Handy anstellte, sah sie zwanzig neue Nachrichten. Die letzte war von Emiliano.

Wird etwas später, bin noch bei meiner Tochter. Die ist eben überraschend aus Mailand gekommen. E.

Und die vorletzte war von Luca.

Ada, was ist los? Wieso meldest du dich nicht? Hast du es in der Zeitung gelesen? Vanda ist ermordet worden, und die cannoli *waren vergiftet. Gaetano Di Stefano ist als Hauptverdächtiger verhaftet worden. Melde dich! L.*

Benommen stand sie auf und ging zurück in ihre Pension. Dort setzte sie sich einige Minuten auf das schmale Bett, in dem sie nicht geschlafen hatte. Sie schämte sich – sie war nach Catania gefahren, weil – ja, warum eigentlich? Um einen ehemaligen Liebhaber zu treffen? Um die traurige Geschichte einer jungen, unglücklichen Nonne zu erfahren, die vor über 150 Jahren gelebt hatte? Während Luca in Palermo in Gefahr gewesen war. Eine Gefahr, die sie ernst genommen hatte, ja. Sie hatte sich Sorgen gemacht. Aber wie immer hatten sie eine Geschichte und das geschriebene Wort mehr interessiert als das, was im Alltag passierte. Jetzt stellte sich heraus, dass die Gefahr viel größer war als angenommen. Vergiftete *cannoli* ... das konnte einfach kein Zufall sein. Ihr Herz schlug schneller. Sie musste zurück, vielleicht wusste sie mehr als alle anderen.

Sie zögerte einen Moment. Und Emiliano? Er führte sie in eine Existenz ohne Alltag, ein Beisammensein in der Sprache, per Mail oder Telefon. Ein exklusiver Raum jenseits des echten

Lebens. Das echte Leben waren für ihn seine Kinder. So würde es bleiben.

Als das Telefon klingelte und Emilianos Name im Display auftauchte, ging sie ran.

»Ada? Ich brauche noch eine halbe Stunde, dann bin ich da, bitte entschuldige.«

»Ich muss zurück, Emiliano. Ciao.«

Sie legte auf, ohne seine Reaktion abzuwarten.

28

Gaetano Di Stefano leugnete. Er leugnete alles – den Mord an Vanda, die mögliche Vergiftung der Äbtissin, den Überfall auf Luca und die versuchte Vergiftung von Matteo und seiner Mutter. Ebenso den Raub von mindestens zehn Wertgegenständen aus dem Schatz des Klosters. Das Diözesanmuseum hatte anhand der Bücher den von den Nonnen beklagten Diebstahl nachweisen können und Anzeige erstattet. Auch von dem Kokain, das die Carabinieri sichergestellt hatten, gab er vor, nichts zu wissen.

Gaetano Di Stefano schüttelte den Kopf, stoisch und müde. Ab und zu weinte er und leugnete dann weiter, ohne einen Zentimeter von seinen Standpunkten zu weichen, in jedem Verhör aufs Neue.

Dabei hatten die Carabinieri, die den Fall übernommen hatten, ihm eine ganze Reihe von Motiven nachweisen können: Er war haushoch verschuldet und konnte seit zwei Monaten die Kredite seiner Bank für Anschaffungen in der Dolceria nicht länger bedienen. Auf seine Frau Vanda war vor vier Monaten eine Lebensversicherung abgeschlossen worden, nicht hoch zwar, aber sie würde nun seine finanziellen Probleme vorerst lösen. Ein viel stärkeres Motiv für den Mord war natürlich die Eifersucht und die Erkenntnis, dass seine Frau ihn seit Monaten mit dem Gärtner betrog.

Außerdem gab es Indizien: Die vergifteten *cannoli* stammten aus seiner Backstube, und es gab keinen Zeugen für seine Aussage, dass er nach einem Streit mit seiner Frau das Kloster und die Dolceria für einige Zeit – wie lange, wusste er nicht mehr – verlassen hatte. Auf die Frage, wer das hätte wissen können, um genau in der Zeit die Ricottacreme für die *cannoli* zu vergiften, zuckte er nur mit den Schultern. Er leugnete, brachte aber auch nichts zu seiner Entlastung vor. Er verhielt sich so, als ginge ihn das alles nichts an.

»Das weiß ich nicht«, sagte er langsam. »Der Junge war ja schon weg«, fügte er hinzu. »Ich weiß es nicht, ich weiß überhaupt nichts.«

Und ein Motiv für den Mord an der Äbtissin hatte er auch, wenn es denn Mord gewesen war, wie Matteo Aiello behauptete: Antonio Napoli hatte einen Streit zwischen dem Pasticciere und Madre Benedetta belauscht, in dem sie ihm wörtlich vorwarf, »ihr Vertrauen missbraucht zu haben« und »die Tradition des Klosters« zu zerstören. Das konnte durchaus heißen, dass sie ihn beim Stehlen erwischt hatte. Hatte er daraufhin die Äbtissin mit seinen Dolci getötet?

Mario Guagliardo, der Carabiniere, der die Ermittlungen leitete, war ein rationaler Mann. Er verließ sich gern auf Fakten. Dazu kam aber bei jedem Fall ein Bauchgefühl, das ihn bisher nie getrogen hatte. Bei diesem Fall wusste er nicht weiter: Die Geschichte war verworren, die einzelnen Teile passten nicht zusammen. Und er hatte starke Zweifel, dass Gaetano Di Stefano das verbindende Element, eine Art Master Mind all dieser Delikte war. Eine Obduktion der verstorbenen Äbtissin zu beauftragen, wie Matteo Aiello forderte, behagte ihm nicht. Solange er nicht mehr wusste oder eine Richtung erkannte, wollte er die Toten ruhen lassen.

Konnte Di Stefano nur für eines der Verbrechen verantwortlich sein und gab es mehrere Täter? Handelte er mit Antiquitäten, um seine Schulden zu tilgen? Oder hatte er aus Eifersucht seine Frau umgebracht, im Affekt? Auch phlegmatische Menschen konnten ausrasten.

Und was war mit dem Kokain? Die verschiedenen Verbrechen passten einfach nicht zusammen.

Guagliardo beschloss, es für den Tag gut sein zu lassen. Sie kamen nicht weiter, obwohl er alles versucht hatte. Er hatte sich mehrmals erzählen lassen, wo Di Stefano zur Zeit der Ermordung seiner Frau gewesen war und wie er die *cannoli* gebacken hatte. Die Schilderungen glichen sich, waren aber nicht wortwörtlich identisch, als hätte Di Stefano sie auswendig gelernt. Er hatte erst einen Kollegen und dann eine Kollegin ein Verhör führen lassen – immer mit demselben Ergebnis. Sie waren verständnisvoll aufgetreten, dann hatten sie Druck gemacht – nichts. Dabei kam ihm der Mann nicht wie ein ausgefuchster Verbrecher vor. Zu dem Zeitpunkt, als seine Frau ermordet wurde, befand sich Di Stefano laut eigener Aussage in seinem Auto, einem alten Peugeot-Kombi, und hatte dort geschlafen. Er hatte mit seiner Frau gestritten wegen ihrer Affäre mit dem Gärtner, und Di Stefano wollte nicht nach Hause gehen. Er hatte laut eigener Aussage nicht gewusst, wo er hätte hingehen sollen – der einzige Ort wäre das Kloster gewesen, aber ausgerechnet dort wäre er womöglich Antonio Napoli über den Weg gelaufen. Natürlich gab es keine Zeugen, niemanden, der ihn in dem Auto gesehen hatte.

Die Ricottacreme für die *cannoli*, in der man eine substanzielle Menge giftiger zerstoßener Samen einer Pflanze, Ricinus communis, gefunden hatte, hatte er am Abend zuvor vorbereitet und über Nacht in den Kühlschrank gestellt. Er hatte keine Ahnung, dass es im Klostergarten eine solche Pflanze gab, und hätte er es gewusst, dann hätte es ihm nichts genützt: weil er die tödliche Wirkung der Samen nicht kannte. Mehr hatte er dazu nicht zu sagen. Er hatte nicht einmal überrascht gewirkt, als Guagliardo ihm die Pflanzen und den genauen Standort im Klostergarten beschrieben hatte.

Guagliardo ertappte sich immer häufiger dabei, dass er Di Stefano glaubte. Weshalb hätte der Pasticciere Gift in die *cannoli* mischen und sie dann nicht seiner Frau und dem Gärtner geben sollen? Er sah keinerlei Verbindung zu den beiden potentiellen Opfern Matteo Greco und Luca Santangelo, die ein Motiv für die Tat hätte sein können. Außerdem hatte ihnen der Pasticciere die *cannoli* gar nicht gegeben. Das war eine der alten Nonnen gewesen, die wiederum nicht wissen konnte, dass die *cannoli* vergiftet waren. Für den Mord an seiner Frau gab es natürlich ein offensichtliches Motiv, das sah Guagliardo. Aber sein Instinkt sagte ihm, dass an diesem Fall nichts offensichtlich war. Seine Frau mit dem Messer erstechen, nachdem man versucht hatte, eine Reihe von missliebigen Personen zu vergiften? Wäre es nicht logisch gewesen, bei einer Mordmethode zu bleiben? Und überhaupt, dieser Ricinus communis, der Wunderbaum, von dem er zuvor noch nie gehört hatte – wer versuchte denn, so zu morden?

Guagliardo schaute auf die Uhr, es war nach fünf, Zeit, Schluss zu machen. Gaetano Di Stefano wurde abgeführt, und er selbst musste sich beeilen, um 17:30 wollte er nochmal Luca Santangelo und dessen Freundin, Ada DeLuca, verhören. Sie war es gewesen, die das Kokain in der Bibliothek gefunden hatte. Alle beide warteten schon vor seinem Zimmer in der Wache an der Piazza Bologni, als er ankam.

»Ich brauche dringend einen *caffè*«, sagte er anstelle einer Begrüßung. »Sie auch?« Als die beiden nickten, rief er in der Bar gegenüber an, die die Wache bereitwillig mit starkem, heißem Espresso versorgte.

Das bläuliche Licht des hohen, kahlen Raumes störte ihn, hinter seiner linken Schläfe pochte es.

»Und? Was sagt Di Stefano?«

Luca Santangelo war Journalist, wenn man nicht aufpasste, stellte er die Fragen. Guagliardo rieb sich die Schläfen. So einer hatte ihm noch gefehlt kurz vor Dienstschluss.

»Nichts, gar nichts – er leugnet alles.«

»Ich glaube nicht, dass er es war«, sagte Ada langsam. »Jedenfalls hat er keinen vergiftet. Und ich kann mir nicht vorstellen, dass er seine Frau ersticht, selbst wenn er von der Affäre erfahren hat. Ich kenne ihn nicht gut, aber dafür ist er nicht der Typ. Er war der Ziehsohn der Äbtissin, er ist zu so etwas nicht fähig.«

Nun ließ sich Mario Guagliardo doch auf eine Diskussion ein, obwohl er sich über sich selbst ärgerte. »Ich habe selten so viele Motive gehabt für ein Verbrechen.«

»Es sind doch aber mehrere. Mehrere Verbrechen. Wieso sollten die alle von einer Person begangen worden sein? Ein Giftmord ist etwas anderes als ein Mord mit einem Messer. Ich meine, ich will Sie nicht belehren ...« Ada DeLuca wurde rot.

Wenn diese Frau nicht so attraktiv gewesen wäre – oder nein, schön, im klassischen Sinn schön –, hätte Guagliardo sich über ihren Vortrag geärgert. Obwohl er ja eigentlich dasselbe dachte. Jetzt lenkte sie ein.

»Ich weiß, ich klinge, als hätte ich zu viele Krimis gelesen. Nur glaube ich einfach nicht ...«

»Wir wollten ja eh noch einmal alles durchgehen«, unterbrach Guagliardo sie und wünschte sich, er hätte einen doppelten Espresso bestellt. Eine Zigarette würde auch helfen, aber die Zeiten, da er in seinem Zimmer rauchen konnte, waren lange vorbei.

Eine Stunde später waren sie nicht weitergekommen. Der Journalist verdächtigte Anselmo Spataro, den Arzt des Klosters, der auch vorgeladen worden war. Es klang nach einer Verschwörungstheorie, dem Arzt den Mord an der Äbtissin zu unterstellen, weil er den Weg frei räumen wollte für den Verkauf des Klosters an seinen Bruder. Verschwörungstheorie oder eine gute Story für die Presse. Und der Gärtner? Guagliardo sah nicht, wieso der seine Geliebte erstechen sollte. Und selbst wenn Luca Santangelo ihn in der Sakristei bei den Wertgegenständen des Klosters gesehen hatte, hatte er laut der Nonne, die noch aussagen konnte, die Aufgabe aufzuräumen. Jedenfalls schien es sie nicht zu überraschen, dass er sich dort zu schaffen gemacht hatte.

»Nochmal zu dem Gift«, sagte er jetzt. »Wir haben die Pflanzen im Klostergarten gefunden, sie wachsen dort.«

»Jeder hätte nachts in die Küche schleichen, die Samen zerstoßen und sie in die Ricottacreme rühren können. Sie müssen kleingestoßen werden, damit sie ihre volle Wirkung entfalten.« Ada beugte sich vor.

»Sie kennen sich aber gut aus«, sagte Guagliardo und lächelte. Luca Santangelo runzelte die Stirn.

»Es ist so …« Ada DeLuca zögerte, dann gab sie sich einen Ruck. »Ein solcher Mord ist schon einmal passiert. Vergiftete Dolci aus einem Kloster. Drei Menschen sind ums Leben gekommen, keiner wusste, wieso. Die Todesfälle blieben ungeklärt, man glaubte an eine Strafe Gottes oder das Schicksal. Das war vor 175 Jahren in Catania.«

Guagliardo musste husten. Eine wirklich schöne Frau, aber für so einen Unsinn hatte er keine Zeit. Er schaute auf die Uhr und hob die Arme zu einer großen Geste. »Schon so spät – jetzt muss ich wirklich Schluss machen.«

Fünf Minuten später standen Ada und Luca auf der Straße. Luca schaute Ada von der Seite an und schüttelte den Kopf.

»Das war eben nicht dein Ernst, oder? Wolltest du ihm das Tagebuch vorlesen oder zur Lektüre empfehlen?«

Seine Stimme klang unnötig scharf, was ihm sofort leidtat. Seit Ada zurück war, war das Verhältnis zwischen ihnen angespannt. Er verstand immer noch nicht, wieso sie überstürzt nach Catania gefahren war, und sie hatte ihm nichts erklärt, wie so oft. Allerdings war sie freundlicher, aufmerksamer als vorher. Und sie sprach viel von Lili und von dem Kloster in Catania.

»Gaetano war es nicht. Und die Giftmorde hat jemand begangen, der Lilis Tagebuch kennt. Es kann doch kein Zufall sein, wie sich die Geschichten gleichen.«

»Was willst du damit sagen? Dann könnte es ja nur Suor Carmela gewesen sein.«

»Wieso? Der, der die hölzernen Bücher als Versteck benutzt, kann das Tagebuch gefunden und gelesen haben. So ist er auf die Idee gekommen. Spataro. Der Gärtner. Ich gehe nicht davon aus, dass Suor Carmela mit Kokain handelt. Aber Luca, die Idee, Dolci so zu vergiften, wie Lili es damals getan hat, kann doch dem Täter nicht zufällig gekommen sein. Suor Carmela hat euch die Dolci gegeben, hast du eben gesagt. Versuch dich zu erinnern, wer sonst noch in der Dolceria war.«

»Wer soll sonst noch in der Dolceria gewesen sein, Ada.« Er dachte einen Moment lang nach. »In der Dolceria waren Suor Agata und Suor Carmela. Aber es klang so, als hätte Gaetano die *cannoli* selbst gebacken. Suor Agata hat gesummt, sie hat ein Lied gesungen.« Jetzt fiel es ihm wieder ein. »Dann hat sie irgendetwas gesagt über Antonio und die Mädchen im Waisenhaus. Aber wer genau die *cannoli* gebacken hat, weiß ich nicht.«

»Wer hat sie auf den Plastikteller gelegt? Derjenige muss die vergifteten rausgesucht haben.«

»Das ist eine Möglichkeit. Oder sie waren alle vergiftet, was die Nonnen ja nicht gewusst haben müssen.«

Langsam gingen sie zu Adas Panda zurück.

»Lass uns nochmal mit Suor Carmela reden, ja? Ich will ihr

von Lili erzählen. Sie kennt das Tagebuch, aber dass sie sich schließlich in Catania umgebracht hat, nachdem sie vom Selbstmord ihres Geliebten erfahren hat, wird sie nicht wissen. Auch von den Toten in Catania wird sie nichts wissen – Lili hat das nur vage beschrieben.«

Luca schaute auf die Uhr. »Jetzt noch?«

»Halb sieben – gleich ist die Vesper vorbei.«

»Da spricht die Expertin.« Er gab ihr einen Kuss. Was immer in Catania gewesen war, jetzt war sie hier bei ihm. »Fahren wir nachher nach Mondello zum Essen?«

Sie schaute in den blassblauen Himmel. »Ja, gute Idee. Und Luca, lass uns auch versuchen, mit Suor Agata zu reden. Manchmal ist sie ganz klar, vielleicht erwischen wir so einen Moment. Und finden etwas heraus, was uns sonst keiner sagt.«

Als sie an der Klosterpforte klingelten, öffnete ihnen Anselmo Spataro. Er sah müde aus und nicht überrascht, sie zu sehen. »Suor Agata geht es nicht gut, ich habe ihr ein Schlafmittel gegeben«, sagte er. »Kommen Sie rein. Jetzt schläft sie, ich wollte gerade gehen. Gibt es Neuigkeiten?«

Gemeinsam gingen sie in das Refektorium. Suor Carmela war noch in der kleinen Kapelle, der Priester war zum Rosenkranzgebet gekommen.

»Es ist rührend, wie er sich um die beiden alten Frauen kümmert. Dabei ist der Priester selbst über achtzig. Sie kannten das Kloster früher ja nicht, aber für mich war das hier als kleiner Junge ein wunderbarer Ort voller Leben.«

Sie saßen an dem breiten Holztisch, und Anselmo Spataro war vollkommen in seine Gedanken versunken. Luca und Ada tauschten Blicke.

»Wie oft bin ich mit meinem Vater hierhergekommen, immer in der Hoffnung, in die Dolceria gehen zu dürfen, etwas von den Tabletts zu naschen. Sie backen Tag und Nacht, dachte ich damals. Mein Vater war manchmal fast jeden Tag hier, immer hatte eine der Frauen etwas. Und alle haben mich geliebt, ich war ja eins der ganz wenigen Kinder, eigentlich das einzige, das hier ein und aus ging. Mein Bruder war fünf Jahre älter, er hing mehr an meiner Mutter. Wann immer ich durfte, habe ich meinen Vater begleitet. Ich habe jetzt manchmal gedacht, ob mein Vater wohl in sie verliebt war ...«

Luca schaute ihn erstaunt an. So offen hatte er den Arzt noch nie erlebt. Beinahe war er ihm sympathisch. Aber nur weil er jetzt von seiner Kindheit träumte, musste er nicht unschuldig sein ...

»Meine Mutter war eine schöne, aber sehr herbe Frau. Merkwürdig, so etwas über seine eigene Mutter zu sagen, nicht wahr? Sie war eher abweisend, hatte nichts Warmes, Herzliches an sich. Mein Vater muss das vermisst haben. Madre Benedetta war das Gegenteil. Sie war gütig, ja, gütig ist das richtige Wort. Ich dachte lange, sie sei ein Engel, einer von denen, über die die Priester reden. Und schön war auch sie, ich weiß noch, wie schön ich sie als kleiner Junge fand. Als meine Großmutter starb, erbte mein Vater ihren Verlobungsring. Den hat er dem Kloster gestiftet.«

Luca sah Ada an: Der Ring – er war gespannt darauf, wie Spataro die Geschichte weitererzählte, die sie schon kannten.

Spataro hatte ihre Blicke nicht bemerkt und redete weiter:

»Ich glaube, es war das letzte Schmuckstück, das dem Kloster geschenkt wurde. Heute pilgern die Menschen mit ihrem billigen Nippes zur Grotte der heiligen Rosalia auf dem Monte Pellegrino und behängen die Statue der Heiligen mit diesem Kram. Es sieht nach Voodoo-Zauber aus.« Verachtung schwang in seiner Stimme mit. »Mein Vater hatte Stil, er war vom alten Schlag. Aber ich glaube trotzdem, dass er eigentlich Madre Benedetta den Ring geschenkt hat, nicht dem Kloster. Dass er es so gemeint hat. Sie hat es vielleicht gar nicht verstanden, sie hat sich gefreut, das weiß ich noch, aber mehr auch nicht. Ich war siebzehn und zum ersten Mal verliebt. Und meinte, eine Enttäuschung in den Augen meines Vaters gesehen zu haben. Er hätte nie darüber gesprochen, mit niemandem. Aber sie war wohl die Liebe seines Lebens. Und vielleicht war es eine glückliche Liebe, er hat sie ja oft gesehen. Sie haben viel miteinander geteilt.«

Eine Stille trat ein, dann räusperte sich Spataro. »Es ist mir peinlich, aber ich habe nach dem Ring gesucht. Ich wollte ihn wiederhaben, als all diese Dinge hier passiert sind ... Aber der Ring war nicht mehr da. Cartier von 1920, ein Smaragd eingefasst in Brillanten. Er ist vielleicht nicht das wertvollste Stück der Sammlung, aber sicher eines, das sich leicht verkaufen lässt.«

»Suor Carmela hat sie gesehen, sie hat Ihnen aufgeschlossen«, sagte Luca langsam.

»Ja. Das hat sie. Aber der Ring war weg. Gestohlen.«

»Glauben Sie auch, dass das alles Gaetano war?«

Bevor Luca antworten konnte, wurde die Tür aufgerissen und Suor Carmela stand vor ihnen.

»Wo ist Suor Agata? Anselmo, du warst doch bei ihr, aber jetzt ist sie nicht mehr in ihrer Zelle. Ich nehme an, dass sie die Schlafmittel, die du ihr gegeben hast, wieder ausgespuckt hat. Das ist nicht das erste Mal. Sie ist stur wie am ersten Tag, stur und verwirrt. Der Herr schütze sie! Wir müssen sie finden!«

Spataro war aufgesprungen. »Ich habe ihr gesagt, sie muss im Bett bleiben, sie muss sich schonen. Ihr Zustand ist nicht gut, aber sie will sich ja nicht untersuchen lassen. Nichts kann sie dazu bewegen, das Kloster zu verlassen und mit mir in die Praxis zu kommen.«

»Weit weg kann sie nicht sein – kommt, wir suchen sie. So

verwirrt, wie sie ist, wird sie aufgestanden sein und sich verlaufen haben.« Luca erhob sich und zeigte auf die Tür.

»Ich suche in Richtung Bibliothek, Ada, schau du in der Dolceria und der Küche nach!«

»Und ich sehe mal in dem verlassenen Trakt nach, wo früher die Laienschwestern wohnten«, sagte Spataro.

Suor Carmela sank auf die Bank vor dem Tisch, sie sah erschöpft aus.

Schnell ging Luca in die Bibliothek. Der lange Gang, der dorthin führte, lag im Halbdunkel, zwischen den Säulen standen Heiligenfiguren, die er nicht zuordnen konnte und die aus steinernen Augen gleichgültig auf ihn herabschauten. Er hörte die Schritte der anderen, die nach und nach verhallten. Wieder überkam ihn ein ungutes Gefühl.

Die Bibliothek war vollkommen leer. Sie sah wüst aus, die Carabinieri waren nicht zimperlich gewesen und hatten einen Großteil der Bücher aus den Regalen gerissen. Sie stapelten sich überall, auf den Tischen, dem Boden, kreuz und quer auf den Regalen. Hinter der Bibliothek war eine Treppe, die hinaufführte in die oberen Geschosse. Dort war er noch nie gewesen, er stieg hinauf, fand nur lange, leere Gänge, von denen verschlossene Zimmer abgingen. Die Luft war trocken und staubig, er musste husten. Die Treppe führte noch weiter hinauf, aber oben war lediglich eine Art Boden voller Taubendreck und Federn.

Luca ging wieder hinunter und zurück in die Bibliothek, als er Spataro und Suor Carmela hinter sich hörte. Die beiden traten zu ihm. Spataro sprach zuerst: »Nichts, nirgendwo. Auch im Garten habe ich sie nicht gesehen. Aber sie kann das Kloster nicht verlassen haben, das würde sie nie tun.«

»Ich war in den Kellern, auch da ist sie nicht«, sagte Suor Carmela leise und begann zu weinen. Der Arzt legte den Arm um sie und führte sie zu einem der Ledersessel.

»Wer weiß«, sagte Luca, »so verwirrt, wie sie manchmal ist. Vielleicht ist sie doch aus dem Kloster gegangen und irrt jetzt durch die Stadt? Was hat sie eigentlich genau? Ist es Alzheimer?«

»Das weiß ich nicht.« Der Arzt zögerte. Luca leistete ihm innerlich Abbitte für all das, was Matteo und er ihm in den vergangenen Wochen unterstellt hatten. Ja, er hatte etwas von einem Schönling, dazu die viel zu große Uhr, die manikürten Hände, die sorgfältig gewählte, sehr teure Kleidung. Aber er hing wirklich an dem Kloster und an den Nonnen. Und an seinem Vater, mit dem er dieses Kloster verband.

»Eigentlich würde ich denken, es müsste Alzheimer sein, aber es gibt Momente von einer solchen Klarheit, die auch eine Weile anhalten, dass ich es mir nicht vorstellen kann. Psychotische Zustände wechseln mit vollkommen normalen.«

»Ich habe sie meistens schweigend erlebt.«

»Ja, Fremden gegenüber ist sie vollkommen verschlossen. Sie müssen bedenken, dass es für sie relativ neu ist, Fremde im Kloster ein und aus gehen zu sehen. Das Leben hier war ruhig und eintönig und abgeschieden.«

»Ja, das war es. Diese Ruhe braucht sie für ihren verwirrten Geist. Wenn es ruhig ist, dann taucht sie manchmal auf. In der Küche ist sie oft ganz klar. Aber die Neuerungen haben ihr nicht gutgetan, die Verpachtung der Dolceria.« Suor Carmelas Stimme klang traurig.

»Sie ist in der Kirche!« Keiner hatte Ada kommen hören, die jetzt in der Tür stand. Sie war offensichtlich gelaufen und atmete schnell. »Sie ist in der Kirche, aber sie reagiert nicht auf Ansprache. Es ist so, als sähe sie mich nicht!«

»Ich hole sie«, sagte Spataro. »Carmela, wenn du mitkommst, wird es leichter sein. Sie muss in einem ihrer Zustände sein.«

»Da ist noch etwas. Sie trägt den Ring.«

29

Den Ring meines Vaters?«, fragte Spataro ungläubig.

»Ja. Ganz eindeutig. Sie muss ihn genommen haben, als klar war, dass das Museum alles abholen würde.«

Ada machte einen Schritt auf sie zu. Luca sah, dass sie fieberhaft nachdachte.

»Ihr werdet mir das jetzt nicht glauben, weil es unwahrscheinlich klingt. Aber ich denke inzwischen, dass sie Madre Benedetta vergiftet hat. Und versucht hat, Matteo und dich auf dieselbe Art aus dem Weg zu räumen. Suor Agata war in der Dolceria und hat euch die *cannoli* auf den Teller gelegt. Sie war da, war dabei!«

Das Tagebuch. Ada glaubte wirklich, in dieser alten Geschichte sei irgendeine Spur zu finden. So war sie, ein Schriftmensch, keine, die Hinweise in der sie umgebenden Realität suchte. Luca fand das absurd, besann sich dann aber: Sie dachte vollkommen anders als er – aber dafür liebte er sie auch. Und hatte er sich nicht manchmal geirrt? Vielleicht lag die Lösung wirklich in den Aufzeichnungen.

»Ada, ich weiß nicht. Erstens würde sie dann ihre Verwirrung nur spielen. Und das hätten Sie doch gemerkt, Anselmo? Zweitens kann sie doch nicht alle Leute vergiften, die gerade im Kloster herumlaufen.«

»So viele laufen hier nicht herum. Die Rumäninnen war sie mit Madre Benedetta los. Ihr seid immer häufiger im Kloster gewesen, und Matteo hat mehrmals gesagt, dass er einen Verkauf des Klosters verhindern will. Vielleicht will sie aber genau das – dass das Kloster verkauft wird.«

Luca runzelte die Stirn. Er konnte Ada nicht mehr folgen.

»Sie will, dass das Kloster verkauft wird, und bringt erst Madre Benedetta und dann uns um? Das ist doch Unsinn!«

»Sie hat Ihren Vater ihr ganzes Leben lang geliebt, Anselmo. Sie hatte sich damit abgefunden, dass diese Liebe unerfüllt bleibt. Da Ihr Vater Madre Benedetta zwar verehrt hat, aber keine andere als eine vertraute und freundschaftliche Bindung zwischen den beiden bestand, konnte sie damit leben. Dann schenkte Ihr Vater den Ring – dem Kloster. Suor Agata hat diesen nun als Geschenk an sich angenommen. Sie glaubt, der Ring steht ihr zu. Sie liebt Sie und Ihren Bruder, Anselmo, die Kinder, die sie nicht haben konnte. Ihnen beiden sollte das Kloster gehören, jetzt, wo fast alle Nonnen tot waren. Alle Pläne Madre Benedettas, das Klosterleben fortzusetzen, Rumäninnen herzuholen, die Dolceria zu vermieten … Suor Agata muss das verabscheut haben. Sie wollte, dass Schluss ist. Und dass Ihr Bruder die Möglichkeit bekommt, das Kloster zu kaufen. So hat sie sich das Ende vorgestellt. Und das ging nur ohne Madre Benedetta! Und dann eben auch ohne Matteo, der begann, sich einzumischen! Könnte es nicht so sein, Suor Carmela?«

Die alte Frau hatte wieder zu weinen begonnen.

»Das Tagebuch haben Sie zusammen gelesen, nicht wahr? Damals, vor langer Zeit.«

Anselmo Spataro starrte sie ungläubig an. »Suor Agata – eine Mörderin? Das ist doch absurd …«

»Du hattest noch nie viel Fantasie. Anders als dein Bruder.«

Die Stimme klang brüchig, aber klar. Sie fuhren herum.

Suor Agata stand in der Tür und schaute sie an. »Du hast keine Ahnung – und sie auch nicht!«

Ihr Zeigefinger wies auf Suor Carmela, als wollte sie sie aufspießen. Verachtung lag in ihrem Blick, der aufgestaute Hass eines ganzen Lebens.

»Du bist klug, Kindchen«, sagte sie an Ada gewandt. »Du verstehst es, die Welt zu lesen, nicht nur alte Schriften. Ja, es sollte ein Ende haben, es sollte endlich ein Ende haben. Es ist genug nach all den Jahren.«

Alle waren wie gelähmt, keiner wusste, was er tun sollte.

»Und jetzt? Was wollt ihr jetzt tun? Die Polizei rufen? Habt ihr im Ernst geglaubt, Gaetano ist imstande, das Gift aus dem Wunderbaum zu gewinnen und in die *cannoli* einzubacken? Der bringt nicht einmal ein *cornetto* zustande!«

Sie schwiegen immer noch. Suor Agata klatschte in die Hände. »Gaetano hat weder Madre Benedetta noch seine Frau umgebracht. Antonio hat Vanda umgebracht. Sie ist ihm nachgerannt, hat ihn nicht mehr in Ruhe gelassen, hat angefangen, ihn zu erpressen – das wurde ihm zu gefährlich. Er hatte ja wie immer große Pläne. Und er hat dich niedergestochen, als du in der Bibliothek herumgeschnüffelt hast.«

»Aber ... er hatte doch ein Alibi?« Luca kam sich dämlich vor.

»Klar. Das hat ihm Vanda gegeben, oder nicht? Dumm seid ihr alle miteinander, so dumm. Mein Leben lang war ich von dummen Menschen umgeben, deshalb hat es sich gelohnt, sich in den Wahnsinn zurückzuziehen. Alzheimer, Psychosen, nennt es, wie ihr wollt. Sterben werde ich eh bald. Aber das Kloster soll es dann nicht mehr geben, es gehört deinem Bruder, er hat ein Anrecht darauf! Dein Bruder soll das Erbe deines Vaters bewahren, er gehört hierher, in diese Mauern, so wie dein Vater hierher gehörte.«

Ada war auf die Nonne zugegangen, die schmal und gebeugt in der Tür stand. Sie legte ihr den Arm um die Schultern. »Kommen Sie, Sie müssen sich ausruhen, das ist viel zu anstrengend für Sie ...«

Suor Agata schob ihren Arm weg und trat einen Schritt vor. »Unsinn. Ich bin noch nicht fertig. Wir gehen jetzt in Antonios Gartenhäuschen. Ich zeige euch, wo das Messer liegt. Das Messer, mit dem er dich niedergestochen und Vanda getötet hat. Ich nehme an, dass dort auch der Rest des Schmucks liegt, den er gestohlen hat. Antonio hat sich immer für besonders klug gehalten. Hat die Bodenplatte im Gartenhäuschen entdeckt, die nur lose eingefügt ist. Man erkennt es eigentlich nicht, und die Carabinieri sind darüber getrampelt wie eine Herde Wildschweine. Wir haben dort früher unsere Geheimnisse verborgen: Briefe, verbotene Erinnerungsstücke. Außer mir kennt das Versteck keiner mehr, und lange war da nichts außer Mäusedreck. Jetzt ist dort alles Mögliche: blutverschmierte Kleider, Kokain, unser Schmuck ... Alles, was er nicht hier in der Bibliothek untergebracht hat. Kommt mit!«

»Hier kommt keiner mit. Ihr bleibt, wo ihr seid.«

Antonio Napoli trat langsam in den Raum. Er hatte eine Pistole auf sie gerichtet.

»Gut, dass ich euch alle zusammenhabe, das erleichtert mir die Arbeit. Es war nur eine Frage der Zeit, bis jemand darauf kam, dass es Gaetano nicht gewesen sein kann, trotz aller Motive. Dass es ausgerechnet die alte Irre sein würde, hätte ich nicht gedacht. Aber umso besser, verrückt, wahnsinnig, da kann leicht was passieren. Handys her!«

Seine Stimme duldete keinen Widerspruch.

Luca tauschte einen Blick mit Spataro, der den Kopf schüttelte. Es hatte keinen Zweck, der Gärtner war durchtrainiert und an solche Situationen wohl eher gewöhnt als sie. Luca legte sein Handy auf den Tisch, Ada und Anselmo Spataro taten es ihnen nach. Mit einem Griff sammelte der Gärtner sie ein. Dann lief er mit schnellen Schritten zum anderen Ende der Bibliothek und schloss die Tür ab, ohne sie aus den Augen zu lassen.

»Ich bin gleich wieder da. Ach ja, die Türen sind ohne Schlüssel nicht zu öffnen.«

Die Tür fiel zu, und sie hörten, wie der Schüssel im Schloss umgedreht wurde.

»Was hat er vor?«, fragte Spataro.

»Was wohl – uns umzubringen natürlich. Das löst alle seine Probleme. Es wird wie ein bedauerlicher Unfall aussehen.« Suor Agata kicherte und klang plötzlich wieder wie eine verwirrte alte Frau. Suor Carmela hatte nicht aufgehört zu schluchzen.

Luca rüttelte an dem Türgriff, aber natürlich bewegte sich nichts.

»Du kannst dir unnötiges Rütteln sparen«, kicherte Suor Agata. »Hat er doch gesagt. Und er kennt das Kloster. Fast so gut wie ich. Wir kommen durch die Türen nicht raus.«

»Wie kommen wir raus, Suor Agata?« In Anselmo Spataros Stimme lag Hoffnung. »Weißt du einen Weg?«

»Ich weiß immer einen Weg. Ich hätte immer einen gewusst, aber mich hat nie jemand gefragt. Sie hat man gefragt, immer sie. Die kluge, die schöne, die barmherzige Madre Benedetta!«

Die Tür ging wieder auf, und Napoli stand mit einem Kanister in der Hand im Raum. In der anderen Hand hielt er immer noch die Pistole.

»Was für ein bedauerlicher Unfall. Diese Bibliothek ist komplett holzvertäfelt, auch die Decke. Überall dort, wo keine hölzernen Bücherregale sind. Und nun haben die Carabinieri auch noch alle Bücher aus den Regalen gerissen und zu Stapeln aufgetürmt. Ganz schlechte Voraussetzungen, wenn ein Feuer ausbricht.«

Er begann, den Inhalt des Kanisters wahllos über Bücher, die unteren Regale und den Boden auszukippen. Augenblicklich roch es im Raum nach Benzin.

Verzweifelt sah Luca sich um.

Napoli lachte, entzündete ein Streichholz und warf es in eine Benzinlache. Dann war er auch schon verschwunden, und die Tür wurde von außen verriegelt.

Blitzschnell züngelte eine kleine Flamme, schoss in die Höhe, und sie waren von Feuer umgeben. Der hohe Raum füllte sich mit Rauch, Luca begann zu husten und zog Ada an sich. Er konnte die anderen kaum mehr erkennen. Schemenhaft sah er, wie Spataro versuchte, mit seinem Jackett die Flammen zu löschen, die aber längst die Regale emporgezüngelt waren.

»Hierher, kommt hierher«, hörten sie Suor Agata, und Ada zog Luca hinter sich her in die Richtung, aus der die Stimme kam. Instinktiv versuchte Luca, sie zurückzuhalten, sie liefen geradewegs auf eine Wand aus Flammen zu. Aber Ada zog an seinem Ärmel, sie ließ nicht locker.

»Kommen Sie, Spataro, bringen Sie Suor Carmela mit!«, schrie sie, um das Prasseln der Flammen zu übertönen. »Suor Agata ist die Einzige, die uns retten kann!«

Luca gab sich einen Ruck, dann ergriff er Adas Hand, und gemeinsam liefen sie durch die Flammen. Dahinter hatte Suor Agata eine kleine Tür geöffnet, die hinter den Regalen verborgen gewesen sein musste. Sie schob sie hindurch.

»Beeilt euch«, rief sie und lief zurück in die Bibliothek. Kurz darauf folgte Spataro. Er hatte Suor Carmela in den Armen, die das Bewusstsein verloren hatte. Sein Gesicht war rußgeschwärzt, an den Fingern hatte er Brandwunden.

»Und Suor Agata?« Luca schaute sich um. »Ich laufe zurück und schaue nach ihr!«

»Luca – nicht!« Adas Stimme klang panisch.

Hinter der Tür erwartete ihn ein Flammenmeer. Unmöglich, in den Raum zurückzukehren, auch die Decke brannte bereits lichterloh.

Eine Hand packte ihn von hinten an der Schulter, zog ihn zurück, dann wurde die kleine Tür zugeschlagen.

»Sie wollte nicht. Sie hat mich ausgelacht, als ich sie mitziehen wollte. ›Es reicht!‹, hat sie gerufen.«

Der Ruß in Spataros Gesicht war zu Streifen verschmiert. Er atmete schnell.

Auch Adas Gesicht war voller Ruß, das schwarze Haar voller Asche. Jetzt schloss sie Luca in die Arme und vergrub ihr Gesicht an seiner Brust.

30

Sie befanden sich hinter der Bibliothek, und eine Luke in den steinernen Bodenplatten führte hinab in die Vorratskeller. Suor Carmela versicherte wieder und wieder, unterbrochen nur von Schluchzen, dass dieser Raum, in den Suor Agata sie geführt hatte, ihnen allen unbekannt gewesen war.

Spataro musste sie stützen, als sie die steile Treppe in den Keller hinabstiegen. Suchend sah Luca sich um.

»Wie kommen wir hier raus, Suor Carmela?«

»Dahinten – die Tür ... dort ist eine Treppe, die in die Küche führt.«

»Wenn wir Pech haben, laufen wir Napoli in die Arme«, sagte Spataro. »Die Küche ist weit entfernt von der Klosterpforte. Gibt es aus dem Keller keinen anderen Weg nach draußen? Ein Eingang für die Lieferanten?«

Suor Carmela schüttelte den Kopf. »Nicht nach draußen, nur in den Garten. Das ist noch gefährlicher.«

»Einer von uns muss es probieren«, sagte Luca. »Ich versuche es lieber mit der Küche – ihr bleibt hier und verschanzt euch. Wenn er mich erwischt, weiß er, dass ihr am Leben seid.«

»Das Telefon«, rief Suor Carmela. »In der Küche steht ein Telefon.«

»Gut«, Lucas Stimme klang entschieden. »Ich gehe hoch und verständige die Polizei. Ihr schließt hinter mir ab. Ihr folgt mir auf keinen Fall, egal, was passiert. Ich klopfe dreimal kurz und zweimal lang, und wenn ihr das hört, macht ihr wieder auf.«

Er schaute Spataro und Ada ernst an. »Nur dann macht ihr auf. Ich nehme an, dass Napoli das Kloster inzwischen verlassen hat und auf der Flucht ist. Falls er noch hier ist, wird er in seinem Schuppen im Garten aufräumen, da lasse ich mich lieber nicht blicken.«

Ohne eine Reaktion abzuwarten, drehte Luca sich um und ging auf die Tür zu, hinter der die Treppe in die Küche führte. Der Schlüssel quietschte im Schloss, und als die Tür hinter ihm zufiel und abgeschlossen wurde, musste er sich einen Ruck geben. Plötzlich spürte er die Erschöpfung. Er fühlte sich wie nach einer schweren Grippe, jeder Knochen tat ihm weh. Schnell stieg er die Treppe hoch.

Die Küche war leer. Das Prasseln der Flammen in der Bibliothek war bis hierhin zu hören. Suchend sah er sich um. Dahinten stand das Telefon, ein altmodischer Apparat mit Wählscheibe. Schnell ging er hin und zuckte zusammen, als er meinte, ein Geräusch hinter sich zu hören. Er fuhr herum, aber der Raum war leer.

Er nahm den Hörer ab und begann zu wählen.

»Pronto ...«

Als Ada und Luca Stunden später nach Hause fuhren, konnte sich Luca kaum noch auf den Beinen halten.

Glücklicherweise war sein Anruf rechtzeitig gekommen: Das Feuer hatte sich nicht weit über die Bibliothek hinaus ausbreiten können, hatte auch den Dachstuhl noch nicht erreicht, und die Feuerwehr hatte es löschen können. Der Raum sah wüst aus, restlos zerstört, die Bücher zu kleinen Aschehaufen verbrannt, die gesamte Holzvertäfelung vernichtet. Keine Spur von Suor Agata.

»So, wie das Feuer hier gewütet hat, bleibt nichts übrig«, hatte der Einsatzleiter der Feuerwehr zu ihnen gesagt und Suor

Carmela mitleidig angeschaut, die wieder zu weinen begonnen hatte.

Kurz nach der Feuerwehr waren auch ein Krankenwagen und Mario Guagliardo mit seinen Leuten vor Ort gewesen. Antonio Napoli war zur Fahndung ausgeschrieben, der Carabiniere versicherte ihnen, dass er nicht weit kommen würde. Luca zweifelte daran, wie oft hatte er erlebt, dass es trotzdem gelang, die Insel zu verlassen, zur Not auf einer der Fähren in Richtung Liparische Inseln und von dort aus weiter nach Neapel. Er sagte nichts dazu, bestand aber darauf, dass Gaetano Di Stefano noch am selben Abend aus der Untersuchungshaft entlassen würde.

»Wissen Sie, wie spät es ist? Fast zehn!«

»Der Mann ist unschuldig, seine Frau ist ermordet worden. Meinen Sie nicht, dass da jede Stunde zählt?«

Auch Anselmo Spataro hatte auf den Carabiniere eingeredet, und schließlich hatte Guagliardo nachgegeben.

Die Ärzte hatten sie untersucht und wollten nur Suor Carmela mit in ein Krankenhaus nehmen, die Symptome einer schweren Rauchvergiftung aufwies.

Obwohl sie unendlich müde und erschöpft waren, konnten sie doch nicht gleich schlafen. Es dauerte lang, den Ruß abzuwaschen, und Luca stellte fest, dass er sich die Augenbrauen versengt hatte und sein Hemd Löcher aufwies. Am Unterarm hatte er eine Brandwunde, die erst jetzt, als die Anspannung nachließ, zu schmerzen begann. Die Sanitäter hatten sie versorgt und verbunden, sie hatten ihm ein Schmerz- und ein Beruhigungsmittel mitgegeben, was er nun beides nahm.

Mit einem Glas Weißwein setzte er sich auf die Terrasse, und kurz darauf hörte er den Schlüssel in der Tür – Ada. Lange saßen sie gemeinsam schweigend da, bis das Telefon klingelte. Als Luca Matteos Nummer sah, schüttelte er den Kopf.

»Morgen«, sagte er, »ich rufe ihn morgen an und erzähle ihm alles.«

»Er hat recht gehabt. Von Anfang an. Mit dieser Mordgeschichte. Aber er wird kaum glauben, dass Suor Agata dahintersteckt und nicht Anselmo Spataro.«

»Wie muss sie das alles gehasst haben. Und was für ein Gefühl von Ohnmacht Madre Benedetta gegenüber«, sagte Ada leise. »Lili muss ihr großes Vorbild geworden sein, die, die ihr den Weg gezeigt hat. Sie hat sich umgebracht. Lili«, fügte sie hinzu. »In dem Kloster in Catania gibt es einen tiefen Brunnen im Garten. In den hat sie sich gestürzt.«

»Was für eine seltsame Welt«, sagte Luca. »Von wegen Frieden und Ruhe hinter Klostermauern.«

»Wieso sollte es dort anders zugehen als draußen? Das ist doch nur ein frommer Wunsch.«

»Du hast recht«, sagte Luca nachdenklich. »Und weißt du was? So war es von Anfang an. Ich habe dir noch gar nicht erzählt, was es mit der heiligen Caterina von Alessandria eigentlich auf sich hat. Suor Carmela hat mich draufgebracht. Sie hat so eine Bemerkung gemacht, die ich nicht verstanden habe. Vor ein paar Tagen habe ich recherchiert – die heilige Jungfrau, die Christin, die zur Märtyrerin wurde, gab es nicht. Vorbild war eine Mathematikerin und Philosophin. Die war nicht christlich, sie war Heidin und wurde im mehrheitlich christlichen Alessandria von einer Gruppe wütender Mönche in eine Kirche gezerrt und grausam ermordet. Dann hat man die Geschichte umgedreht …«

»Unglaublich«, sagte Ada. »Ob Lili das gewusst hat? Sie hat bald begriffen, was es mit der Frömmigkeit auf sich hat und wie unter dem Deckmantel des Glaubens Machtpolitik betrieben wurde.«

Sie trank einen Schluck von ihrem Weißwein, dann zündete sie sich eine Zigarette an.

»An all die Heiligen hat sie sehr schnell nicht mehr geglaubt ...«

31

GIORNALE DI SICILIA, 15. JUNI 2012

Mörder aus dem Kloster Santa Caterina gefasst

In der Nacht von Mittwoch auf Donnerstag ist in Messina Antonio N. bei dem Versuch, auf eine Fähre nach Villa San Giovanni zu gelangen, festgenommen worden.
Antonio N. steht unter Mordverdacht in einem Fall und versuchtem Mord in einem weiteren. Außerdem wird ihm Drogenhandel, schwerer Raub und Handel mit Raubgut vorgeworfen. Antonio N. wehrte sich bei seiner Festnahme und verletzte einen Beamten leicht am Arm. Er hatte 200 Gramm Kokain bei sich.

Luca schlug die Zeitung zu. Er hatte die Carabinieri unterschätzt – Mario Guagliardo war es also gelungen, Napoli zu schnappen. Messina, keine schlechte Idee, ohne Auto als einfacher Passagier auf die Fähre. Er hatte fünf Tage verstreichen lassen. Meistens wurde dann bereits nicht mehr so streng kontrolliert, man rechnete nicht mehr damit, den Flüchtigen zu fassen.

Er schaute auf die Uhr – gleich elf, er musste losfahren, wenn er pünktlich zu der Beerdigung kommen wollte. Seufzend band er sich die Krawatte um, die er herausgesucht hatte – ein schwarzweiß gemustertes Exemplar von Pierre Cardin aus den sechziger Jahren, die sein Vater ihm vor langer Zeit geschenkt hatte. Der hatte sie immer an hohen Festtagen getragen, und Luca hatte keine andere. Sie musste bei allen Feierlichkeiten herhalten.

Die Trauerfeier für Suor Agata fand im kleinsten Kreis in der Klosterkirche statt. Ihr Name war bereits auf der Grabplatte der Dominikanerinnen auf dem alten Friedhof Sant'Orsola eingraviert.

Nur Matteo, seine Frau und seine Mutter, Anselmo Spataro, Gaetano Di Stefano, Suor Carmela und Ada versammelten sich in der Kirche und lauschten dem alten Priester, der den plötzlichen Tod durch einen schrecklichen Unfall beklagte, der davon sprach, dass die Seele der lieben Verstorbenen längst woanders weilte und Suor Carmela und er die einzigen Menschen seien, die sich an eine fröhliche, liebenswürdige Frau voller Energie erinnerten, die in der Dolceria ein strenges Regiment geführt hätte.

Matteo schaute Luca von der Seite an, der zustimmend nickte.

Später standen sie schweigend in Madre Benedettas Zimmer. Der Raum wirkte groß, und alle dachten an die letzte Beerdigung. Luca schwitzte, er lockerte den Knoten seiner Krawatte und schaute auf die Uhr.

Gaetano Di Stefano sah Mitleid erregend aus. Seine Haut war fahl, er hatte tiefe Ringe unter den Augen und schien abwesend zu sein. Was sollte aus ihm werden? Und aus Suor Carmela, die nach ein paar Tagen im Krankenhaus entlassen und von Anselmo Spataro in ein kirchliches Altenheim gebracht worden war. Das Kloster stand nun wirklich leer – und während Luca darüber nachdachte, was wohl geschehen würde, sah er, wie Matteo sich räusperte, einen Schritt auf Spataro zuging und ihn ansprach.

»Nun ist es also so weit – was wohl mit dem Kloster passiert?«
Spataro lächelte, und Luca konnte nicht entscheiden, ob Spott in seinem Blick lag.

»Die Kirche wird saniert und den Gläubigen zugänglich gemacht. Aber die Klostergebäude sollen verkauft werden, hörte ich. Mein Bruder ist in der Immobilienbranche, das wissen Sie vielleicht. Er ist an dem Objekt interessiert. Er kennt es ja gut und weiß, was man daraus machen könnte.«

Damit ließ Spataro Matteo stehen und wandte sich Suor Carmela zu, die auf einem Stuhl saß und sichtlich unglücklich aussah. Auch Ada stand bei ihr.

»Die arme verwirrte Seele! Sie wusste gar nicht mehr, was sie sprach. Lieber Anselmo, ich bin so froh, dass es gelungen ist, die Exhumierung zu verhindern und Madre Benedetta ihre Ruhe zu lassen. Wissen Sie, was ich glaube?« Jetzt wandte sie sich an Ada, die sich zu ihr hinabbeugte. »Ich glaube, dass der Mord an der unglücklichen Vanda und die Geschichte mit Antonio zu viel für sie waren. Was für schreckliche Ereignisse – und das in unserem Kloster. Schrecklich, dass ich das noch erleben muss ...«

Mit einem Taschentuch wischte sie sich über die Augen.

»Suor Carmela, wollen wir nicht zurückfahren? Zeit, sich auszuruhen, kommen Sie.« Anselmo Spataro klang freundlich, und bestimmt führte er die alte Frau fort.

Luca sah, dass Matteo ihnen nachdenklich nachschaute.

Dann wandte er sich zu ihm.

»Du hast recht, gut, dass ich nicht auf die Exhumierung bestanden habe. So ist die Geschichte erträglicher für Suor Carmela und auch für meine Mutter.« Er senkte die Stimme. »Sie ist viel ruhiger, seit ich ihr gesagt habe, dass das ein falscher Verdacht war, vollkommen unbegründet. So passt der Tod besser zum Leben, und das ist wichtig für die, die übrigbleiben, oder?«

Luca nickte. »Aus dem Leben muss eine Geschichte hervortreten, die erträglich ist. Diese Geschichten formen wir, und es gibt immer mehrere Varianten …«

»Jetzt redest du schon wie Ada«, sagte Matteo, und Luca musste lachen.

»Bei Napoli hätte ich keine Varianten geduldet – zum Glück haben sie den erwischt. Und auch Gaetano verdient die Wahrheit. Aber deiner Mutter und Suor Carmela am Lebensende alle Gewissheiten zu nehmen, auf die sie ihr Leben lang gesetzt haben, das steht in keinem Verhältnis. Da kann man sich bei Anselmo Spataro nur bedanken, oder?«

»Ja, stimmt«, gab Matteo zu. »Aber wie du siehst, fallen die Spataro immer auf die Füße. Ist nicht sein Bruder derjenige, der am meisten profitiert? Nur musste er dafür keinen umbringen …«

Luca schaute auf die Uhr und dann zu Ada. Sie wollten nach der Beerdigung in sein Haus nach Villabianca an der Südküste fahren. Er wollte die Ereignisse der letzten Wochen hinter sich lassen, und vielleicht konnte er endlich die Frage stellen, die ihm auf der Seele brannte. Ada war weit weg gewesen, aber das konnte auch an ihm gelegen haben; er hatte der Geschichte mit dem Tagebuch keinerlei Beachtung geschenkt, sie im Gegenteil belächelt. Und dort hatte dann der Schlüssel gelegen, den er ohne sie nie gefunden hätte. Er schämte sich ein wenig – Ada hatte in Catania viel herausgefunden, und er hatte ihr unterstellt abzuhauen.

Sie schien ihm das nicht nachzutragen, und irgendwann musste er sich ein Herz fassen und die Frage stellen.

Die ganze Fahrt von Palermo nach Villabianca redeten sie über Suor Agata. Ada sagte, es ginge bei dieser Geschichte um unerfüllte Liebe und späte Rache. Luca glaubte immer noch, dass auch eine Portion Wahnsinn eine Rolle spielte.

Es dämmerte schon, als sie in Villabianca ankamen. Luca hatte noch eine Flasche Weißwein in dem ansonsten leeren Kühlschrank, und sie setzten sich auf die kleine Terrasse, von der aus man den weiten, flachen Sandstrand und dahinter das Meer sah, das im Licht der Abenddämmerung in ruhigen Wellen auf den Sand schlug.

»Diese unerfüllten Lieben sind die größten«, sagte Ada nach dem ersten Schluck und knabberte an einer Pistazie.

»Eigentlich traurig, oder?« Luca störte dieser Gedanke. Was hieß das für sie beide?

»So ist es eben – sobald der Alltag, das tägliche Kleinklein in die Liebe einbricht, relativieren sich große Gefühle. Ist doch nicht verwunderlich, oder? Sie werden begraben unter Nichtigkeiten und Banalitäten.«

So hatte es Luca noch nie betrachtet. Galt das immer? Er liebte auch den Alltag mit Ada, ja, er sehnte sich nach mehr Alltag mit ihr. Ihr Zusammensein war vertraut, nicht banal.

»Ich weiß nicht, das kann doch auch schön sein.«

»Ja, vielleicht für eine gewisse Zeit. Aber ich glaube, dass Distanz eine Liebe länger leben lässt.« Sie lächelte ihn an, und er war sich unsicher, ob sie nicht längst über ihn und sich sprach.

Luca goss Ada den letzten Schluck Weißwein ins Glas und schaute schweigend über das Meer auf den Mond, der sich als blasse Sichel am Horizont abzuzeichnen begann. Er beschloss, ihr keine Frage zu stellen.

Catherine Simon
Kein Tag für Jakobsmuscheln

256 Seiten
auch als Hörbuch-Download
und E-Book erhätlich

Der charmante Kommissar Jacques Leblanc hat sich von Paris in die Normandie versetzen lassen, um der brutalen Großstadtkriminalität zu entkommen. In Deauville-Trouville ist das Leben beschaulicher, und er kann seinen Leidenschaften nachgehen, dem Essen und den Frauen. Aber dann findet seine frühere Geliebte Marie einen Toten am Strand, und vorbei ist es mit dem süßen Leben. Während Leblanc einer vielversprechenden Spur nachgeht, lässt sich Marie auf das Schloss des Adligen und skrupellosen Fischindustriellen Montfort-Risle einladen – und das setzt dem Kommissar nicht nur aus beruflichen Gründen zu ...

www.goldmann-verlag.de
www.facebook.com/goldmannverlag

GOLDMANN
Lesen erleben

Unsere Leseempfehlung

ca. 256 Seiten
auch als E-Book
erhältlich

Honfleur, Normandie: Albert Barat, Leiter des Kunstmuseums, hat vor zwei Tagen erfahren, dass das bedeutendste Gemälde seines Museums, »Stillleben mit Austern und Zitrone«, eine Fälschung ist. Außerdem fühlt er sich verfolgt. Als ihn ein tödlicher Schuss aus dem Hinterhalt trifft, ist das Letzte, was er in seinem Leben wahrnimmt, der von Nebelschleiern verhangene Himmel über Honfleur. Kommissar Leblanc übernimmt den Fall, ist aber nicht ganz bei der Sache, da er unter Liebeskummer leidet. Und das hat beinahe fatale Folgen ...

www.goldmann-verlag.de
www.facebook.com/goldmannverlag

GOLDMANN
Lesen erleben

Unsere Leseempfehlung

352 Seiten
Auch als E-Book
erhältlich

Das Leben in dem provenzalischen Städtchen Vassols ist der temperamentvollen Friseurin Rosalie ein wenig zu beschaulich. Aber der Mord an dem Winzer Rivas sorgt schon bald für mehr Unruhe als gewünscht. Zwar ist rasch ein Verdächtiger gefunden, der Algerier Bashaddi, der für Rivas gearbeitet hat, aber von ihm gefeuert wurde. Doch Rosalie ist von dessen Schuld nicht überzeugt – der Commissaire hingegen schon. Also beginnt Rosalie selbst zu ermitteln. Dabei findet sie Unterstützung durch den schüchternen Apotheker Vincent und den charmanten Gemüsehändler Rachid.

www.goldmann-verlag.de
www.facebook.com/goldmannverlag

Um die ganze Welt des
GOLDMANN Verlages
kennenzulernen, besuchen Sie uns doch
im Internet unter:

www.goldmann-verlag.de

Dort können Sie
nach weiteren interessanten Büchern *stöbern*,
Näheres über unsere *Autoren* erfahren,
in *Leseproben* blättern, alle *Termine* zu Lesungen und
Events finden und den *Newsletter* mit interessanten
Neuigkeiten, Gewinnspielen etc. abonnieren.

Ein *Gesamtverzeichnis* aller Goldmann Bücher finden
Sie dort ebenfalls.

Sehen Sie sich auch unsere *Videos* auf YouTube an und
werden Sie ein *Facebook*-Fan des Goldmann Verlags!

www.goldmann-verlag.de
www.facebook.com/goldmannverlag